하루
1시간
책 읽기의
힘

하루 1시간 책 읽기의 힘

초 판 1쇄   2020년 05월 20일

지은이 이흥규
펴낸이 류종렬

펴낸곳 미다스북스
총괄실장 명상완
책임편집 이다경
책임진행 박새연 김가영 신은서
본문교정 최은혜 강윤희 정은희 정필례

등록 2001년 3월 21일 제2001-000040호
주소 서울시 마포구 양화로 133 서교타워 711호
전화 02) 322-7802~3
팩스 02) 6007-1845
블로그 http://blog.naver.com/midasbooks
전자주소 midasbooks@hanmail.net
페이스북 https://www.facebook.com/midasbooks425

ISBN 978-89-6637-797-8 03190

값 15,000원

미다스북스는 다음세대에게 필요한 지혜와 교양을 생각합니다.

하루 1시간 책 읽기의 힘

이흥규 지음

미다스북스

책 읽기는 선택이 아니라 필수다

더 이상은 뒤로 물러설 곳이 없었다. 그래서 책을 읽었다. 최근 몇 년은 정말 쉴 새 없이 지나온 것 같다. 그 와중에도 꾸준히 책을 읽었다. 솔직히 말하자면 매일 꾸준히 책을 읽는다는 것이 처음에는 그리 내키는 일은 아니었다. 많은 사람들이 책 읽는 것에 대해서는 지적 호기심을 충족하는 정도로만 생각하기 때문이다. 필자는 책 읽는 것을 통해 호기심을 채우고 즐거움을 얻기보다는 인생의 깨달음을 얻은 적이 많다.

책을 읽고 있으면 주변에서는 이상한 눈으로 쳐다본다. 요즘은 책을 보는 사람이 많지 않기 때문에 책을 보고 있다는 것이 특별한 행위처럼 보이나 보다. 이런 시각으로 나를 보고 있다는 것이 느껴지면 나는 많이 씁쓸하다. 우리는 학교 다닐 때는 매일 책을 읽었다. 교과서가 되었든 참고서가 되었든 우리는 매일 책을 읽었던 사람들이다.

책을 보는 행위가 이제는 특별한 행위처럼 느껴지는 것에는 텔레비전과 인터넷의 대중화가 제일 큰 역할을 한 것으로 보인다. 필자의 경우는 책을 매일 읽는다. 그러나 예전부터 그랬던 것은 아니고, 다른 사람에게 상의하기 힘든 삶의 어려움이 생겼을 때 매번 책에서 답을 찾았다.

나는 평범한 직장인이고 시쳇말로 '워킹 대디'이다. 살다 보니 정말 별의별 일이 다 생긴다. 그때마다 느끼는 것은 정말 어려운 상황에서도 잘 극복한 위대한 사람들이 많이 있다는 것이다. 나는 평소에 독서를 많이 하던 사람은 아니다. 부끄럽지만 독서력도 그렇게 좋은 편이 아니다. 책 한 권 읽는 데 일주일씩 걸렸다. 그런 내가 책을 본격적으로 보기 시작한 데에는 그만한 이유가 있었다. 책에서 문제의 답을 찾았기 때문이다.

처음에는 책에 쓰인 내용이 나와 상관이 없는 것이면 눈에 잘 들어오지 않는다. 그러나 내가 관심이 있고 꼭 해결을 해야 하는 내용이면 그 부분에 집중을 하게 된다. 책은 다른 사람에게 자랑하기 위해서 읽는 것이 아니다. 온전히 나의 성장을 위해서 읽는 것이기 때문에 어떤 면에서 보면 자기 수양의 과정이라고도 할 수 있다. 어려운 순간에 책에서 인생의 답을 찾게 되면서 나는 책을 보기 시작했다. 그 이후 매일매일 습관적으로 책을 읽게 되면서 점점 읽는 속도도 빨라지고 다양한 분야의 책을 읽게 되었다. 책을 본격적으로 읽기 시작하면서 처음에는 제 잘난 맛에 남한테 보여주기 식의 독서를 했다. 그 후에는 다양한 분야의 지식을 습득하는 재미에 독서를 하게 되었다. 그러다 어느 순간이 되니 지식의 수준을 넘어서 조금씩 지혜를 얻는 독서가 되었다.

많은 사람들이 독서를 하는 이유는 각기 다르다. 내가 책 읽기를 통해서 살아가야 될 힘을 얻었다고 해서 모든 사람들이 나처럼 독서를 하길 바라는 것은 아니다. 그럼에도 내가 이 책을 쓴 이유는 나와 같이 세상의 절벽에 몰린 사람들이 책을 통해 마음의 상처를 치유하고 새로운 미래를 향해 힘을 내어 앞으로 나아가길 바라서이다. 남들보다 특별한 인생을 살았다고 말하려는 것이 아니다. 오히려 평범한 삶을 살기 때문에 우리는 더 책을 많이 읽어야 한다. 그래야 특별한 인생을 살게 되고 인생의 의미를 가지게 될 것이다.

더 이상 미루지 말자. 하루에 딱 1시간만 독서를 해보자. 1시간 안에 책을 다 읽을 수는 없지만 매일 읽다 보면 독서력이 향상되어 일주일에 2권 정도는 읽게 될 것이다. 바쁘다고 핑계를 대지 말자. 하루를 유심히 관찰해보라. 그러면 책을 읽을 시간이 많이 있다는 것을 알게 될 것이다.

요즘은 책을 읽지 않는 사람들이 많다. 하지만 책은 안 읽어도 되는 선택 사항이 아니라 필수 사항이다. 현재의 삶이 너무도 어렵고 희망이 없다고 느껴질 때, 바로 그때가 당신이 책을 읽어야 하는 시기이다. 자신에게 주어진 삶을 지금과는 다른 수준으로 한 단계 높이 올리기 위해서는 반드시 책을 읽어야 한다. 책 속에 길이 있다. 인류의 유구한 역사가 남긴 수많은 책 속에 당신이 알고 싶어 하는 모든 질문에 대한 대답이 다 있다.

독서를 해야 되는 것은 누구나 다 알고 있다. 그러나 실천을 하는 사람은 드물다. 독서를 잘할 수 있는 방법은 '절박함'이다. 인생의 절박한 상황에 닥쳤을 때 그 상황을 극복하기 위해서 책을 펼치면 결코 중간에 책을 덮을 수가 없다. 나처럼 정말 절박한 심정으로 책을 보기를 바란다. 그러면 책의 위력을 알게 될 것이고 책의 맛을 느끼게 될 것이다. 살면서 정말 말도 안 되는 많은 일들이 벌어진다. 그러나 그 수많은 역경을 슬기롭게 이겨내기 위해서는 책을 읽어야 한다. 대한민국의 경기가 사상 유래 없이 힘든 상황으로 치닫고 있다. 이런 상황 속에서 어떻게 해야 할지를 가르쳐 줄 수 있는 것은 책밖에 없다.

삶이 힘들고 막막할수록 책을 읽어야 한다. 일이 풀리지 않고 앞길이 깜깜하다면 독서를 해야 할 때다. 하루 1시간 독서로 당신의 의식이 확장될 것이고 긍정적으로 사고가 바뀌게 될 것이다. 책을 통해 자신이 누군지 발견하게 되고 결국에는 자신이 진정으로 원하는 꿈을 발견하게 될 것이다. 삶은 책을 통해서 아름답게 빛날 수 있다. 당신이 더 이상 아무런 희망이 없다고 느껴질 때 이 책을 읽고 힘을 낼 수 있기를 바라면서 책을 썼다.

사고를 많이 치고 부모님 속을 시커멓게 타들어가게 만든 내 자신이 너무도 싫었다. 나도 부모님한테 효도를 하고 싶었고 보란 듯이 잘 살고 싶었다. 그래서 미친 듯이 살아도 보았고, 미친 듯이 일을 해보기도 했다. 지금 와서 돌이켜보면 아무리 사고를 치고 들어와도 조건 없는 사랑으로 나를 안아주신 부모님이 있어서 크게 엇나가지 않고 사회의 구성원의 한 명으로 착실하게 살아가고 있는 것이라고 생각한다. 나를 낳아주시고 길러주신 아버지와 어머님께 깊은 감사를 전한다. 이 책을 보고 부모님이 "얘가 이제 철들었네."라는 말씀을 하셨으면 좋겠다.

목 차

하루 1시간 읽으면
인생이 달라진다

직장인에게 필요한
책 고르는 법

독서 효과를 2배로 만드는 생산적 독서법

나는 책이 시키는 대로 살기로 했다

내 인생은 왜 이렇게 안 바뀔까?

내 인생은 왜 이렇게 안 바뀔까?

꿈 없던 나의 젊은 시절

"우물쭈물하다가 내 이럴 줄 알았지."

조지 버나드 쇼의 묘비명에 이렇게 쓰여 있다. 우리는 하지 않은 일 앞에서, 하지 못한 일 앞에서 우물쭈물한다. 나도 마찬가지였다. 나는 20대 초반에 엄청난 콤플렉스를 가지고 살았다. 나이를 먹은 지금에 와서야 깨달은 바가 있어 행동이 우선시 되어야 한다는 걸 알았지만, 철없던 20대 때 나는 자존감이 너무 낮아서 뭘 시도하려는 노력을 하기보다는 멀찌감

치 떨어져서 냉소적으로 다른 사람들이 하는 노력을 질투하고 시기했다.

나의 20대 초반은 뚜렷한 목표 없이 방황했던 시절로 기억이 된다. 나는 고등학교를 졸업하고 내 기대치에 미치지 못하는 대학에 입학했다. 그래서인지 학교는 다니지 않고 친구들과 놀러만 다녔다. 정상적인 대학생이라면 학교생활을 열심히 하겠지만 나는 단 하루도 학교에 가지 않았다. 입학식도 가지 않았다. 지금에 와서 곰곰이 생각해봐도 왜 그랬는지는 나도 이해가 잘 되지 않는다. 내 마음에 드는 학교도, 학과도 아니어서 대학 생활에 대한 흥미를 전혀 느끼지 못했던 것이 아닐까 하는 생각이 든다. 그래서 나는 갑자기 찾아온 너무도 많은 자유 시간을 영적 방종의 상태로 보냈다.

정말 아무 생각이 없었다. 대학교에 가지 않으니 대학교 친구는 있을 리가 없었고, 고등학교 친구들한테 연락을 했다. 그들은 다들 자기 능력대로 들어간 대학교에서 잘 생활하고 있었다. 반면에 나는 집에서 아무것도 하지 않고 쉬고 있었다.

고등학교 동창인 동우한테 전화가 왔다. 자기가 커피숍에서 아르바이트하고 있는데 우리 집 근처에 있으니까 한번 놀러오라고 했다. 고등학교 시절에 그렇게 친하게 지낸 친구는 아니었으나 심심하고 할 일도 없어 옷을 갈아입고 커피숍으로 놀러갔다.

사실 그 친구가 반가운 것이 아니라 거기에서 같이 일하는 다른 여자 아르바이트생이 예쁘게 생긴 것이 더 반가웠다. 그래서 친구에게 내가 요즘 특별히 할 일이 없는데 나도 여기서 아르바이트를 하면 안 되겠냐고 물어봤다. 친구는 여기가 자기 친척이 하는 커피숍이어서 알아보고 연락을 준다고 했다. 며칠 후 나한테 일해도 된다고 연락이 와서 나는 학교는 안 다니고 매일 커피숍으로 놀러 다녔다. 학교에 갔다 와서 오후에 아르바이트를 해도 되는데 학교에는 가기 싫었다.

친구한테 학교생활은 재미있는지 물어봤다. 그 친구는 나에게 자기네 학교는 나름 재미도 있고 대학 친구들도 마음에 든다고 나한테 소개시켜준다고 해서 그다음 날 같이 동우네 대학교로 놀러갔다. 거기서 동우는 자기의 대학 친구들을 나에게 소개시켜줬고 나는 그날부터 매일 아침에 그 대학에 놀러갔다가 오후에는 아르바이트를 하는 생활을 계속했다.

이제 나는 40대 후반에 접어들었다. 그때를 회상해보면 나는 진짜 아무 생각 없이 살았구나! 하는 생각이 너무도 많이 든다. 물론 그 시절이 재미도 있었고 추억도 많았다고 생각한다. 그러나 나는 나의 삶을 산 것이 아니고 그냥 술에 술 탄 듯 물에 물 탄 듯이 살았다. 인생의 목적이나 목표가 없으니 하루하루 사는 것이 의미도 없고 보람도 없었다. 성인이 된다는 것은 내 행동에 책임을 지며 사는 것인데 나는 그때도 부모님에게 많은 의지를 하며 살았다.

내가 술독에 빠진 이유

그 당시에도 나는 책을 꾸준히 보긴 했는데 약간은 염세주의적 성향을 가진 책에 심취해 있었다. 특히 쇼펜하우어와 니체에 완전히 빠져 있었다. 나의 상태가 염세주의적인 삶 그 자체였기 때문이다. 염세주의는 세상이나 인생에 실망하여 이를 싫어하는 생각으로 가득 찬 상태를 말한다. 나는 염세주의에 빠진 채로 살아가고 있었다. 그리고 지독한 콤플렉스와 냉소적인 시선을 가지고 있었다. 정말 너무도 나쁜 것만 다 가지고 있었다. 인생에 있어서 청춘이라는 제일 좋은 시기에 나는 염세주의라는 늪에서 허우적거리고 있었다. 꿈이 없으니 하고 싶은 것도 없었다.

그런데 내가 쭉 살아온 곳이 강남이다 보니 주변에 보이는 것은 너무도 좋은 것으로 가득 차 있었다. 좋은 대학에 들어간 친구들은 부모님이 차를 척척 사주는 것을 보고 '나도 차가 있으면 얼마나 좋을까?' 하는 생각을 많이 했다. 나도 좋은 차를 가지려면 그에 맞는 성과가 있든지 좋은 대학에 가든지 했어야 했는데 전혀 그렇지 못했다. 그래서 나는 그 친구들을 시샘하고 질투했다. 정말 안 좋은 사고를 가지고 있었던 것이다. 물론 대학에 안 들어가도 세상 사는 데 아무런 지장이 없다. 하지만 자격지심으로 가득한 나는 친구들이 이상하게 볼까 봐 밖에도 거의 나가지 않고 집에서 주로 지냈다.

그 당시 나의 유일한 낙은 저녁에 내 방 옆에 있는 베란다에서 포도주를 내 방으로 가지고 와 마시는 것이었다. 밤에 한 잔, 두 잔씩 먹던 술이 꽤 많이 늘어 매일 밤 술에 취해 잠들었다. 아침에 일어나면 부모님 눈치가 보여서 학교에 간다고 하고선 친구들과 만나서 매일 놀러 다녔다. 이렇게 매일 밤에 먹던 술이 습관이 되었다. 그래서 밖에서 친구들을 만나면 거의 하루도 빠짐없이 포장마차에서 술을 마셨다. 술은 아무런 꿈이 없는 나에게는 해방구였다. 술에 취하면 모든 것이 내 세상 같았다. 나는 술에 취한 채 매일매일 폐인으로 살았다. 희망도 없었고 꿈도 없었고 아무런 목적의식도 가지지 못한 채 살아갔다. 너무도 슬픈 하루하루를 보내고 있었다.

물론 인생이라는 것이 방황하고 고민하는 시간도 필요하다고 나는 생각한다. 그러나 너무 긴 방황과 고민은 개인은 물론이고 주위에 있는 가족들에게도 극심한 고통을 안겨준다. 아버지와 어머니는 내가 성인이 된 이후로는 체벌을 가하거나 심한 욕설을 한 적은 없다. 인격적으로 존중을 해주었으나 내가 너무 큰 자격지심을 가져서 대화 자체가 되지 않았다.

아무런 목적의식 없이 방황하던 시절에도 책은 꾸준히 보았다. 그 책들이 희망적인 내용을 가진 책이 아니라는 것이 문제이긴 했지만 말이다. 또한 매일 밤 친구들과 술로 시간을 소모하고 있었다.

술을 먹으면 나는 과잉행동장애로 인해 많은 사고를 저질렀다. 한번은 술에 취해서 세상에 대한 불만을 토로하다가 옆 테이블에서 술을 먹던 사람들과 시비가 붙어서 싸움을 한 적이 있다. 그냥 참으면 되지만 평소에도 나는 과잉행동장애가 있어 쉽게 흥분하고 쉽게 화를 냈다. 술로 인한 많은 사건이 생기다 보니 친구들이 나를 또라이라고 부르기 시작했다.

또 이런 적도 있었다. 내가 포장마차에서 술에 잔뜩 취해서 도로에 누웠다. 그것을 본 친구들은 나를 일으켜 세워서 안전한 곳으로 옮기려고 했다. 나로 인해서 내 주변의 친구들이 정말 고생을 많이 했다. 지나가는 차에서 다들 창문을 열고 소리를 지르며 미친 놈이라고 손가락질을 해댔다. 그러나 나는 꿈쩍도 않고 그냥 누워서 나한테 욕을 하던 사람들한테 오히려 책에서 본 것이 생각나 '군자대로행'이라고, 군자라서 큰길로만 다닌다면서 소리를 고래고래 지른 일도 기억이 난다.

사실 '군자대로행'이란 말은 그런 뜻이 아니다. 작은 이익을 위해서 약삭빠른 짓을 하지 않는다는 뜻인데 나는 술에 취해 직역을 해서 나는 큰길로만 다녀야 한다고 소리를 지른 것이었다. 참으로 수치스럽고 창피한 일이었다. 결국은 참다 참다 못한 동네 주민이 112에 신고를 해서 파출소에 끌려가게 되었다. 경찰관에게 훈계를 듣다가 나는 술에 취해 잠들어 있었다. 몇 시간이 흐른 후 부모님이 파출소에 와서 술 취한 나를 데리고 집으로 갔다.

노력은 하지 않았고 꿈도 없었다. 자격지심과 콤플렉스로 무장한 또라이가 그 당시 세상을 바라보는 시각은 냉소적이었다. 내 인생은 왜 이렇게 안 바뀔까? 그런 생각만 했다. 나는 친구들을 만나면 내 자신이 엄청 작아지고 하찮은 존재가 된 것만 같았다. 다른 친구들은 다 행복하게 사는 것 같은데 내 인생은 불행으로 가득 찬 것처럼 보였다.

돌이켜보면 내가 저질렀던 많은 사건, 사고는 우리 부모님에게 크나큰 고통이었을 것이다. 감히 상상조차도 되지 않는 아픔이었을 것이다. 하지만 그 당시 나의 정신 상태는 불행 그 자체였다. 친구들은 나를 겁 없는 또라이라고 불렀지만 나는 세상이 무서웠다. 그렇게 내 청춘의 귀한 시간들은 강물처럼 흘러가버렸다. 나는 인생에 있어서 가장 찬란해야 할 시기에 꿈을 잃어버린 채로 시간을 보냈다.

술에 취해 비몽사몽 일어난 어느 날 오후였다. 나는 내 꿈에 대해서 생각해보았다. 내가 좋아하는 것은 뭘까? 그리고 나는 어떤 삶을 살 것인가? 내가 살아가는 이유는 뭘까? 나는 누구를 위해서 살아가야 하나? 왜 나는 이렇게 세상에 대해서 불만이 많을까? 이런 생각들로 가득 차게 되었다. 그래서 나는 일단 나의 나쁜 점을 하나씩 고쳐야겠다고 생각을 했다. 내 삶을 좀먹는 것이 무엇인지, 나로 인해서 다른 사람들이 피해를 입는 것이 무엇인지 찾아보기 시작했다.

나는 매년 다짐만 했다

담배의 유혹의 넘어가다

요새 주위를 둘러보면 남자, 여자 할 것 없이 길거리에서 담배를 피우는 모습을 쉽게 볼 수 있다. 담배의 폐해는 말을 하지 않아도 모든 국민이 다 알고 있으나 금연을 한다는 것은 다른 차원의 이야기다. 내가 담배를 처음 입에 댄 것은 중학교 때 불량한 친구들과 어울리면서 멋으로 피운 것이 처음이었다. 그러나 습관적으로 담배를 피우게 된 것은 군대에 입대하고 나서부터이다.

나는 군대를 카투사로 복무했다. 논산에서 신병 훈련을 6주간 받고 또

평택으로 가서 4주간 기초 훈련을 받고 자대 배치는 JSA(Joint Security Area) 공동경비구역, 즉 우리가 보통 언론에서 말하는 판문점에서 근무를 했다. 말이 카투사지 정말 우리나라 최전방에서 근무를 한 것이었다. 판문점 안에서도 경비대대에서 근무를 한 관계로 진짜로 북한 병사들과 판문점에서 서로 마주보고 근무를 했다. 처음 근무를 할 때는 긴장감이 이루 말할 수 없을 정도로 높았다.

여차하면 바로 북한으로 넘어갈 수 있으므로 부대 특성상 영어도 영어지만 신원 조회도 3차례에 걸쳐서 하고 체력적으로 뛰어나야 근무가 가능하다. JSA에 근무를 하게 된 것은 나한테는 정말 큰 축복이고 좋은 경험이었다. 그러나 딱 한 가지 후회되는 것은 그곳에서 담배를 습관적으로 피우게 되었다는 것이다. 나는 친구들한테 강하게 그리고 멋지게 보이려고 피운 적은 있었지만 습관적으로 담배를 피우지는 않았다.

지금은 군대에서 구타가 없어졌지만 내가 복무하던 시절에는 구타가 만연해 있었다. 나는 군대에 갈 때 어차피 가는 거 뭔가 배우고 왔으면 좋겠다 싶어 시험을 보았고 결국 나는 카투사로 들어가게 되었다. 그래서 자대 배치를 받고 편안한 군대 생활을 할 줄 알았는데 그것은 나의 오판이었다. 외워야 할 복무 규정부터 미군이 쓰는 군사 용어 등 외워야 할 것이 너무 많았다. 나는 군대에 와서까지 머리를 써야 하나? 그런 생각이 들었고 안일하게 생각했다. 군대는 집단 생활인지라 내가 못하면 그 동기, 한 기수

위, 같은 분대, 같은 소대 이런 식으로 응징이 가해진다.

내가 자대 배치 후 신병으로 들어가서 나로 인해 다른 사람들이 엄청 많이 구타당했다. 구타를 당한 선임병들은 천사가 아니었다. 그 이후, 상황은 눈덩이처럼 커져 구타는 또 다른 구타를 부르고 모든 선임병들의 얼차려가 끝나면 까만 하늘에 떠 있는 별을 보면서 담배를 피우면서 분노를 속으로 삭였다. 심한 구타와 얼차려로 인해 땀에 흠뻑 젖은 군복 속에서 꼬깃꼬깃 구겨진 담배를 꺼내 피우면 순간적으로 화가 좀 가라앉는 효과가 있었다. 이것이 내가 담배를 습관적으로 피우게 된 계기이다.

몸을 상하게 하는 나쁜 습관인 것을 알고는 있었지만 좀처럼 금연하기가 쉽지 않았다. 휴가 때 집에 오면 아버님은 남자가 담배 하나 못 끊으면서 무슨 일을 할 수 있겠냐고 핀잔을 주곤 하셨다. 그러던 20대 초반 어느 새해에 금연을 시도했으나 딱 15일 금연하고 포기했다. 스스로 무너졌다. 담배의 유혹을 이겨내지 못한 것이었다. 나는 내 습성상 뭐 하나에 빠지면 잘 헤어나질 못한다. 담배를 피울 때도 연속으로 줄담배를 연신 피워댔다. 담배를 많이 피울 때는 하루에 2갑씩 피운 적도 있었다.

금연 실패 후 나는 내 의지만으로 이 습관을 없앨 수가 없구나 싶어서 금연 보조제를 가지고 다시 금연에 도전했다. 금연 패치와 금연 껌을 받았던 걸로 기억한다. 금연 패치와 금연 껌을 가지고 한 금연 시도도 단 일주일 참고 다시 실패했다. 계속되는 실패는 자존감을 낮추는 계기가 되었다. 그 즈음에 나는 내가 의지력이 정말 약하다는 생각 속에서 살게 되었다. 물론 현재는 금연에 성공했지만 그 당시는 내가 매년 다짐만 했지 성공한 일이 하나도 없었다.

내가 알코올 중독자라고요?

나에게는 정말 커다란 문제가 있었다. 그것은 바로 주사였다. 게다가 과잉행동장애까지 가지고 있어서 술을 먹으면 말과 행동이 과격해지고 오버하는 행동을 많이 해서 친구들 사이에서 물의를 많이 일으켰다.

한번은 이런 적이 있다. 고등학교 친구들과 술을 마시고 집에 왔는데, 다음 날 친구들이 괜찮은지 전화가 오고 어제 일 생각은 나는지 계속 물어보는 것이었다. 가까스로 일어나 몸을 추스르고 전날 술 먹은 것을 떠올리는데 중간중간에 필름이 끊겨 있었다. 전문 용어로 블랙아웃 상태가 온 것이었다. 모두 기억나는 것은 아닌데 띄엄띄엄 생각이 나는 것이었다. 뭐라 말을 할 수가 없었다. 기억이 나지 않으니 무슨 얘기를 했는지는 모르겠으나 상당히 큰 실수를 한 것 같았다. 얘기를 들어보니 어제 술집에서 친구와 말다툼을 하다가 의자를 집어던지고 소리를 질러서 술집이 아수라장이 되었다고 했다.

이러다 정말 문제가 될 것 같아서 신경정신과에 상담을 받으러 갔다. 몇 가지 테스트를 하고 의사 선생님이 알코올 중독 초기에 해당하며 알코올 중독은 치료가 상당히 어렵고 가족들에게 큰 피해를 주게 되므로 빨리 술을 끊으라고 조언을 해주었다. 사실 나는 알코올 중독이라고는 생각을 하지는 않았으나 어느 순간부터 손을 떠는 내 자신을 보게 되었는데 정말 그때 느낀 절망감은 이루 말할 수가 없다. 창피해서 주변에 얘기를 할 수는 없었다. 그날부터 술을 끊으려고 노력을 했다. 일단 집에서 술을 먹지 않기로 했다. 그러나 그게 문제가 아니었다. 나의 근본적인 술 문제는 술을 즐기는 것이 아니라 술에 취한 상태를 즐긴다는 것이다. 그러다 보니 술을 급하게 마시게 되고 문제를 일으켰다.

대한민국은 술에 대해 관대한 문화를 가졌다. 그래서 술로 인한 실수는 어느 정도 눈을 감아준다. 그리고 성인 남자들은 서로 술잔을 기울이다 술에 취한 상태가 되면 너나 나나 똑같다는 동질감을 가지게 되어 그때부터 급격히 친해지게 되는 경우가 많다. 그래서 대한민국 남자들이 제일 많이 하는 말이 "언제 소주 한잔하자."이다.

술을 끊기로 하고 집에서는 술을 입에 대지도 않았다. 하지만 친구를 만나서 술을 거절하는 것이 너무 어려웠다. 친한 친구를 만나게 되면 먹지 않겠다고 해도 한잔만 하라고 꼬드긴다. 그러면 한잔만 할까? 고민하다 한잔 마시게 된다. 한잔이 또 한잔을 부르게 되고 결국은 댐이 터진 것처럼 한순간에 나의 술에 대한 거부감은 완전 해제됐다. 그때부터는 내가 술을 먹는 것인지 술이 술을 먹는 것인지 구분이 되지 않을 정도가 됐다. 다음 날 아침 숙취로 힘들어하는 내 얼굴을 내 방 거울에서 발견했다. 침대에서 일어나고 깊은 자괴감에 시달렸다.

마흔이 된 뜨거운 여름 어느 날 퇴근하고 집으로 오다가 힘찬 구령 소리가 나서 소리가 나는 곳을 쳐다보게 되었다. 주짓수 도장이었다. 궁금한 것을 참지 못하는 성격이라 바로 주짓수 도장으로 가보았다. 젊은 남녀 이십여 명이 구슬땀을 흘리며 운동을 하고 있었다. 상당히 재미가 있어 보였고 TV에서 UFC 방송을 보면 대부분의 선수들이 주짓수를 배웠다고 하여 그것 때문에도 더 배우고 싶은 마음이 많이 생겼다. 그래서 바로 도장에 1년 회원비를 결제했다.

나는 내가 운동을 잘한다고 자부하며 살아왔었다. 그러나 그때 내 나이가 마흔이었다. 20대의 팔팔한 젊은 내가 아니었다. 처음 일주일은 원래 이렇게 좀 힘든가 보다 하고 다녔다. 그다음 주에는 너무 힘들어서 주짓수 도장에 가기 싫어졌다. 하루, 이틀 빠지다가 결국은 주짓수 도장을 나가지 않았다. 1년치 돈 낸 것이 아까웠다.

주짓수 관장님한테 전화를 해서 거짓말을 했다. 회사에서 다른 곳으로 발령이 나서 이사를 가야 한다고 했다. 거짓말을 하면서 내 자신이 정말 초라해 보였다. 왜 난 이렇게 꾸준히 하는 게 하나도 없을까? 왜 매번 나는 포기만 하지? 왜 나는 마음만 먹고 꾸준히 실천을 못 하지? 이런 생각이 쌓이고 쌓이다 보니 정말 내 자신에 대한 자신감이 하나도 없어졌다. 부모님한테 제일 많이 들었던 말도 끈기가 없다는 것이었다. 실패와 실패가 겹치다 보니 자존감은 말할 것도 없고 패배주의에 물들었다. 머리 쓰는 것은 그렇다 치더라도 몸으로 하는 것은 잘할 줄 알았는데 그건 나의 착각이었다. 뭘 해도 안 될 것 같았고 성공은 나하고 먼 얘기 같았다.

　그때부터 나는 다른 사람 앞에 나서는 것을 두려워했다. 나는 나만의 동굴 속으로 점점 더 깊이 들어가고 있었다. 다른 사람 만나는 것도 극도로 꺼렸다. 약간의 대인기피증이 생겼다. 모르는 사람을 만날 일이 생기면 상당히 스트레스를 많이 받았다. 익숙한 사람들 외에는 거의 다른 사람은 만나지 않았다. 적극적으로 살아도 될까 말까 한 이 세상을 나는 소극적으로 살아왔다. 자신감이 없었다. 나 자신을 내가 믿지 못했다. 너무 슬픈 일이었다. 나의 몸과 마음의 주인은 바로 나인데 내가 나를 믿지를 못하니 무슨 일을 하려고 해도 주저하게 되었다. 나 자신에 대한 확신이 없었다.
　나 자신이 싫어지면서 세상도 같이 싫어졌다. 다른 사람과 교류도 하고 자극을 받아 더 좋은 위치로 발전을 해야 하는데 나는 다른 사람의 성공에 질투가 나고 시샘을 했다. 삐뚤어진 사고를 가지고 세상을 바라보고 있었다. 나도 성공하고 싶었고 잘살고 싶었다. 그러나 어떻게 해야 하는지 몰랐다. 겁을 잔뜩 먹은 나약한 나는 세상이 두려워 나의 동굴 속으로 꽁꽁 숨어들었다.

하루 1시간 깨달음의 문장들 01 :
가장 나쁜 것은 포기다

"가장 나쁜 것은 포기다. 시작해보지도 않고 포기하는 것은 더욱 나쁘다. 그야말로 그것은 생명현상에 대한 훼손이요, 거부다. 우리는 이 시점에서 '그럼에도 불구하고' 이 말에 방점을 찍고 밑줄을 그어야 한다. (비록 사실은 그러하지만 그것과는 상관없이, 'nevertheless, yet, nonetheless.') 그렇다. '아직, 아직은'이다. 그럼에도 불구하고 다시 시작하자. 그럼에도 불구하고 우리 서로 악수를 청하자. 그럼에도 불구하고 손잡고 먼 길을 떠나보자. 판을 그대로 두어서는 안 된다. 깰 것이 있으면 깨고 뒤집을 것이 있으면 뒤집자. 그럼에도 불구하고 다시 시작해보자는 것이다. 어디선가 젊고 씩씩한 한 사람의 숨소리가 들리는 듯하다. 의심하지 마시라. 나는 언제나 당신 편이다. " – 나태주, 『좋다고 하니까 나도 좋다』, 서울문화사

내가 살아온 인생에서 제일 많이 후회하는 것이 너무 쉽게 포기한 일이 많다는 것이다. 정말 가장 나쁜 것은 포기이다. 시작도 하지 않고 포기하는 사람이 이제는 정말 없기를 바란다. 사람은 자신이 해보지도 않고 자기 자신의 가치를 낮게 폄하하는 경향이 있다. 그러나 인간의 능력은 정말 무한하다. 할 수 있다고 생각하면 무엇이든 할 수 있고, 설사 하지 못한다고

생각했던 일도 일단 시작을 하게 되면 조금씩 일이 풀려서 결국은 완성하게 되는 경우가 너무도 많다. 요즘 많은 사람들이 포기하는 것도 용기라고 자기 위안을 삼는데 나는 개인적으로 그 말에 찬성할 수 없다. 포기하지 않고 노력을 하면 언젠가 그 일은 분명 가능하다.

이제는 동굴 속에서 나와야 한다

술이 술을 마시다

"삶의 원동력은 무엇일까? 첫째도 욕망, 둘째도 욕망, 셋째도 욕망이다." – 스텔리 쿠리츠

이 말을 명심하자. 동굴에서 나오려면 이 말을 명심해야 한다. 정말 어려운 삶의 절망에 빠졌을 때, 특히 남자들은 어려운 일이 생기면 자기만의 동굴 속으로 들어간다. 삶이 뜻대로 흘러가지 않을 때, 뜻대로 일이 풀리지 않거나 막막할 때 이들은 자신만의 동굴 속으로 들어간다. 나도 나쁜

일이 생기면 외부와 단절하고 나만의 동굴로 들어갔었다. 희망을 잃거나 좌절을 마주하면 아무 생각도 하고 싶지 않았다.

나는 20대 때 절망 속에서 허우적거리고 있었다. 20대까지는 아버지하고 사이가 정말 안 좋았다. 처음 가출을 한 것도 그 놈의 술 때문이었다.

한 번은 고등학교 시절 나의 짝꿍이었던 대용이가 만나자고 했다. 나는 딱히 할 일도 없고 해서 주섬주섬 옷을 입고 약속 장소로 갔다. 대용이만 나온 것이 아니었다. 거기에는 대용이의 중학교 친구인 재성이도 왔다. 대용이는 그를 괜찮은 친구라며 나한테 소개를 시켜줬고 우리는 서로 인사를 했다. 어색한 분위기를 없애기 위해 우리는 소주와 안주를 시켰다. 그러다 서로 주량이 얼마나 되냐고 물어봤다. 재성이는 본인이 3~4병은 마신다고 했다. 각자 자신의 주량에 맞게 즐겁게 마시면 될 일을 나는 정말 쓸데없이 자존심을 세워서 나는 술을 잘 마셔서 주량이 어느 정도인지 잘 모를 정도라고 했다. 괜한 허세를 부린 것이었다.

그렇게 술을 마시다 서로 얼근하게 취했는데 재성이가 먼저 객기를 부렸다. 가게 주인아저씨한테 글라스 잔을 가져다 달라고 한 것이었다. 자기는 소주잔에 마시면 양이 안 찬다며 글라스 잔에다 마신다고 했다. 나도 지기 싫어서 나도 글라스 잔을 달라고 했다. 실제로 글라스 잔에 소주를 마시면 정말 한 순간에 정신을 잃거나 죽을 수도 있다. 우리는 그렇게 소주 열다섯 병을 마셨다. 한 병은 내 친구 대용이가 마시고 나머지는 나와 재성이가 마셨다. 그렇게 마시고도 다른 데 가서 2차를 하자고 했다.

　2차를 가기 전에 계산을 하고 나와서 나와 재성이는 화장실에 갔다. 사소한 것으로 서로 말다툼을 한 것이 주먹다짐으로 변했고 서로 엄청나게 싸웠다. 술을 하도 많이 마셔서 몸도 제대로 가누지 못하다 보니 앞뒤로 땅바닥에 꼬꾸라지길 수차례 했고 둘 다 옷은 피범벅이 되었다. 대용이는 나중에 싸움이 난 것을 발견하고 수습을 못할 지경이 되어서 나와 재성이의 집으로 급히 연락을 취해주었다.

　어머니와 남동생이 와서 간신히 나를 차에 태우고 병원으로 갔다. 응급실에 도착했는데 의사 선생님이 머리를 많이 다쳐서 우선 MRI 촬영을 하고 찢어진 입술을 꿰매자고 했다. 나는 술에 이성을 잃은 채 너희들이 돈에 환장해서 MRI 찍자고 하는 것 아니냐고 의사 선생님한테 소리를 질러댔다. 의사 선생님이 도저히 이런 환자는 상대를 못 하겠다고 하는 것을 간신히 어머니가 사정을 해서 MRI 촬영 후 찢어진 내 입술을 꿰맸다.

　응급실에서 치료를 마치고 집으로 돌아와 난 집에서 잠들었다. 이틀 동안 일어나지도 못하고 잠만 잤다. 그리고 맨 정신이 되었을 때 아버지가 뭐라고 하셨다. 결국 서로 가슴에 상처만 남기는 말만 하고 그날부터 한 달 동안 난 방에서 나오지 않고 나만의 동굴 속으로 들어갔다. 또 술로 인한 사고를 쳐서 깊은 절망감 속에서 지냈다. 그때 정말 작아진 내 마음을 위로해준 것은 내 방에 있던 책들이었다.

전쟁, 흉년, 전염병. 이 세 가지를 합쳐도 술이 끼치는 손해와 비교할 수 없다고 글래드스턴이 말했다. 나한테 정말 치명적인 손해를 끼친 술을 끊고 싶었다. 책을 보면서 '더 이상은 이렇게 살면 안 되겠다.'란 생각이 들었다. 술을 끊고 이제 나만의 동굴 속에서 나와야겠다는 생각이 들었다. 정말 남들 보란 듯이 잘 살고 싶었다. 내 가슴 속에서 뭔가 꿈틀꿈틀 거렸다.

인생은 저글링이다

어려서부터 사고를 많이 쳐서 문제아로 자란 나는 다행히 군대 제대 후 정신을 차렸다. 그리고 회사에 입사한 뒤로 착실히 살았다. 정말 잘 살고 싶었다. 부모님한테 여태껏 못한 효도도 하고 싶었다. 회사를 다니다가 우연히 기회가 생겨 여자친구를 사귀게 되었다. 그때까지 나는 여자친구를 사귀어본 적이 없었다. 이 여자친구를 놓치기 싫어서 내가 할 수 있는 모든 노력과 정성을 다했다. 눈에서 멀어지면 마음에서도 멀어진다는 생각이 나의 머릿속에 깊이 각인되어 있어서 연애를 하는 동안 거의 집착에 가까울 정도로 매일 만나 데이트를 했다. 우리는 결혼했고 사랑스러운 딸도 얻었다.

세상을 다 가진 것처럼 행복했다. 어렵사리 얻은 행복인지라 정말 잘 살고 싶어서 최선을 다했다. 더 잘 살기 위해서 그리고 더 많은 돈을 벌기 위해 회사에 충성을 다했다. 점점 더 욕심이 생겨서 더 빨리 진급을 하려고 야근, 휴일 근무도 마다하지 않고 계속 미친 듯이 일했다. 돈을 많이 벌면 더 행복해질 것이라고 생각했다. 어느 정도 돈을 벌고 나중에 가족들한테 신경 쓰면 될 거라 생각했다.

그러나 그 행복은 오래가지 않았다. 어느 순간 우리는 조금씩 조금씩 마음에 간극이 생겼다. 서로에 대한 미움과 원망이 쌓이면서 어느 순간 우리는 아무런 말도 없이 지내게 되었다. 서로에 대한 지독한 냉담으로 우리는 점점 멀어졌다. 우리 가정에 정말 큰 위기가 찾아 온 것이었다.

『일, 돈, 관계, 건강, 자아 다섯 개 공의 – 행복 저글링』이라는 책에서 세계적인 기업 코카콜라의 전 회장인 더글라스 데프트는 인생을 다섯 개의 공을 던지고 받아야 하는 저글링에 비유했다. 그가 언급한 공 다섯 개는 일, 가족, 건강, 친구, 영혼이다. 하나라도 놓치면 다 놓치게 된다. 나는 일이라는 공만 가지고 저글링을 하고 있었고 나머지 공들은 다 바닥으로 떨어뜨린 것이었다. 결국 우리 부부 관계는 바닥에 떨어진 공과 같은 처지에 놓이게 되었다. 한번 멀어진 부부 관계는 쉽게 다시 가까워지지 않았다. 사랑의 반대말은 무관심이라고 하지 않았던가? 우리 부부는 서로 무관심, 냉대 속에서 아무런 대화 없이 껍데기뿐인 결혼 생활을 하고 있었다.

30대 중반에 나는 다시 동굴로 들어갔다. 회사와 집을 제외한 어느 곳도 가지 않았고, 회사에서 일이 끝나면 귀가해 집에만 있었다. 하루의 대부분을 회사에서 보냈고 집에 와서는 잠만 잤던 걸로 기억한다. 문제가 생기면 해결하려고 노력해야 하는데 우리는 서로 다른 생각을 하고 있었다.

문제가 생기고 문제가 점점 더 커진 이유는 서로 말을 하지 않았기 때문이다. 불신이 생기고, 불신이 원망이 되고, 결국 서로를 포기하게 된 것이었다. 그때 집에 오면 대화는 없고 적막감만 흘렀다.

너무 갑갑한 마음에 심리학책을 많이 읽었다. 그 당시 가장 인상 깊게 보았던 책이 존 그레이가 쓴 『화성에서 온 남자, 금성에서 온 여자』라는 책이었다. 남자와 여자가 근본적으로 다를 수밖에 없다는 사실을 인식하지 못한다면 남자와 여자는 충돌하게 된다고 쓰여 있었다. 배우자에게 실망하는 것은 대부분 이 중요한 진리를 망각했기 때문이다. 그 책을 내가 좀 더 젊었을 때 읽었으면 얼마나 좋았을까 하는 생각을 많이 했다. 상대에게 내가 희생하는 만큼 희생하길 바라면 상대는 내가 변화를 강요한다고 느끼게 된다고 했다. 우리 부부의 상황이 딱 그랬다. 나는 내가 회사에서 열심히 가족을 위해 희생한다고 생각을 했고, 나의 배우자가 그만큼 나와 내 부모님에게 희생하길 바랐던 건 아닌가? 하고 반성하게 되었다.

만약 당신이 자신만의 동굴 속에 있다면 정말 책을 통해 깨달음을 얻어 동굴 속에서 나와야 한다. 다른 사람이 당신을 데리고 나올 수는 없다. 동굴 속에서 나오는 과정은 처절하리만치 힘들고 고통스럽다. 그 어둡고 무서운 동굴 속에서 스스로 빛을 찾아야 한다. 그 빛을 찾기 가장 쉬운 방법이 책 읽기이다. 책을 읽으면 나와 비슷한 고민을 가진 사람들이 어떻게 그 어려움을 극복하고 성공에 이르렀는지 알게 된다. 그런 면에서 책에는 분명 길이 있다. 어려운 상황에서 나는 책에서 한 줄기 빛을 보았다. 만약 책이 없었다면 지금의 나는 존재하지 않았을 것이다. 책 속에는 저자의 인생이 담겨 있다. 저자가 평생 얻은 지식, 지혜, 노하우를 책에 녹여냈기 때문에 책은 정성을 다해서 읽어야 한다. 동굴 속에 있는 동안 아무것도 하지 않고 가만히 있었다면 어떻게 되었을까? 분명 염세주의 사고와 패배의식에 젖어 아무런 희망도 없이 하루하루를 살아가지 않았을까?

누구나 살면서 시련을 겪게 된다. 시련이 없이 행복하기만 한 사람은 없다. 시련 속에서 시련을 헤쳐 나가는 법을 터득하고 삶의 지혜를 배우게 된다. 시련을 극복하는 방법은 여러 가지가 있다. 주위 사람들한테 도움을 구하는 방법도 있고, 인내해서 버티는 방법도 있고, 해법을 찾아 당당히 맞서 싸우는 방법도 있다. 나도 시련을 겪을 때마다 '신은 왜 하필 나한테만 이런 시련을 겪게 하나?' 하는 생각을 많이 했었다. 그러나 나보다 더 큰 시련을 극복한 위대한 사람들을 보면서 나는 힘을 얻고 용기를 내게 되었다. 맥 제이가 쓴 책 『슈퍼노멀』에는 이렇게 쓰여 있다.

"회복탄력성이 좋은 사람은 슈퍼맨이 아니라, '평균이나 평범함을 뛰어넘는다는 뜻을 가리키는' 슈퍼노멀일 것이다."

책 읽기를 통해 우리는 동굴에서 나올 방향을 찾을 것이고 또한 자신이 원하는 것을 향해 나가는 원동력을 가지게 될 것이다.

미래가 불안한 이유

결혼 후 무거워진 삶의 무게

최근 언론들의 고용 시장 관련 뉴스를 살펴보면 '사상 최악의 실업난', '최저임금 인상으로 인한 고용 한파' 이런 뉴스들이 심심치 않게 나오고 있다. 청년들의 실업도 큰 문제이지만 중장년 실업의 경우에는 한 가정의 붕괴로 이어지므로 문제의 심각성은 더 크다. 보통 회사에 다니다 명예퇴직이나 권고사직 등으로 회사를 나오게 되면 나이 때문에 구직 활동을 해도 써주는 곳이 없어 재취업이 매우 힘든 것이 사실이다.

집에 있으면 배우자나 자식에게 눈치가 보이고 그렇다고 노인정에 갈 수도 없는 노릇이다. 보통 우리나라 근로자들은 50대 초반에 회사에서 나오게 된다. 2018년 통계청 발표에 의하면 우리나라 남자 평균수명은 79.7세, 여자는 85.7세, 전체 평균은 82.7세이다. 50살에 회사에서 나오면 30년은 더 살아야 한다는 것이다. 로또 당첨이나 부모님이 물려주신 재산이 많은 경우가 아니라면 상당히 많은 노후자금이 필요하다. 직장생활하면서 착실하게 노후자금을 준비한 사람이라면 늘어난 노후가 큰 축복이겠지만 그렇지 않은 사람에게는 재앙이나 마찬가지다.

요즘 우리나라의 젊은 사회 초년생들이 결혼을 하는데 상대방의 최우선 고려사항은 취업 여부이다. 취업이 되지 않았으면 아무리 인물이 좋고 성격이 좋더라도 그 커플은 결혼에 골인하지 못한다. 예전에는 남자들이 여자를 책임지려는 문화가 있었으나 요즘은 하도 먹고살기 힘들어서 맞벌이가 기본인 세상이다.

나의 경우도 결혼 초기에는 맞벌이를 했다. 맞벌이를 하면 일반적으로 외벌이보다 수입이 2배 정도 많기 때문에 과소비를 많이 하게 된다. 다들 회사 생활에 지쳐 집으로 돌아오면 남자나 여자나 편히 쉬고 싶기 때문에 외식도 많이 하게 되고 씀씀이가 조금씩 조금씩 커지게 마련이다. 그리고 당장 급히 큰돈이 필요하지 않으면 약간의 여유가 생기게 되므로 좋은 차를 사기도 하고 좋은 옷을 사 입기도 한다.

결혼 후 얼마 되지 않아 외벌이가 되었다. 젊었을 때는 사는 것에 대한 부담감이 그리 크지 않았으나 가족이 생긴 이후로 엄청난 압박감과 부담감을 느끼게 되었다. 외벌이로 바뀌고 나서 처음에는 '허리띠를 졸라매야겠다.'라는 생각을 하지만 그게 생각처럼 쉬운 일이 아니다. 한번 들인 습관은 잘 바뀌지 않듯이 한번 커진 씀씀이도 쉽게 줄어들지 않는다. 게다가 수입이 반으로 줄어드니 한 달 동안 열심히 일해서 받은 월급으로는 부족한 상황이 벌어지게 된 것이었다. 마이너스 통장을 만들어 한 달, 한 달 연명해 나가는 생활을 했다.

마이너스 통장이 한도에 거의 다다르자 불안해졌다. 가만히 앉아서 굶어 죽을 수는 없지 않은가? 그래서 나의 월급 말고 다른 수입이 들어올 곳을 찾아보았다. 구인란에 나와 있는 곳에 모두 전화를 해보았다. 그 중 사람을 뽑는다는 곳이 있어 전화 연락을 하고 면접을 보러 갔다. 그곳은 새벽에 녹즙을 배달하는 곳이었다. 녹즙 사장님은 면접을 보고 나한테 이렇게 말했다.

"2~3일 일하다 나오지 않으면 돈 안 줍니다."

정말 절박한 심정으로 그다음 날 새벽부터 녹즙 배달을 시작했다. 새벽 3시부터 일을 한다는 것이 쉽지 않은 일이었다. 회사에서 야근이라도 한 날이면 피곤한 몸으로 밤에 집에 와서 잠깐 눈을 붙였다가 새벽에 일어나는 것은 정말 힘든 일이었다. 무엇보다도 나는 아침잠이 많은 편이었는데 매일 알람시계를 2개 맞춰놓고 새벽에 일어나는 것이 제일 힘들었다. 정말 딱 5분만 더 잤으면 좋겠다는 생각을 그만두는 그날까지 매일 했다. 부업으로 투잡을 하는 것은 정말 육체적으로 많이 힘들었다. 그러나 처자식 먹여 살리겠다는 일념 하나로 그 당시에는 열심히 일을 했던 것 같다. 그 당시 너무 무리를 많이 해서 살이 거의 10kg 정도 빠졌다. 새벽에 배달을 하는 일이다 보니 늦게 배달을 하면 녹즙사무실로 민원이 들어왔다. 그래서 최대한 빨리 배달을 하느라 계속 뛰어 다니다시피 일을 해야만 했다. 그런 노력이 있어 나의 마이너스 통장은 한도 초과를 하지 않고 근근이 먹고살 수 있었다. 투잡은 정말 아무나 하는 것이 아니다. 정말 정신력이 강한 사람만이 투잡을 할 수 있다.

나는 이제 뭘 배워야 하나?

요즘 직장생활을 하는 사람들은 자기계발에 엄청나게 많은 시간과 노력을 들인다. 자기계발을 하는 이유는 많은 이유가 있지만 제일 큰 이유는 불안감이다. 직장생활을 하면 할수록 많이 드는 불안감은 회사 내 후임자가 나의 자리를 위협할 때이다. 처음 신입사원 시절에는 앳된 대학생 같은 직원이 대리, 과장으로 한 단계, 한 단계 올라올 때 느끼는 압박감은 상상 이상이다. 그리고 나이가 젊을수록 컴퓨터를 다루는 능력이 뛰어나 나이가 많은 회사 선배들보다 OA능력이 뛰어나다.

나도 직장에서 내 밑에 있는 사람이 업무 능력이 월등하게 뛰어나면 위기의식이 발동한다. 어쩔 수 없는 것 같다. 회사에서는 능력이 있는 사람을 선호하기 마련이고 빨리 진급시킨다. 나보다 후배인 사람이 나보다 빨리 진급을 해서 자존심이 많이 상한 적도 있다. 무엇보다 슬픈 점은 주변의 눈치를 많이 살피게 된다는 것이다.

회사는 어찌 보면 동물의 왕국과 닮았다. 능력 있는 사람이 왕이 되고 능력 없으면 회사에서 쫓겨나게 된다. 이렇게 직장 후배들이 밑에서 치고 올라오고 위에서는 실적으로 압박을 하는 상황이 되면 정말 어디에 숨거나 아무도 없는 곳으로 가고 싶다. 회사에서 받는 스트레스는 생각보다 심각하다. 자기가 살기 위해서 남을 밟고 올라서는 경우도 비일비재하다.

이런 상황 속에서 살다 보니 남들보다 뛰어난 외국어 능력을 갖추려고 노력하거나 업무 관련 자격증을 따기도 한다. 젊었을 때는 자기계발을 해야 하는 필요성을 잘 못 느꼈다. 나의 경우도 주말이 오면 편히 쉬고 싶은 생각밖에 없었다. 이제 나도 나이를 어느 정도 먹으니 불안감이 엄습해왔다. 영어 공부를 해야 하나? 업무 관련 자격증을 하나 더 따야 하나? 코딩 학원에 들어가 프로그래밍을 배워야 하나? 별의별 생각이 다 든다.

나도 그런 고민 속에서 매년 자격증을 하나씩 취득하는 목표를 세웠다. 하지만 공부를 해서 자격증을 따고 보면 뿌듯하고 자랑스러운 감정은 잠깐이다. 몇 개월이 지나면 그 자격증으로는 아무것도 하지 못한다는 걸 알게 되고 깊은 좌절감에 빠졌다. 이런 업무로 인한 불안감을 잠재울 수 있는 게 무엇인지 궁금했다.

몇 년 전 우리 회사에서는 새로운 회장이 취임을 하고 경쟁력 강화라는 미명 하에 구조 조정을 실시했다. 정말 기억도 하고 싶지 않은 일이다. 우선 구조 조정을 하게 되면 각 부서 관리자들에게 목표 인원이 내려온다. 그리고 나이, 근속년수, 업무고과등급 등 여러 가지를 조합해서 상담을 해야 할 명단이 내려온다. 그러면 그때부터는 일은 뒷전이고 회사에서 직원을 내보내기 위한 일만 매일매일 진행된다.

면담을 하면서 여러 가지 감언이설로 지금 나가지 않으면 나중에는 이렇게 좋은 조건이 오지 않을 것이라고 말하기도 하고, 만약에 나가지 않으면 나중에 억지로 권고사직으로 처리가 될 수도 있다고 말하기도 하며, 지방으로 발령을 내겠다고 하기도 한다.

나도 면담을 해야만 했다. 이제 나도 나이가 많아 대상자가 된 것이었다. 마음이 착잡했다. 나가고 싶지도 않았고 나갈 수도 없었다. 회사를 나간다는 것은 생각해본 적도 없었다. 남의 이야기인 줄만 알았다. 그러나 그 순서가 이제는 내 차례까지 온 것이었다. 출근하면 다른 관리들로 바꿔가면서 계속 면담을 하고 퇴근하고 집에 오면 집으로까지 전화가 온다. 직접 집으로 와서 밖에서 술 한잔하면서 얘기하자고 하는 사람도 있었다. 정말 지옥이 따로 없었다. 빨리 목표 인원이 다 차서 끝났으면 좋겠다는 생각만 했다.

우리가 책 읽기를 하는 이유는 바로 이런 데에 있다. 책을 통해 나의 생각과 타인의 생각을 비교하고 다른 사람의 삶과 이야기 속에서 깨달음을 얻어 나 자신을 변화시키는 행위이다. 타인의 삶과 생각, 경험 등을 알지 못하면 나 자신을 객관적으로 볼 수가 없다. 객관적으로 볼 수가 없다는 것은 나 자신을 제대로 볼 수 없다는 것이기 때문이다. 책은 나 자신을 깨닫게 해주는 최고의 선물이고 나 자신을 비추는 거울이다.

"책을 읽는다는 것은 많은 경우에 자신의 미래를 만드는 것과 같다."

    - 토마스 에디슨

에디슨은 '도서관을 읽은' 일화로도 유명하다. 소년 시절, 고작 2~3년의 짧은 기간 동안 디트로이트의 시립도서관의 책을 모두 읽었다고 한다. 이렇게 많은 책 읽기는 에디슨의 위대한 발명에 도움이 되었다. 책 읽기를 통해 우리는 더 넓은 세상을 만나게 된다. 만약 내가 책 읽기를 하지 않았더라면 나는 우물 안의 개구리로 계속 살았을지도 모른다. 실제로 나는 책 읽기를 하지 않았을 때는 나의 무지를 모르고 살았다. 하지만 좋은 책을 만나 모든 면에서 조금씩 나아지게 되었다. 책을 읽으면 사고가 달라진다. 지식의 폭만큼 사고의 폭도 넓어지고 깊어지기 때문에 책을 읽은 사람은 늘 자신감에 넘친다. 미래가 불안한 이유는 책을 읽지 않기 때문이 아닐까?

하루 1시간 깨달음의 문장들 02 :
인생은 선택이다

"인생은 '지금 여기'에만 존재합니다. …… '지금 여기'는 '생과 사'입니다. 우리는 살면서 죽어가고, 죽어가며 삽니다. 삶과 죽음은 하나인 것입니다. 그러니 '지금 여기'가 극락이기도 하고 지옥이기도 합니다. 인생은 '지금 여기'에만 존재합니다. 내가 있는 지금 이곳에서 행복을 선택해야 합니다." – 이근후, 『오늘은 내 인생의 가장 젊은 날입니다』, 샘터

인생은 어찌 보면 현재만 사는 것일지도 모른다. 지금 이 순간이 가장 중요하다. 우리는 정말 많은 죄책감과 불안 속에서 살고 있다. 죄책감이란 과거 속에서 헤매는 상태이고, 불안이란 미래 속에서 헤매는 상태이다. 우리는 지금 여기에서 현재를 최선을 다해서 살면 죄책감과 불안에서 벗어날 수 있다. 다시금 자신을 한번 되돌아보자. 과거에 얽매여 앞으로 못 나가고 있는 건 아닌지, 그리고 닥치지도 않을 미래에 대해서 너무 많은 걱정으로 인해 아무 일도 못하고 불안 속에서 떨고만 있지는 않은지 생각해보라. 인생은 결국 현재만 살면 된다.

회사 내 수많은 보이지 않는 경쟁 속에서 살다 보면 불안과 두려움이 커

진다. 나의 경우도 많은 시행착오를 거치면서 지금은 현실을 담담히 받아들이게 되었다. 직장생활을 억지로 한다고 생각을 하면 한도 끝도 없이 피곤했으나 이 책을 읽고 나서는 지금 있는 내 직장에서 행복을 선택하기 위해서 최선을 다한다. 그렇게 생각하니 인생이 행복하고 매순간 최선을 다하게 되었다.

삶은 선택이다

위기의식이 이직을 하게 만들었다

어려서부터 우리는 책을 많이 읽으라는 소리를 들으면서 자랐다. 그러나 대한민국의 모든 입시를 거친 사람들은 똑같이 느끼는 것이지만, 교과서 및 참고서를 제외하고는 책을 읽을 시간이 많지 않다. 대부분의 학창시절을 좋은 대학을 가는 것을 목표로만 책을 본다. 사회에 나와서 책을 읽을 시간적 자유가 주어지지만 책을 습관적으로 보는 사람은 드문 것이 현실이다. 사람들에게 책을 읽는다는 것은 선택일 뿐이다.

나는 책을 통해서 사회 초년생 시절에 다른 회사로 이직을 한 적이 있다. 내 생애 처음 회사에 입사를 하고 아무런 목표도 없이 하루하루 보내고 있었다. 특별한 불만은 없었다. 결혼 전이어서 부양할 가족도 없고, 회사가 너무 바빠서 미친 듯이 일을 해야 하는 곳도 아니었다. 그런데 어딘가 모르게 허전한 것이 있었다. 내가 원하는 일을 하는 곳이 아니어서 그런지 회사에 별로 정이 가지 않았다. 그 회사 직원들은 나를 따뜻하게 대해주었지만 나는 왠지 나랑 안 맞는다는 생각이 많이 들었다.

사장님이 연말에 따로 부르더니 일을 열심히 하니까 특별히 매년 100만 원씩 임금을 인상시켜준다고 했다. 그 당시 내 연봉이 삼천만 원 정도 했던 것으로 기억하니깐 지금까지 다녔다면 연봉 오천만 원이 조금 넘을 것이다. 나는 그 당시 꿈이나 목표는 없었지만 막연히 돈은 좀 많이 벌면 좋겠다는 생각을 했다. 규모가 작은 중소기업이다 보니 그럴 수도 있지만 그래도 미래가 보이지 않고 임금 인상률도 너무 낮아서 고민이 되었다.

그 말을 들은 이후로는 일이 손에 잡히지 않았다. 열심히 해도 1년에 고작 100만 원 올려준다고 하니 일을 할 맛이 나지 않았다. 사실 일이란 것은 동기부여가 돼야 하는 것인데 열심히 하나 열심히 하지 않으나 차이가 없으면 열심히 할 이유가 없어지는 것이다.

그날부터 나는 시간이 나면 무조건 책을 보았다. 장르를 불문하고 닥치는 대로 읽었다. 여기에서 계속 아무 생각 없이 있다가는 내 인생은 완전 망할 것 같은 위기의식이 다가온 것이었다. 위기의식은 나를 책 읽게 만들었고 책에서 나에게 딱 맞는 답을 찾았다.

"만약 당신이 늘 하던 대로 살아간다면 당신은 기존에 얻었던 것만 얻을 것이다." - 헨리 포드

이것을 본 순간 나는 다른 회사로 옮기고 싶은 생각이 들었고, 그날부터 방향성과 목적이 있는 공부를 하게 되었다. 이렇듯 우리는 살아가면서 수많은 선택 속에서 살아가고 있다. 인생은 선택의 연속이다. 어떤 선택을 하느냐에 따라 인생이 뒤바뀌는 것이다. 그 당시의 선택을 나는 잘했다고 생각한다. 물론 선택을 하는 데 있어서 가장 큰 조언은 주변의 선배나 부모님 등을 통해서 받을 수도 있다. 하지만 책을 통해 그 상황과 가장 유사하거나 나와 비슷한 고민을 하는 사람들의 이야기를 볼 수 있고 간접 경험도 하게 된다. 그리고 거기서 깨달음을 얻는 것이다.

왜 책을 읽느냐고 당신이 나에게 물어본다면 책은 나에게 가장 좋은 친구라고 답할 것이다. '독서할 때 당신은 항상 가장 좋은 친구와 함께 있다'고 했다. 가장 좋은 친구가 해주는 조언에 따른다면 내 인생에 있어서 많은 선택 속에 현명한 판단을 할 것이라고 생각한다. 그리고 많은 선택의 상황 속에서 깊은 고민에 빠지게 되면 몸도 마음도 많이 지치게 된다. 이럴 때 책을 통해 마음의 안정을 취하게 된다면 치우치지 않는 좋은 선택을

하게 된다. 마음도 안정되고 바른 선택을 하게 되니 일석이조이다.

삶은 이 세계에서 나에게 벌어지고 있는 모든 일이다. 또 삶은 끊임없이 질문을 한다. 이렇게 끊임없이 일이 생기고 질문을 하면 어디론가 도망가고 싶을 때도 있다. 이런 순간에 책은 마음의 안식처가 되어준다. 너무도 팍팍하고 치열한 현실 속에서 조금은 위안을 받고 싶은 곳이 필요하다. 책은 나를 쉬게 만들어준다. 아주 좋은 책을 만나면 정말 큰 위안을 얻을 수 있다. 거기에서 오는 풍요로움을 느끼면 정말 힘든 이 세상이 살맛나게 변하게 될 때가 많이 있다.

40대 초반에 내 인생에 큰 위기가 왔다. 그때는 너무도 힘이 들어서 자살을 하고 싶단 생각을 한 적도 있다. 살기가 너무 싫었다. 회사 생활에 너무 많은 시간을 보내다보니 삶의 균형은 깨지고 아내는 이혼을 요구했다. 처음에는 너무 어이가 없었다. 얘기를 해보자고 했으나 아내는 계속 거부를 하였고 어느 날 집에 와 보니 책상 위에 이혼 서류가 놓여 있었다. 나는 아이가 있는데 그 아이한테 이런 아픔을 주는 것은 아닌 것 같아서 최대한 이혼은 막아보려고 노력했다.

일단은 잠시 떨어져 있는 것이 낫겠단 생각이 들었다. 그래서 회사 내 글로벌 컨설팅팀이 있어서 그 팀에 지원했다. 영어와 업무 관련 지식을 테스트하고 그 팀으로 옮겼다. 인도로 파견을 나가 일을 하게 되었다. 업무와 현지 생활에 적응하느라 첫 1~2개월은 바삐 지나갔다.

그런데 뜻하지 않게 나에게 향수병이 생겼다. 특히 한참 예민할 사춘기 시기의 딸이 너무 보고 싶었고, 챙겨주지 못한 미안함이 매우 컸다. 친구들도 보고 싶었다. 낮에는 일을 하느라고 정신없이 보냈지만 밤에 숙소에 도착하면 잠은 안 오고 집 생각, 가족 생각이 많이 났다. 정말 힘이 많이 들었다. 해외여행을 좋아해서 외국 생활을 잘할 것이라고 생각했는데, 그건 나의 착각이었다. 잠깐 해외에 여행가는 것과 해외에서 사는 것은 전혀 다른 것이었다.

그렇게 매일 잠을 이루지 못했다. 숙소 내 헬스클럽에서 땀을 흘리고 돌아오면 피곤해서 쉽게 잠들 줄 알았다. 하지만 효과가 없었다. 그래서 책을 보기 시작했다. 역사 관련 책은 보다 보면 쑥 빠져들게 되는 묘한 매력이 있었다. 역사를 통해 얻은 선친들의 지혜도 도움이 많이 되었다.

이렇듯 외롭고 힘들 때도 책은 변함없이 내 옆에 있어주었다. 열기만 하면 시간과 장소에 상관없이 나를 반겨주는 것은 오직 책뿐이었다. 누군가 나에게 "책이 위로가 될까요?"라고 묻는다면 나는 "맞습니다. 큰 위로가 됩니다."라고 대답할 수 있다. 내가 그렇게 외롭고 향수병에 걸렸을 때 나를 위로해준 것이 책이었기 때문이다.

책은 우리에게 길을 제시해준다

책을 통해 우리가 얻을 수 있는 최종 목적은 무엇일까 생각해본 적이 있다. 그것은 바로 우리에게 길을 제시해준다는 것이다. 사람은 각기 자신의 길을 간다. 그러나 살면서 겪는 일은 이 세상에 태어나서 처음 겪는 일이다 보니 고민을 할 수 밖에 없다. 그럴 때 우리는 책을 통해 답을 얻을 수 있고 나아가야 할 길이 보인다.

직장생활을 하면서 가장 많은 고민을 하는 것이 바로 은퇴 후의 삶이다. 직장인들이 식사 후 커피를 마시면서 가장 많이 하는 얘기가 노후 문제이다. 다들 열심히 노력해서 직장에 들어왔으나 직장은 정년퇴직 때까지 우리를 지켜주지 않는다. 자의건 타의건 결국 어느 시점에는 직장에서 나와야 한다. 그러면 그때 무엇을 할 것인지에 대한 두려움과 걱정이 제일 많다. 동종업계에 경력직으로 들어가거나 아니면 자격증을 따서 일을 하는 것인데 요즘은 하도 이런 자격증을 가진 사람들이 많다 보니 나이가 많으면 취업이 잘 되지 않는다고 한다.

한국 대기업의 끝은 치킨집이라는 우스갯소리가 있다. 열심히 노력해서 대기업에 들어가도 결국은 대기업에서 평생 나를 고용하지 않고 언젠가는 내보낼 것이다. 그렇게 회사를 그만둔 사람들이 갈 수 있는 최종 목적지는 치킨집이라는 것인데 생각해보면 너무 서글프다. 정말 12년간을 열심히 공부해서 좋은 대학에 가고 좋은 대학에서 열심히 노력해서 대기업에 들어갔는데 결국은 그 끝이 치킨집이라니 얼마나 슬픈 일인가?

나는 나의 미래 모습에 대해 고민을 해보았다. 그리고 나에게 몇 가지 질문을 해보았다. 지금 하고 있는 일을 언제까지 할 수 있을 것인가? 다른 일로 전환을 할 것인가? 창업을 할 것인가? 다른 일을 한다면 어떤 일을 할 것인가? 미래를 위해서 어떤 준비를 해야 하나?

이런 질문 속에서 나는 한 권의 책을 발견했다. 앨빈 토플러의『부의 미래』였다. 그는 책에서 인류가 직면하고 있는 지식 혁명의 대소용돌이를 명쾌하게 분석했다. 심화된 제3의 물결이 가져올 심층 기반의 변화, 그로 인해 도래할 새로운 부 창출 시스템이 우리의 일상생활, 사회, 더 나아가 문명에 미칠 영향력까지 심도 있게 밝히고 있다. 우리가 결코 피해갈 수 없는 부의 혁명과 그 안에서 우리는 살아남기 위해 무엇을 해야 하는지 힌트를 주고 있다.

삶이라는 길을 가다 보면 우리는 수많은 선택의 순간에 마주하게 된다. 그 선택의 순간 당신이 어떤 선택을 하느냐에 따라 미래가 달라질 것이다. 조금 더 밝은 미래, 조금 더 희망찬 미래를 위해서는 올바른 판단 기준을 가져야 할 것이다. 올바른 판단 기준을 마련하는 데 가장 빠른 방법은 책을 읽는 것이다. 인생에 있어 당신이 어려운 판단의 기로에 서게 되는 순간, 한 권의 책에서 얻은 귀한 문구 하나가 당신 인생을 구하게 될 것이다.

먹고살기도 바쁜데 언제 책을 읽나요?

지하철에서 만난 회사 선배

요즘 책을 읽는 사람들이 줄어들고 있다고 한다. 2018년 2월 문화체육관광부는 '2017년 국민독서실태조사결과'를 발표했다. 이 조사에 따르면 성인은 1년간 8.3권의 책을 읽는다고 한다. 우리나라 성인이 한 달에 1권도 읽지 않는다는 것이다. 얼마나 충격적인 일인가?

이 조사에서 책 읽기를 이렇게 하지 않는 원인으로는 성인의 32.2%가 '일 때문에 시간이 없어서'라고 대답을 했으며, 학생의 29.1%가 '학교와 학원 때문'이라고 대답했다. 정말 이런 이유로 독서를 하기 힘들다는 것이 맞는 것일까? 나는 그렇게 생각하지 않는다.

　나의 경우도 전에는 시간을 따로 내어 주말에 몰아서 책을 읽었던 적도 있었다. 그러나 내가 매일 책 읽기 습관을 들이게 된 계기가 있다. 나는 출퇴근을 하면서 지하철을 이용하는 경우가 많다. 나는 다른 사람의 행동을 유심히 관찰하는 습관이 있다. 지하철을 타고 출근을 하다 보면 거의 대다수의 직장인이 비슷한 행동을 하는 것을 볼 수 있다. 직장인들은 대부분 스마트폰을 보고 있다. 거의 60%~70% 이상은 스마트폰으로 웹 서핑이나 영화를 보고 있다.

　우리나라의 경우, 2010년 이전에는 스마트폰이 출시되기 전이라 많은 사람들이 신문을 보았다. 그러나 지금은 신문을 보는 사람은 거의 없다. 나머지는 피곤한 일상에 지친 나머지 의자에 앉아서 존다. 나도 출근을 할 때 별반 다르지 않았다. 아침에 간신히 일어나 회사로 가기 때문에 피곤한 상태인 경우가 많아 목적지에 도착하기 전까지 졸고 있거나 아니면 눈을 감고 휴식을 취하였다.

　그러던 어느 날 여느 때와 똑같이 지하철을 타고 출근을 하고 있었는데 직장 선배를 만났다. 반가워서 직장 선배 있는 쪽으로 다가가면서 손을 흔들었으나 반응이 없었다. 다가가면 당연히 나를 알아볼 줄 알았는데 나를 미처 못 보았는지 이어폰을 끼고 있는 채로 스마트폰을 열심히 보고 있었다. 갑자기 궁금증이 생겼다. '뭐지? 뭐가 그렇게 중요한 건데 저렇게 집중해서 보고 있을까?' 가까이 가서 어깨를 툭 치면서 인사를 했다. 그제야 나를 알아보고 이어폰을 빼고 인사를 나누었다. 난 궁금한 것이 있으면 못 참는 성격이라서 회사 선배에게 물어 보았다.

"뭘 그렇게 열심히 보세요?"

선배가 하는 말이 자기가 기술사 자격증을 따기 위해서 공부를 하고 있다고 했다. 그래서 퇴근하고 도서관에 가서 공부를 하고 주말에도 공부를 한다고 했다. 그리고 회사에 다니는 관계로 평일에는 시간이 많이 나지 않아서 출퇴근하면서 기술사 인터넷 강의를 듣는다고 했다.

망치로 머리를 띵하고 한 대 맞은 것 같았다. 나는 출퇴근하면서 그 시간을 활용해봐야지 하는 생각을 해본 적이 없었다. 그냥 출퇴근 시간은 일에 지쳐 물 먹은 스펀지처럼 축 쳐져서 눈을 감고 서서 오거나 운이 좋으면 자리에 앉아 졸면서 오는 것이라 생각하면서 살고 있었던 것이다.

나는 하루 중 출퇴근 하는 지하철 안에서 보내는 시간이 얼마 되지 않을 것이라고 생각했다. 그날 집에 와서 곰곰이 생각을 해보았다. 나의 경우 출근할 때 지하철에서 40분, 또 퇴근할 때 40분, 하루에 총 1시간 20분이 라는 시간이 생기는 것이었다. 그 당시 집에서 쉬는 주말에 따로 시간을 빼서 책을 보는 시간은 고작해야 6시간 정도밖에 되지 않았다. 주 5일 근무를 하고 있으므로 지하철에서만 책을 읽어도 내가 주말에 따로 책을 보는 시간보다 많은 시간이다. 내 자신이 너무 부끄러웠다. 피곤하다는 이유로 하루 중 80분이라는 중요한 시간을 허비하고 있었던 것이다.

그 일이 있고 6개월 뒤에 그 직장 선배를 다시 만났다. 기술사 시험에 합격했다고 나도 공부를 해서 준비를 해보라고 권유해주었다. 기술사 시험의 경우 사람마다 조금씩 편차는 있지만 보통 2~3년 정도를 생각하고 준비한다. 그 직장 선배의 경우는 1년 만에 시험에 합격을 한 것이다. 돌이켜 생각을 해보면 그렇게 빠르게 시험에 합격을 한 이유 중 하나가 지하철 안에서 꾸준히 공부를 했기 때문이 아닐까. 많은 직장인들이 시간이 없다고 하지만 하루 중 많은 시간을 낭비하고 있다. 이것은 내가 살면서 배운 또 하나의 큰 깨달음이었다.

당신은 쉬는 시간에 뭘 하시나요?

작열하는 태양, 뜨거운 해변, 시원한 파도, 길게 늘어진 야자수. 직장인들의 로망이다. 직장인들이 가장 손꼽아 기다리는 것이 휴가이다. 회사에서 휴가만 바라보며 사는 직장인들도 많다. 그래서 요즘 TV에도 여행 관련 프로그램이 많다. 그리고 위에서 언급한 여행 외에 또 하나의 트렌드는 먹는 것이다. 소위 말하는 먹방이 새로운 트렌드로 부상했다.

"당신은 살기 위해 먹나요? 아니면 먹기 위해서 사나요?"라는 질문을 받게 되면 당신은 어떻게 대답할 것인가? 이것은 철학적인 질문도 아니고 사회가 발전함에 따라 당연히 대답도 바뀌게 되었다. 예전에 우리가 경제

개발도상국이었을 시절에는 살기 위해서 먹었다면 현재 우리는 먹기 위해서 산다고 해도 크게 틀린 말은 아니다. 그만큼 많은 사람들이 먹는 즐거움을 가지고 살아가고 있다.

많은 사람들이 나에게 먹고살기도 바쁜데 언제 책 읽을 시간을 내느냐고 물어본다. 나는 이렇게 다시 묻는다.

"여름에 휴가는 가시죠?"

그러면 이렇게 대답한다.

"네."

나는 또 다른 질문을 한다.

"주말에는 뭐하세요?"

보통 이런 대답이 제일 많다.

"식구들과 외식하러 가죠."

대다수의 많은 사람들이 이제는 삶의 질을 추구한다. '워라밸'이라는 단어가 최근 들어 직장인 사이에 제일 관심이 큰 화두이다. Work-Life-Balance. 일과 삶의 균형이란 뜻으로 높은 업무 강도에 시달리거나, 잦은 야근 등으로 개인적인 삶이 없어진 현대 사회에서 직장이나 직업을 선택할 때 고려하는 중요한 요소 중 하나로 떠올랐다. 이로 인해 주 52시간 근무제가 시행이 되어 많은 직장인들이 예전에 비해 빨리 퇴근을 하게 되었다. 이렇게 많은 시간이 주어졌지만 사람들은 아직도 습관적으로 시간이 없다, 바쁘다, 먹고살기 힘들다, 이런 말들을 하는 것이다.

시간을 어떻게 활용하느냐는 본인의 의지에 달려 있다고 보는 것이 맞다. 핑계 없는 무덤은 없다고 하지만 핑계는 자기합리화일 뿐이다. 그래야 자신의 죄책감이나 불안을 억누르기 위해서 자신의 행동을 포장하고 합리화할 수 있다. 눈 코 뜰 새 없이 바쁜 사람들도 있다. 그러나 내가 봐온 결과 오히려 그런 사람들은 틈이 나는 대로 자기계발을 하고 반대로 시간이 많은 사람은 하지 않는다.

옛날에는 할 게 없었다. 1980년 12월 1일 대한민국에서 처음으로 컬러 TV 방송을 송출했다. 그 이전에는 TV도 없고 라디오만 있었던 시절도 있었다. 우리 부모님 세대에는 아무것도 없었다. 그러니 당연히 유일한 재미이자 여흥이 책인 것이었다. 한참 TV를 많이 보던 시절이 내 세대이다. TV가 준 문명적 혜택도 분명 많다. TV를 보면서 많은 시간을 보냈고 많이 웃고 많이 울었다.

지금은 세대가 변해서 TV를 보지 않고 스마트폰의 보급으로 나이든 사람이나 젊은 사람이나 유튜브에 열광하고 있다. 이전에는 영상을 소비하는 차원에서 지금은 영상을 창조, 생산하는 차원으로 변했다. 요즘 초등학교 학생들한테 커서 어떤 사람이 되고 싶은지 물어보면 2018년 기준 장래 희망 직업 5위가 유튜버이다. 정말로 하루에도 어마어마한 새로운 영상 콘텐츠가 생성, 소비되고 있다. 지금도 출퇴근하는 지하철이나 버스 안에서 많은 사람들은 스마트폰으로 유튜브 방송을 보고 있다.

유튜버들이 늘어남에 따라 구독자 수를 늘리기 위해 자극적인 발언, 행위 등도 도를 넘는 경우가 많다. 논란이 되는 비도덕적인 행동들도 거리낌 없이 행하는 영상을 제작하기도 하면서 사회적으로 큰 물의를 일으키고, 점점 자극적이고 원초적인 즐거움에만 집착하다 보니 큰 사회적 문제가 되고 있는 실정이다.

유튜브를 보는 것이 잘못되었다고 하는 것이 아니다. 유튜브 시청에 많은 시간을 보내다 보니 실질적으로 우리가 원하는 자기계발을 할 시간이 없어진다는 것이다.

인생에서 자기계발은 필수이다. 자기계발의 최고는 책 읽기이다. 그러나 대부분의 사람들이 책 읽을 시간이 부족하다고 말한다. 아침에 일어나서 출근하고 퇴근 후 저녁에는 씻고 식사하고 나면 눕고 싶어진다. 게다가 밤늦게까지 야근하는 일이라도 반복되면 자기계발에 대한 의지는 안드로메다로 가고 없어진다. 나도 회사 다니면서 자기계발을 하지 못했던 시기도 있었고 매일 별 보기 운동을 하듯이 새벽에 나가 밤에 들어오는 일상이 반복되었던 시기도 있었다. 그런데 매번 시간이 없었던 것이 아니고 시간이 많았을 때도 있었다. 과연 시간이 없는 것인지 아니면 의지가 없는 것인지 냉철하게 생각해볼 필요가 있다. 여기에 답이 있다.

열심히만 하면 될 줄 알았는데

나의 인생은 삼류 인생이었다

지금에 와서 나의 과거를 돌이켜보면 나의 인생은 삼류 인생이었다. 아무것도 가진 게 없고 아는 것도 많지 않아 인생을 말 그대로 막 살았다. 생각도 하지 않고 그냥 기분 내키는 대로 살았다. 그 당시에는 정말 아무런 희망도 없고 별로 살고 싶은 생각도 없었고 삶에 대한 열정이 없었다. 대학에 입학 후 학교는 가지 않고 친구들과 매일 노는 생활이 반복되다 보니 하는 일 없이 노는 것도 지루해져서 돈을 벌고 싶어졌다. 돈 많은 친구들은 차를 타고 다니기도 했고, 그게 그렇게 부러워서 돈을 빨리 버는 방법을 궁리했다.

여기저기 친구들한테 연락을 해보았다. 고등학교 친구 중에 한 명이 나이트클럽 영업부장을 한다고 했다. 돈 벌기가 정말 쉽다고 했다. 구경시켜 줄 수 있으니 한번 놀러오라고 했다. 궁금해서 그냥 오후에 바로 강남역에 있는 ○○ 나이트클럽으로 갔다. 보증금을 어느 정도 넣고 룸을 배정받아 술장사를 하는 것이었다. 말이 영업부장이지 실제로 하는 일은 술손님 시중드는 것이었다. 나는 다른 사람의 비위 맞추는 것을 성격상 잘 못한다. 아니 아예 못한다고 말하는 것이 정확하다. 그래서 그 일 말고 다른일은 없냐고 물어보니 나이트클럽 입구에 서서 일하는 나이트클럽 기도가 있다고 했다. 기도라는 말을 처음 들어서 무슨 일을 하는지 물어보았다. 좋은 말로 하면 안전요원이었다. 입구에서 소위 물관리라는 것을 하고, 안에서 싸움이 나거나 소동이 벌어지면 진압하는 일이었다. 돈벌이는 나쁘지 않고 학창 시절에도 싸움은 제법해서 체격도 나쁘지 않았다.

그 다음 날부터 나이트클럽 기도 일을 하게 되었다. 처음에는 예쁜 여자들도 보고 재미가 있었다. 그때 나는 정말 아무 생각이 없었다. 그렇게 재미있던 일도 하루가 멀다 하고 벌어지는 싸움 앞에선 점점 흥미를 잃어갔다. 싸움이 벌어지면 당장 뛰어가서 말려야 했다. 정중하게 얘기를 하고말을 듣는 사람이 있는 반면 술이 너무 많이 취하게 되면 말리기가 상당히힘이 들고 다치는 경우도 생겼다. 일에 환멸이 생기니 하고 싶지 않았다.

다른 일을 알아봤다. 선릉역에 있는 ○○ 단란주점에서 야간에 대리운전을 하면 돈을 많이 벌 수 있다고 하여 그곳으로 가서 일하게 되었다. 단란주점이 주로 야간에 영업하는 곳이다 보니 저녁부터 새벽까지 일을 해야 했다. 지금에야 대리운전이 많이 활성화되어서 술을 먹고도 금방 집에 갈 수 있었지만 그 당시에는 그런 시스템이 존재하지 않았고, 그 단란주점에서 일하는 직원한테 일정 금액의 돈을 주면 운전을 해주었다. 술 취한 사람들이 이성이 마비된 상태이기 때문에 큰돈을 주는 사람이 많았고, 접대부 아가씨들이 옆에서 조금 잘 얘기를 해주면 팁도 받을 수 있어서 일하는 것에 비해서는 상당히 많은 돈을 받았다. 차를 사고 싶어서 미친 듯이 대리운전해서 최대한 많은 돈을 벌려고 노력했다.

그러나 세상에 돈을 쉽게 버는 것은 하나도 없었다. 위기가 왔다. 손님이 광화문에 있는 경희궁 롯데캐슬아파트로 간다고 하여 차에 태우고 출발했다. 그런데 뭐가 그리 불만이 많았는지 운전하는 데 자꾸 시비를 걸었다. 왜 이런 일을 하느냐? 나이는 몇 살이냐? 젊은 놈이 제대로 된 일을 해야지 왜 이딴 일을 하느냐? 계속 시비를 걸어왔다. 화가 정말 머리끝까지 났지만 참았다. 술 취한 사람이니깐 참자고 생각했다. 빨리 내려주고 돌아가고 싶은 마음밖에 없었다. 갑자기 그 사람이 빨리 갈 수 있는 길을 놔두고 왜 돌아가느냐고 쌍욕을 해댔다. 차에서 내려 정말 한 대 패주고 그만두고 싶었다. 그래도 참고 운전을 했다.

결국 그 사람이 나의 마지막 자존심을 건드렸다. 운전하고 있는 나에게 침을 뱉었다. 진짜 더럽고 짜증나지만 그 정도 일하고 많이 버는 일은 없어서 참고 하려고 했는데 이건 내가 참을 수 있는 수준이 아니었다. 차를 바로 길 옆으로 세우고 그 술 취한 쓰레기 같은 인간을 내리게 하고선 다시 나 혼자 차를 타고 한 500m 떨어진 곳에 차를 세워 놓고 차키는 던져 버렸다. 그리고 나는 택시를 타고 집으로 왔다. 그 일이 있고 밤에 단란주점에서 대리운전 기사로 일하는 것은 그만두게 되었다.

무슨 일이든 열심히만 한다고 해서 다 좋은 것은 아니다. 정말 내가 대접을 받으려면 그에 맞는 행동을 해야 한다. 그러나 나는 20대에 무조건 빨리 차를 사겠다는 생각 때문에 제대로 된 일이 아닌 정말 양아치들이나 삼류 인간들이나 하는 일을 했던 것이다. 그 일을 계기로 나는 더 이상 이런 삶을 살지 말자고 다짐을 했다. 지워지지 않는 수치스러운 일이었다.

그 일이 있고 집으로 와서 돈은 좀 적게 벌더라도 떳떳하게 벌 수 있는 일을 알아보게 되었다. 20대 중반에 취업이 되어 회사를 다니게 되었다. 그동안 인생을 생각 없이 막 살아왔으니 이제 그렇게 살지 말자고 다짐하고 회사에 입사를 했다. 열심히 일했다. 누구보다 많이 방황하고 놀았기 때문에 더 이상은 내 인생을 낭비하면 안 되겠다고 생각했다. 그래서 술 때문에 만났던 많은 친구들과 연락을 끊었다. 핸드폰 번호를 바꾸니 연락도 오지 않고 마음이 편안해졌다.

아침에 일어나 아침도 먹지 않고 바로 새벽에 회사에 가서 매일 야근에, 집에는 밤 10시~11시에 들어왔다. 일이 많으면 회사에서 밤새면서 일을 한 적도 많았다. 남들보다 학벌도 좋지 않고 뛰어난 능력도 없다고 생각하여 내가 할 수 있는 것은 하려는 태도와 적극성을 보이는 것밖에는 따로 내세울 것이 없었다. 못하는 것이 있으면 아는 사람한테 알 때까지 계속 물어봐서 내 것으로 만들었다. 그러다 보니 입사한 동기들 중에는 내가 제일 먼저 팀장이 되었다. 관리자가 되다 보니 일은 더 많아졌고 신경 쓸 일도 많아졌다. 팀장이 되고서는 매주 주말에 회사에 나갔다. 밀린 일을 하고 집으로 와서는 잠만 잤다. 그렇게 하면 가정이 행복하게 될 줄 알았다. 업무 고과도 잘 받아 임금도 많이 올라서 모든게 다 좋아질 줄 알았다.

그러나 그렇게 되지 않았다. 가정에 소홀하다 보니 부부 관계에 금이 가기 시작했다. 부부 관계가 원만하지 않으니 회사 일이 손에 잡히지 않았다. 불만이 많아지니 회사 내에서도 다른 직원들과 언쟁하거나 문제를 많이 일으키게 되었다. 다른 부서 직원들과의 관계에서도 좋은 모습을 보이지 못해서 그랬는지는 몰라도 나중에 팀장에서 보직 해임되었다.

일만 열심히 한다고 해서 가정이 행복해지는 것이 아니다. 그걸 그때서야 깨달았다. 너무 늦었다. 우리 부부 사이는 다시 예전으로 돌아가지지 않았다. 어느 방향으로 가는지도 확인을 해야 하고 이런 문제가 생기기 전에 다른 사람의 조언이나 책을 통해 간접 경험이라도 했어야 했다. 나는 이렇게 말하고 싶다. "열심히만 하면 되는 것이 아니다. 열심히 하기 전에 왜 열심히 해야 하는지 그 이유, 그 목적을 알아야 한다."

진급자가 바뀌었다고?

또 이런 경우도 있었다. 직장을 다닌 지 7년 정도 된 걸로 기억한다. 연말에 회사 진급이 예정되었다. 열심히 일했기에 업무 고과는 우리 센터에서 내가 제일 좋았다. 당연히 내가 진급하리라고 생각했다. 주위에서도 잘될 것이니 술 살 준비하라고 말을 해주는 사람들도 있었다.

그런데 막상 뚜껑을 열어보니 진급자가 내가 아닌 다른 여직원이 되었다. 도대체 이해가 되지 않았다. 나의 직속상관 그리고 주변의 선배들한테 왜 그 여직원이 진급되었는지 이 사람, 저 사람한테 물어보고 다녔다. 인사팀에 있는 선배 한 분이 나에게 그 이유를 알려주었다. 윗선에서 지시가 내려와 그렇게 되었다고 했다. 모 국회의원이 그 여직원을 승진시켜달라고 압력을 가한 것이었다.

나는 어처구니가 없었다. 화가 나는데 누구한테 화풀이를 해야 할지 몰랐다. 집으로 와서 혼자 소주를 벌컥벌컥 들이켰다. 하늘이 노랗고 아무것도 생각하고 싶지도 않았다. 그리고 소리를 질렀다. 그렇게 했는데도 분이 풀리지 않아서 전화기를 집어던졌다. 그래도 화가 풀리지 않았다. 소리를 지르면서 눈에 보이는 모든 것을 다 집어던졌다. TV, 오디오, 냉장고, 소파, 화분, 액자 등 집안 집기의 대부분이 파손됐다. 그리고 일주일 동안 회사에 나가지 않고 집에만 있었다.

그 일로 인해 집사람은 집에 들어오지 않았다. 폭력적인 성향이 있어서 같이 못 살겠다고 했다. 하긴 내가 만약 상대방이었더라도 너무 황당했을 것이다. 우리 어머니가 집사람한테 간신히 부탁을 해서 다시 집으로 돌아왔다. 나는 잘못했다고 용서를 구하고 그렇게 일단락되었으나 나는 그 당시 삼류 인생이었다. 나는 내 자신이 너무 실망스러웠다.

실패했을 때 삼류 인생인 사람은 울지만 일류 인생인 사람은 웃는다. 인생은 열심히만 하면 되는 것이 아니다. 열심히 하는 것보다 특별하게 잘하는 것이 더 중요하다. 중국의 한비자는 이렇게 말했다.

"삼류 인생은 자기의 능력을 사용하고, 이류 인생은 타인의 힘을 사용하고, 일류 인생은 남의 지혜를 활용한다."

그때 내가 이것을 책을 통해 남의 지혜를 활용했다면 그런 실수를 저지르지 않았을 것이고, 우리 어머니가 며느리한테 부탁하러 갈 일도 없었을 것이다. 그 당시 나는 그릇이 작아서 밖에서 받은 스트레스를 집에서 푸는 바보 같은 인간이었다. 자신의 삶을 가치 있고 의미 있게 살려면 책을 통해 일류 인생으로 살아야만 한다.

왜 이렇게 힘들게 살아야 할까?

자살하러 동작대교에 가다

시커먼 한강물이 일렁거리고 있었다. 한참을 동작대교 위에서 한강을 바라보고 있었다. 왜 이렇게 내 인생은 풀리는 일이 하나도 없을까? 왜 나는 하는 일마다 다 실패하는 걸까? 이렇게 죽으면 부모님이 슬퍼하실 텐데……. 별의별 생각이 다 들었다. 한 시간 정도를 고민을 했던 것 같다. 그러다 내가 있던 곳에서 조금 떨어진 곳에서 소동이 벌어졌다.

공익요원이 나이가 40대쯤으로 보이는 어떤 남자분한테 빨리 집에 가시라고 소리를 치고 있었다. 1990년대 초반까지만 하더라도 자정이 넘으면 한강에 있는 모든 대교에서 검문검색을 했다. 검문검색하거나 아니면 음주운전 단속을 위해 초소에 근무를 하는 공익요원이 있었던 것이다. 두 명의 공익요원이 왔었는데 그 중 한 명이 짜증나는 듯이 소리를 질렀다.

"아저씨! 뛰어내리시려면 빨리 뛰어내리세요. 저희도 바빠요. 도대체 이게 몇 번째입니까?"

그러자 아저씨는 갑자기 신발을 벗더니 난간을 타고 몸이 반쯤 넘어가고 있었다. 순간 나는 정말 큰일이 날 것 같아서 뛰어가서 아저씨를 붙잡고 무슨 사연이 있는지는 모르지만 왜 그러시냐고 물었다. 일단 내려와서 얘기를 하자고 했다. 한참을 실랑이 끝에 아저씨는 내려와 나와 얘기를 했다. 사업이 망해서 가족들과 다 헤어지고 혼자 살고 있는데 희망이 없다고 했다.

나는 어렵사리 결심을 굳히고 자살하려고 동작대교에 왔는데 오히려 자살하려는 사람을 구하고 있었다. 이게 내 운명인가? 신이 나한테 아직 죽기에는 어려서 기회를 준 것 같은 느낌이 들었다.

집에 돌아오면서 곰곰이 생각을 해보았는데 자살을 하려는 이유는 꿈이 없거나 희망이 없기 때문일 것이라는 생각이 들었다. 그날 이후로 자살을 생각해본 적은 없다. '자살'을 거꾸로 읽으면 '살자'이다. 열심히 살자고 맘을 먹고 다시 일상의 생활로 돌아왔다.

꿈이 없거나 희망이 안 보인다고 생각되는 사람은 한강에 한번 가보길 권한다. 한강대교 위에서 한강을 바라보면 죽고 싶은 생각이 대부분은 없어진다. 너무 무섭다.

한때 나는 극심한 우울증으로 신경정신과에 다니고 있었다. 우울증이 생긴 이유는 과거에 대한 집착으로 인해 아무 일도 하지 못하기 때문이라고 했다. 다른 사람을 만나고 싶지도 않았고 밖에 나가고 싶지도 않았다. 밤에는 잠을 이루지 못해서 수면제로 간신히 하루하루를 보내고 있었다. 우울증이 생긴 이유는 부부 관계에 문제가 생겨서 그런 것이다. 지나간 일을 잊고 살아야 하는데 계속 과거에만 집착을 하다 보니 집안 행사가 있어도 다른 사람들이 손가락질하는 것 같고 부모님 뵐 면목도 없었고 친구들한테도 얘기하기가 어려웠다.

그 당시에는 정말 집에 오면 아무것도 안 하고 잠만 자거나 아니면 거실에 앉아서 아무 생각 없이 TV만 바라보았다. 하고 싶은 것도 없고 자신감도 없었고 삶에 대한 의욕도 없었다. 다른 사람들이 나를 보고 손가락질을 하는 것 같았다. 열심히 살아보려고 했는데 이렇게 무너지니까 다시 일어나기가 힘이 들었다. 다 내 책임인 것 같고 세상 모든 사람들이 나를 향해 뒤에서 욕하는 것 같은 느낌을 받았다.

우울증은 마음의 병이다. 외면의 가치보다 내면의 가치 추구가 중요하다. 내면의 가치 추구를 위해서는 책보다 좋은 것은 없다. 지금 만약 당신이 극심한 우울증을 겪고 있다면 제일 좋은 방법은 가까운 신경정신과로 가서 도움을 청해야 하고, 아주 심하지 않은 우울증일 경우는 희망을 주는 책들이나 동기 부여가 되는 책을 당장 읽어라. 나의 경우도 책을 통해 희망을 보았고 꿈이 생겨 우울증을 극복했다.

평균의 착각 속에 살았다

"하루의 3분의 2를 자신을 위해 쓰지 않는 사람은 노예다. 가족이나 친구가 보고 싶어도 너무 바빠서 만날 수 없는 사람들이 노예지, 어떻게 삶의 주인이라고 할 수 있겠는가?" – 프리드리히 니체

이 말을 듣는 순간 나는 노예라는 생각이 들었다. 그래도 좋은 회사라고 생각하고 다니고 있었는데 실상은 노예와 다를 바가 없었다. 그냥 열심히 일해서 월급 많이 받고 배부르고 등 따뜻하면 좋은 줄 알았다. 다른 목표는 없고 그날그날 하루를 충실하게 살았다. 그러던 어느 날, 행복해지려고 열심히 사는 것인데 행복하지 않다는 것을 깨달았다. 내가 좋아하는 일이 아니다 보니 일의 가치를 따지며 일을 하는 것이 아니고 타성에 젖은 채로 일을 하고 있었다. 월급이라는 마약을 정기적으로 먹다보니 어느 순간 나는 회사의 노예가 되었다. 월말이 되면 하루도 틀림없이 따박따박

들어오는 월급이란 정말 마약과 같은 중독성을 가지고 있다. 극심한 스트레스로 인해 몰래 사직서를 작성해서 다음 날 아침에 제출하려고 가다가도 '다음 달 보너스만 타고 그만두자.' 하면서 사직서를 찢어버린 날이 하루 이틀이 아니다. 처음에는 회사생활의 단조로움이 치를 떨 정도로 싫었지만 어느새 나 자신도 그 문화에 젖어들었다. 다람쥐 쳇바퀴 돌듯이 계속 어디로 향해 달려간다고 생각하지만 결국은 제자리인 모습에 한숨을 쉬며 다른 일을 알아보지만, 생각보다 재취업은 쉽지 않은 현실 앞에 좌절하고 만다. 월급이라는 마약을 받으면서 서서히 나의 정신은 피폐해져가고 있었다. 어느 순간 이건 아니다 싶어 다른 일을 알아보거나 다른 부서로 옮겨보지만 얼마 지나지 않아 다시 나는 또 현실에서 직장이라는 쳇바퀴를 돌리고 있었다.

나는 평균의 착각 속에 살았다. 뉴스를 보며 그래도 내가 평균보다는 나은 삶을 사는 것 아닌가 하는 착각 속에 살았다. 물론 평균보다 많은 급여를 버는 것도 좋은 일이다. 그러나 정말 중요한 것은 내가 그 일을 하면서 행복한지의 여부다. 나는 착각 속에서 나의 인생을 허비하고 있었다. 책을 보기 전에는 하고 싶은 것도 없었고 내가 뭘 좋아하는지도 몰랐다.

가끔 뉴스나 책에서 회사를 관두고 퇴직금으로 해외여행을 간 사람들의 얘기를 접했다. 그때마다 나는 '미친 사람들이네. 아직 정신을 못 차린 것 아닌가? 현실을 몰라도 너무 모르네.' 하면서 그런 선택을 하지 않길 잘했다고 생각했다. 그러나 지금에 와서 고백하건데 그건 나의 편협한 사고로 인해서 더 큰 것을 보지 못한 것이다. 누구나 살면서 힘든 일도 생기고, 기쁜 일도 생기고, 슬픈 일도 생기고, 화나는 일도 생긴다. 그러나 인생에서 가슴을 뛰게 하는 것은 꿈을 향해 앞으로 나아갈 때이다. 내가 좋아하는 일을 하면 가슴이 뛰고 열정이 생기는 것이다. 살면서 그런 가슴 뛰는 일을 한 번도 해보지 않은 나로서는 그런 판단과 실행을 한 것에 대해서 억지로 외면을 하고 있었던 것이다.

어린 시절에는 죽을 만큼 힘들었고 나만 그렇게 힘이 드는 건가 하는 생각도 꽤 많이 했다. 하지만 인생을 살아보니 힘든 일이 많은 인생일수록 추억할 거리가 많아서 오히려 더 즐거울 수도 있다는 말이 정확하게 맞았다. 그러나 그 힘든 시간이 지나갈 때는 시련이 지나가고 좋은 일이 오리라는 확신도 없었고, 아무것도 결정된 것이 없는 미래의 불확실함 때문에 더 많이 불안해했었다.

"배부른 돼지보다 배고픈 소크라테스가 낫다."란 말이 있다. 나는 많은 시간을 잘 먹고 잘 사는 것이 행복이라고 생각하고 살았다. 그러나 아무리 연봉이 높아지고 맛있는 것을 많이 먹고 넓은 집에 살고 좋은 차를 타더라도 나의 삶을 결정할 수 있는 질적 만족감이 없었다. 책을 읽게 되면 이 부분에서 큰 도움을 받을 수 있다. 내가 힘든 상황에 있을 때, 그 상황을 벗어나고 싶을 때 방황하기 쉽다. 그때 서점에 가서 자기 마음에 드는 책을 한 권 보게 된다면 더할 나위 없이 좋은 판단을 한 것이다.

자유를 구속당하는 것은 노예나 다름이 없다. 우리는 더 이상 노예 생활을 해서는 안 되며 자기의 삶의 목적, 꿈을 찾아야 한다. 꿈이 있으면 아무리 힘이 들어도 인내하고 견뎌낼 수 있다. 지금 과연 나의 삶이 배부른 돼지인지 아니면 배고픈 소크라테스인지는 이 책을 읽고 있는 당신에게 맡기겠다. 만약 배부른 돼지라면 심각한 고민을 해보아야 한다. 우리는 여태껏 남의 인생을 살아왔다. 내가 하고 싶은 일이 아니고 회사에서 시키는 일만 했고 내가 하고 싶은 일도 전체의 이익을 위해서 포기한 적도 많다. 내가 어떤 선택을 하더라도 그 조직 안에 있는 다른 구성원의 눈치를 살피는 것에 익숙하고 그것을 배려라는 아름다운 말로 포장을 하고 있다. 왜 이렇게 힘들게 살아야 하나? 그런 생각이 든다면 이제는 자신을 위해 책을 보고 이기적으로 살기를 바란다.

하루 1시간 깨달음의 문장들 03 :
목적의식을 유지하려면

"우리는 누구나 복잡하다. 우리는 세상에서 일관되고 성숙한 얼굴을 보여주고 싶어한다. 그러나 속으로는 내가 수많은 기분에 좌우되고 주어진 환경에 따라 여러 가지 얼굴을 갖고 있다는 사실을 알고 있다. 내면의 혼돈은 우리를 고통스럽게 한다. 우리는 일관되게 행동하지 못하고 삶의 방향이 결여되어 있다. 이 딜레마에 대한 유일한 해결책은 마틴 루터 킹이 찾은 해결책이다. 더 높은 목적의식을 찾는 것, 부모나 친구, 동료의 방향이 아닌 나 자신의 방향을 제시할 임무를 찾는 것이다. 이 임무는 나를 유일무이한 존재로 만들어준다. 킹은 다음과 같이 말했다. '우리는 내가 왜 만들어졌는지 이유를 찾아야 할 책임이 있습니다. 그걸 발견하고 나면 온 힘을 다해 내 모든 능력을 쏟아 부어 그 일을 해야 합니다.' 이렇게 더 높은 목적의식을 찾는다면 우리에게는 모두가 갈망하는 통일성과 방향성이 생긴다." - 로버트 그린, 『인간 본성의 법칙』, 위즈덤하우스

회사생활에 정신없이 하루하루를 보내다 목적의식을 잃은 적이 있다. 왜 사는지 이해가 안 되고 아무런 즐거움도 찾지 못해서 방황을 하던 차에 이 책을 읽었다. 이 글을 읽고 나는 더 높은 목적의식을 가지게 되었고 용

기가 생겼다. 목적의식이 없으면 사람이 눈동자도 흐려지고 총기가 떨어진다. 의욕도 저하된다.

목적의식은 살아가는 데 있어 정말 중요하다. 누구든 처음에는 다들 열심히 한다. 그러나 차츰 차츰 많은 사람들이 지쳐서 하나둘 떨어져 나간다. 직장도 마찬가지이고 인생에 있어서 성공도 마찬가지이다. 그러나 내가 가려고 하는 목적의식이 있으면 지치지 않고 갈 수 있다. 내 인생의 등대와 같았던 것이 목적의식이었다. 당신도 목적의식이 없다면 바로 독서를 통해 목적의식을 찾는 것이 제일 급선무이다.

혼자서 성공하는 사람은 없다

인생 성공의 불문율을 배우다

모든 성공한 사람의 이면에는 그 위대한 성공을 위해 도움을 준 많은 조력자가 있었다. 애플의 스티브 잡스도 다른 사람의 도움을 많이 받았다. 애플은 스티브 잡스가 처음 세운 회사가 아니었다. 그 설립자는 바로 스티브 위즈니악이다. 처음 설립 당시 스티브 위즈니악의 전자 기기에 대한 탁월한 감각과 재능이 없었더라면 지금의 애플은 없지 않았을까?

직장생활은 이익집단인 관계로 이윤 추구라는 하나의 목적을 위해서 모든 직원들이 각자 맡은 일을 일사불란하게 처리한다. 그래서 협업과 직원 간의 존중이 정말 중요하다. 이것을 절실히 깨달은 사건이 있었다. 회사에서 자신이 제일 똑똑하다고 생각해 다른 사람들의 의견을 무시하고 혼자 일을 처리하다가 결국은 회사를 그만두게 된 젊은 상무의 일이다.

그는 직원 시절부터 아이디어가 많고 의욕적이었다. 하지만 많은 장점에도 불구하고 그가 회사를 빨리 관두게 된 이유는 밑에 있는 직원이 자기와 다른 의견을 가졌다고 괴롭히거나 업무 고과에 불이익을 주는 등 다른 사람의 의견을 수용하지 않았기 때문이다. 많은 직원들이 참여하는 회의 시간에는 최소한의 인간적인 예의를 갖추어야 함에도 불구하고 자기보다 나이가 많건 적건 반말을 하는 경우가 많아서 많은 직원들이 그의 지시에 등을 돌렸고 그의 말에 억지로 하는 척만 했다.

결국은 연말 조직 개편 시즌에 조직도에서 그의 이름은 사라졌다. 짐을 싸서 집으로 가게 된 것이다. 직장생활을 잘한 사람의 경우에는 송별회도 하고 그러는데 그해에는 그런 자리도 없었다. 생각해보니 나 같아도 그런 자리에 참석하지 않았을 것이다. 지난 일이긴 하지만 좀 씁쓸하다. 어차피 상무나 직원이나 회사에서 돈을 받고 일을 하는 노동자일 뿐인데 서로 존중해주었으면 얼마나 좋았을까?

반면 예전에 퇴직하신 다른 상무는 평소에도 많은 덕을 쌓고 직원 간에도 격의 없이 지내는 등 협업하는 분위기를 위해 물심양면으로 노력을 기울여 분위기도 좋고 성과도 좋았던 적이 있었다. 그때는 억지로 일하기보다는 내가 존중받는 기분이 좋아 일을 더 열심히 했었다. 이렇듯 조직생활의 기본은 협업이고 직원 한 명 한 명에게 관심을 두고 그들의 말에 귀 기울이는 관리자가 성공할 수 있다.

성경에서 인생 성공의 불문율을 깨닫다

군복무하면서 내가 제일 많이 감사하는 일은 책에서 내가 인생 성공의 불문율을 배우게 된 것이다. 그 불문율은 성경이라는 책에서 발견했다. 원래 독실한 기독교인은 아니지만 어려서 세례를 받았다. 성경을 잘 보지는 않았지만 논산 훈련소에 입소해보니 모두 나를 모르는 사람이고 분위기는 너무 삭막하고 심심했다. 때마침 논산 훈련소 내무반에 성경이 있어서 그때부터 시간이 나면 성경책을 읽었다. 그 안에서 나는 제대 후 사회생활 하는 데 도움이 많이 된 성공의 불문율을 발견하게 되었다.

"너희는 남에게서 바라는 대로 남에게 해주어라." – 마태복음 7장 12절

대부분의 사람들은 다른 사람의 행동에 따라, 자신이 그 사람에게 어떻게 해야겠다고 생각한다. 예를 들면 자신에게 싹싹하고 친절하게 대해주면 나도 그 사람에게 친절하고 상냥하게 베풀고 싶고, 무뚝뚝하고 퉁명스럽게 행동하면 그에 맞는 무뚝뚝함과 퉁명스러움을 보인다. 따라서 다른 사람이 자신을 생각하고 자신을 위해 노력해주길 바란다면 내가 원하는

대로 그 사람에게 행동하는 것이 가장 좋다.

사회생활을 하면서 제일 어려움을 느끼는 것이 대인관계인데 이를 잘하기 위한 첫 번째 방법은 다른 사람을 존중하는 것이다. 내가 바라는 것이 있다면 그대로 다른 사람에게 행동해라. 그러면 그 사람 역시 당신에게 그렇게 대하고자 노력할 것이다.

우리는 하루가 다르게 변하는 세상 속에서 살고 있다. 오히려 지금은 기술이 발전하는 속도를 우리가 따라가지 못하는 수준에 다다랐다. 이런 과학적 성취는 하루아침에 이루어진 것이 아니다.

"내가 더 멀리 보았다면 이는 거인들의 어깨 위에 올라서 있었기 때문이다." - 아이작 뉴턴

위대한 과학자인 뉴턴도 과학 혁명을 혼자 힘으로 이룬 것은 결코 아니다. 코페르니쿠스, 하비 등 앞선 과학자의 지칠 줄 모르는 연구들이 있었기 때문에 가능했다. 이렇듯 인류 사회의 발전은 어느 한 사람의 노력으로 이루어진 것이 아니다. 앞선 지식은 새로운 지식의 토대가 되고 지식은 계속 축적이 되고 계속 발전한다. 지식은 여러 세대에 걸쳐 축적된 결과물이고, 앞서 고민한 학자들의 탐구와 실험을 거치면서 이룬 것이다. 인간이 만물의 영장이 될 수 있었던 것은 책이 있었기 때문이다.

우리 주변을 보면 고마운 거인들이 너무도 많다. 그것은 책일 수도 있고 인터넷 안에 저장된 페이지일 수도 있고 부모님일 수도 있고 직장 동료나 선배일 수도 있다. 하지만 그 중 제일 큰 거인은 감히 책이라고 할 수 있다. 하루에도 수만 권의 책이 끊임없이 쏟아지고 있다. 자기 혼자 똑똑하다고 해서 성공할 수 있는 것이 아니고, 주변에 많은 조력자가 있어야 성공하는 것이다. 혼자서 성공할 수는 없다. 우리는 주변의 고마운 거인, 그 중 제일 큰 거인인 책을 통해 나의 성공을 위한 지식과 지혜의 근육을 키워야 한다. 운동과 마찬가지로 처음에는 힘들고 효과도 바로 나타나는 것 같지 않지만, 꾸준히 노력을 해나가다 보면 어느새 나도 엄청나게 큰 지식과 지혜의 근육을 가지게 될 것이다.

예전에는 열심히 공부해서 머릿속에 많은 지식을 넣은 사람들이 성공했으나, 지금은 정보화 혁명의 결과로 지식에 대한 개념이 달라졌다. 지식의 양이 기하급수적으로 증가해 자신의 머릿속에 다 넣기에는 불가능한 시대가 된 것이다. 아무리 평생 동안 공부를 많이 하더라도 다 습득할 수 없다. 넘쳐나는 정보의 홍수 속에 지식과 정보를 단순 입력하기보다는 필요한 지식을 습득하고 필요한 책을 읽어 새로운 융합 아이디어를 창출하는 것이 유능한 사람인 것이다. 다른 사람의 의견을 존중하고 책을 애인처럼 곁에 두고 꾸준히 아이디어를 발굴한다면 결국 그 사람은 성공할 것이다. 이제는 책을 보는 방법도 사람을 대하는 방법도 달라져야 한다.

조직생활하면서 제일 무서운 사람은 처음 임원으로 진급한 젊은 사람들이다. 그들은 열정은 앞서나 사람을 다루는 방법이나 기술 등은 별로 없고 일에 대한 승부욕만 높아 단기간에 높은 성과를 내기 위해서 밑의 직원들을 마른 수건 짜듯이 쥐어짠다. 밑에서는 곡소리가 나지만 아무 말도 하지 못한다. 그러나 회사에서는 시시각각 변하는 시장 환경에 따라서 문제를 해결하려 하고 고객을 더 많이 모으거나 혹은 더 많은 상품을 팔아 이윤을 극대화하려고 한다. 그 상황 속에서 혼자의 힘으로 모든 시장의 문제점을 해결한다는 것은 불가능하다. 아무리 본인 스스로가 똑똑하고 유능할지라도 많은 분야의 경험과 지혜를 필요로 하는 문제는 풀 수 없는 경우가 많다.

그에 반해 성공한 임원은 혼자서는 절대 못 하는 프로젝트를 수행하고 결국은 좋은 성과를 가져오는데 이들은 투입한 시간에 비례하여 남들보다 많은 경험과 지식을 습득하고 남들이 풀지 못한 문제점들을 슬기롭게 해결해서 주변에서 좋은 평판을 얻고 회사에는 더 큰 이윤을 가져다준다. 이들이 모두 좋은 대학을 나온 사람들은 아니다. 오히려 학벌이 낮은 사람들도 있고 다른 사람들에 비해 똑똑하지 않은 사람들도 있다. 이렇게 성공한 임원들을 보면 공통점이 하나 있다. 본인만큼 본인의 성공을 바라는 사람이 많다는 것이다. 이렇듯 혼자서 성공하는 사람은 없다. 주변 사람들의 도움이 필요한 것이다. 당신도 성공하고 싶으면 주변 사람들에게 먼저 도움의 손길을 내밀어야 한다.

하루 1시간 읽으면 인생이 달라진다

책 읽기가 삶의 무기가 되는 이유

책은 다양한 사고를 하게 해준다

"당신은 책을 왜 읽습니까?"

내가 독서를 하는 모습을 본 많은 사람들이 이렇게 질문한다. 요즘은 책 읽는 사람이 많지 않다 보니 책 읽는 나를 희한하게 보는 사람들도 많다. 책을 많이 읽다 보면 식견이 넓어지고 새로운 관점의 전환이 이루어진다. 이로 인해서 더 많은 생각을 하게 되고 더 많이 나 자신을 돌이켜보게 된다. 새로운 책을 읽다 보면 또 다른 새로운 생각이 떠오르고 나의 시야가 넓어지는 것을 느끼게 된다. 무엇보다도 다양한 분야의 전문가와 대화를 하는 것과 마찬가지이므로 지적 자극에 도움이 된다. 이 자극으로 인해 행동의 변화로 이어지면 나의 삶은 매일 모든 면에서 조금씩 나아지고 있는 것이다. 그 뿌듯함과 보람은 이루 말을 할 수 없다.

재미를 목적으로 책을 보는 사람들도 많다. 그들을 나무랄 생각은 추호도 없다. 가벼움과 즐거움이 그들의 목적이므로 책이 그들을 즐겁게 한다면 큰 문제는 되지 않는다. 하지만 자신이 좋아하는 책만 읽다 보면 다양한 사고를 할 수 없다. 그렇기 때문에 나를 약간 불편하거나 어색하게 만드는 영역으로 억지로라도 가야 한다. 다양한 분야의 책을 읽어야 자신의 부족한 점이 무엇인지 쉽게 알 수 있다. 나폴레온 힐과 네빌 고다드, 체 게바라 등의 책을 읽지 않았다면 나의 삶이 어땠을지 상상이 되지 않는다. 이 책들을 보지 않고 아무 생각 없이 살았더라면 정말 끔찍한 모습을 하고 있었을 것이다.

성공한 사람들이 책을 많이 본다는 것은 널리 알려져 있다. 왜 그들은 그토록 책에 집착을 할까? 그것은 그들이 책에서 창의적인 아이디어를 떠올리고 힌트를 얻기 때문이다. 현대의 미디어 영상물의 홍수 속에서도 그들이 책을 읽는 이유이다.

책과 영상물에는 차이가 있다. 요즘은 유튜브나 인스타그램이 대세이다. 유튜브는 재미를 위해서, 인스타그램은 현대인들의 과시욕과 허영심을 위해서 소비된다. 반면에 책은 삶의 지혜나 깨달음을 준다. 지친 삶에서 잠깐의 휴식과 여유를 위해서 유튜브나 인스타그램을 보는 것은 괜찮으나 많은 시간을 여기에 보내는 것은 분명 시간 낭비임에 틀림없다.

2년 전의 일인 것으로 기억한다. 회사에서 커다란 프로젝트가 진행이 되었다. 세 개의 회사가 사업권을 따내기 위해 정부기관에 입찰을 하는 중요한 프로젝트였다. 그러다 보니 전국에서 많은 훌륭한 인원들이 모이게 되었고, 다른 회사에서도 수차례 회의를 통해 많은 아이디어를 도출했다. 워낙 규모가 큰 사업이다 보니 회사에서도 신경을 많이 썼다. 시간도 많이 소요되었다. 그 결과 우리 회사가 수주를 하게 되었다.

사업의 성패는 참신한 아이디어로 차별성을 띠어야 좋은 점수를 얻을 수 있었다. 사업권 수주 결정에 가장 결정적인 영향을 미치는 사람들은 자문위원단으로 구성된 대학교수들이었다. 이론적으로나 실무적으로 최고의 자리에 있는 사람들이었다. 그들의 눈높이에 맞춰야 했고 그들이 생각지 못한 참신함도 보여주어야 했다.

나는 네 가지 정도의 아이디어를 제출했다. 발표를 했는데 생각보다 반응이 좋았다. 결국은 내가 제출한 아이디어 중 하나가 참신하고 확대 적용이 가능해 바로 제안서에 넣게 되었다. 그로 인해 나는 회사에서 인정받는 한 해를 보냈다. 그 아이디어는 사실 예전에 보았던 실용과학 분야 책에서 힌트를 얻은 것이었다. 그 책이 나에게 도움이 될 줄은 생각지도 못했다.

이렇듯 책은 바로 나에게 어떤 이득을 주는 것은 아니지만 언젠가 나의 삶 속에서 도움이 된다.

미국의 제32대 대통령 프랭클린 루스벨트가 미국도서관상인조합에 보낸 메시지 중에 이런 말이 있다.

"책은 불로 죽일 수 없다. 사람은 죽지만 책은 결코 죽지 않는다. 어떤 사람과 힘도 기억을 제거할 수는 없다. 우리 모두가 알듯이 삶이라는 전쟁에서, 책은 무기이다."

이 문구는 나에게 용기가 되어주고 위로가 된다. 비빌 언덕조차 없는 나에게 희망을 주는 문구이다. 돈도 없고, 빽도 없고, 가방끈도 짧고, 정말 OO 두 쪽만 가지고 살아가는 나에겐 책이 유일하게 나를 강하게 만들어주는 것이었다. 그래서 내가 선택한 전략은 최대한 책을 많이 읽는 것이었다. 책은 나를 갑자기 개혁시켜주지는 못하지만 조금씩 변하게 해주었다.

성인이 되어 사회에 나왔을 때의 날 것 상태의 나는 정말 야생마였다. 천방지축으로 날뛰었고 한시도 가만히 있질 못했다. 나는 성격이 정말 급하다. 그리고 잘 참지를 못한다. 그래서 쉽게 흥분하고 섣불리 행동하는 일이 많아 실수가 많았다. 상대방에 대한 존중이나 예의가 부족해서 다른 사람들에게 상처를 주는 말도 많이 했다. 그런 나를 사람 구실하게 만들어준 것은 책이다. 책을 읽으면서 그런 나쁜 것들이 조금씩 개선이 되었다. 세상에서 나를 보호하는 유일한 방법은 책을 읽는 것밖에 없었다.

평생을 가난하게 살고 싶지 않다. 그리고 성공하고 싶다. 평생 고만고만한 인생으로 살다가 죽고 싶지는 않다. 남들이 부러워할 만큼 출세를 해서 보란 듯이 잘 살고 싶다. 그러기 위해서는 책을 읽어야 한다. 나의 유일한 삶의 무기인 책을 매일 읽고 거기에서 얻은 깨달음을 실천해야 한다.

책은 나에게 세상을 살아가면서 생각하게 하는 힘을 길러주었다. 20대까지만 해도 나는 마흔 전에 죽고 싶다는 생각을 많이 했다. 지금은 그때와는 정말 생각이 많이 다르다. 우선 건강하게 오래 살고 싶다. 오래 살고 싶은 이유는 내가 인생을 살아보면서 겪은 많은 시행착오, 실수, 깨달음, 지혜, 지식, 경험 등을 나와 같은 어려움을 겪고 있는 사람들에게 가르쳐 주는 동기 부여가, 중독치료사, 인생 코치로 나의 힘이 닿는 데까지 일하고 싶기 때문이다. 다른 사람이 나를 통해 꿈과 희망을 가지게 되었다는 말을 들었을 때 나는 큰 힘을 얻었다.

성공하고 싶으면 책을 읽어라

독서는 성공의 지름길이다. 독서를 하다 보면 출세도 성공도 자동적으로 따라오게 되어 있다. 회사 업무를 예로 들면, 기계처럼 매번 똑같은 일을 하다 보면 어느 정도 숙련이 된다. 처음에는 4시간 걸리던 일이 3시간 걸리게 되고 더 숙련되면 2시간 걸리기도 한다. 이렇듯 반복되는 일은 배워서 익숙해지는 것이 제일 중요하다. 그러나 시간을 획기적으로 줄이려면 새로운 사고의 전환이 필요하다. 그것을 가능케 하는 것은 독서이다.

요새는 하루가 멀다 하고 새로운 기술이 나오고 있다. 그 신기술을 업무에 적용을 하려면 그에 대한 책을 읽어야만 한다. 그 책을 읽지 않으면 결국은 도태되고 업무의 효율성은 떨어지게 된다. 물론 다른 방법이 없는 것은 아니다. 새로운 신기술이 나오면 그것을 설명하는 세미나 또는 교육 과정에 참여하면 되나 금전적인 비용이 만만치 않다. 그러나 책은 그것에 비하면 정말 저렴하다. 이제는 독서가 선택이 아닌 필수인 시대이다.

인생에서 성공하는 가장 확실한 방법은 독서하는 사람이 되는 것이다. 이것은 나 혼자 떠드는 이야기가 아니다. 시민을 독서가로 길러내는 것을 전 세계 선진국들이 목표로 하고 있다. 북유럽의 조그마한 나라 핀란드가 세계 1위 교육 강국이 될 수 있었던 이유는 독서 교육 때문이다. 미국을 실질적으로 지배하는 유대인 교육의 핵심도 독서와 토론이다. 모든 성공의 핵심은 딱 하나이다. 책을 읽는 데 모든 노력을 쏟아야 한다. 그렇게 책을 읽으면 나의 삶이 두렵지 않고 세상에 맞서 싸울 수 있는 든든한 무기 하나를 들고 있는 셈이다.

"책을 읽는다는 것은 많은 경우 자신의 미래를 만든다는 것과 같은 뜻이다." – 에머슨

하루 1시간 깨달음의 문장들 04 :
독단적으로 행동하지 않기

'겸손'을 평생 실천해야 할 13가지 덕목 중 하나로 정하고 매일같이 이를 실천하기 위해 노력했던 벤자민 프랭클린은 이렇게 말을 했다.

"저는 다른 사람의 생각을 대놓고 반대하거나 독단적으로 행동하지 않겠다는 나름의 원칙을 세웠습니다. '단언컨대', '의심할 나위 없이'처럼 극단적인 표현 대신 되도록 '제가 느끼기에는', '제가 이해한 바로는', '제 생각에는' 등의 표현을 사용하려고 노력하고 있지요. 상대의 말이 잘못되었다고 생각될 때에도 그 즉시 반박에 나서기보다는 '특정 상황이나 환경에서는 네 말이 옳을지도 모르지만 지금은 상황이 그렇지 않다.'고 말합니다. 이런 화법을 사용한 결과는 꽤 좋은 편입니다. 제가 이야기에 참여한 자리가 화기애애해지고 여러 의견을 나누기에도 훨씬 수월한 분위기가 되었으니까요." – 쑤린, 『하버드대 인생학 명강의 – 어떻게 인생을 살 것인가』, 다연

나는 회사생활을 시작했을 때 협업을 중시하기보다는 독단적으로 생각하고 진행한 일이 많았다. 그러다 보니 적도 많이 생기고 내가 아무리 좋은 의견을 가지고 있더라도 나의 편에 서주지 않았다. 그래서 더 독기를

품고 열심히 한 것도 있었지만 회사 일도 마찬가지고 세상의 모든 일이 다 그렇지만 혼자서 할 수 있는 일은 없다. 다른 사람의 도움을 필요로 하고 내가 하찮게 느꼈던 사람들도 그 사람이 잘하는 분야가 있기 마련이다. 이 책을 읽고 나서 느낀 바가 많아 회사 내에서 한층 부드럽게 생활하게 되었다.

왜 지금, 책 읽기인가?

빈익빈, 부익부

"지금 당신은 어떤 책을 읽고 있는가?"

자본주의의 특징 중 하나는 부자는 갈수록 더 부자가 되고 빈자는 갈수록 더 빈자가 된다는 점이다. 가면 갈수록 부의 양극화 현상은 심해지고 있다. 만약 당신이 돈이 없고, 능력도 없고, 배경도 없는 사람이라면 미친 듯이 책을 읽어야 한다. 책에서 당신의 꿈을 찾아야 하고 삶의 지혜를 배워야 한다. 그러지 않으면 당신이 삶은 발전이 없고 도태되고 말 것이다.

빈익빈, 부익부 현상은 어느 시대에나 있었다. 시대를 막론하고 전 세계 부의 90% 이상은 세계 인구의 약 0.1%가 소유했다. 과거에는 왕과 귀족이 소유했고, 지금은 세계적인 기업가들이 그 자리를 차지하고 있다. 과거에 왕과 귀족은 자신의 부를 유지하기 위해서 신분제도를 이용하였고 현대의 부자들은 자신들만의 진입장벽을 높게 만들었다. 그 진입장벽이라는 것이 바로 교육이다. 미국의 경우는 공립일 경우에는 학비가 들지 않는 반면 사립일 경우에는 높은 수업료를 지출해야 한다. 부의 세습이 높은 수업료를 지불해야 하는 교육 시스템을 통해서 이루어지고 있는 것이다.

과거의 부자와 현대의 부자의 공통점은 무엇일까? 그들이 모두 엄청난 독서가라는 점이다. 부자가 되기 위해서는 책을 많이 읽어야 한다. 그런 노력이 없으면 다른 무엇을 해도 깨달음은 없을 것이다. 독서는 깨달음을 얻어 궁극적으로 현실에 적용을 하기 위함이다.

책을 꼭 읽어야 한다는 걸 깨닫게 하는 사건이 있었다. 하루는 저녁 늦게 지하철을 타고 집으로 퇴근을 하고 있었는데 술을 거나하게 마신 할아버지가 30대쯤 되어 보이는 젊은 사람한테 소리를 지르고 있었다. 그들로 인해 지하철은 매우 소란스러워졌다. 나의 시선은 그들을 향하게 되었다.

"이 양반아! 그런 가난하고 게으른 사람들한테 막 퍼주는 정책 때문에 나라가 이 모양, 이 꼴이 된 거 아니야?"

가만히 듣고 있던 젊은이도 가만히 있지 않고 바로 응수했다.

"당신들 때문에 우리가 열심히 공부해도 젊은 사람들이 취업도 잘 되지 않고 국민연금을 내도 우리가 받을 즈음에는 기금이 바닥나서 받기도 힘들다고요."

이렇듯 저녁 시간 늦게 지하철을 타면 술 취한 많은 사람들의 고성이 오간다. 술을 먹는 것을 뭐라 하는 것이 아니다. 우리 사회에는 자신의 신념만이 옳다고 생각하는 사람들이 점점 많아지고 있다. 나는 사람들이 좌파와 우파의 논리가 아닌, 자신이 가지고 있는 상식과 지식으로 사회 현상의 옳고 그름을 판단하고 자기가 맞다고 생각하는 논리를 선택하는 것이 옳다고 생각한다. 지하철에서 그렇게 시끄럽게 소동이 있었던 그날도 그것을 가만히 쳐다보던 한 분이 그들에게 이렇게 말하고 내렸다.

"좌파는 잘못된 관습을 없애고 더 좋은 사회로 가기 위해서 노력을 하는 것이고, 우파는 우리가 가지고 있던 좋은 문화, 가치를 보존하고 유지하기 위해서 노력하는 것인데 왜 싸우고 그러십니까? 싸울 일이 아닙니다."

책을 읽으면 편협한 사고 대신 유연한 사고를 갖추게 돼 어느 한쪽에 치우치지 않는 사고를 하게 된다. 다양한 분야의 많은 책을 읽지 않으면 세상을 보는 시각은 좁아질 수밖에 없다.

우리 사회에 계층, 세대, 정파 간 혐오 정서가 점점 강해지는 것이 많이 우려스럽다. 공존을 위한 첫걸음은 각자 자기 자신이 변해야 한다는 것을 받아들이고 다양한 책을 통해 더 넓은 세상, 더 다양한 세상에 대해서 시각을 넓혀 자신만이 옳다는 생각을 버려야 한다. 어떤 문화도, 어떤 사상도 절대적인 것은 없다. 더 이상 동질성을 기반으로 한 사회를 좋은 사회라고 할 수 없다. 이제는 차이를 인정하고 이 과정 속에서 답을 찾아야 한다. 현재 우리는 다원화된 사회에 살고 있다. 다양성을 인정하고 존중하는 성숙한 의식을 지녀야 한다. 편협한 생각을 하고 있을 때 책은 우리가 우물 안에 개구리라는 것을 깨닫게 해준다. 책을 통해 우리는 우물 안에서 밖으로 나와야 한다.

군대 휴가 나와서까지 사고를 치다니……

20대 초반에 군대에서 휴가를 나왔다. 나오자마자 바로 친구들한테 전화를 해서 저녁 약속을 잡았다. 저녁을 먹고 2차로 자리를 옮겼다. 진급하고 처음 나온 휴가인지라 매우 흥분한 상태로 나왔다. 사실 사회에서는 군인에 대해서 별로 신경을 쓰지 않는다. 그런데 군인들은 휴가 기간에 사람들이 자신만 바라본다고 착각을 한다. 나도 마찬가지였다. 엄청 많이 신경을 써서 나왔다. 그 당시 나는 나만 제일 고생하는 줄 착각했다.

술을 먹고 3차로 자리를 옮기고 있었는데 주택가 옆 도로에 세워진 대우 에스페로 승용차 안에서 남자와 여자가 희희낙락하면서 웃고 있었다. 순간 왠지 모르게 기분이 나빠졌다. 나는 이렇게 국가의 부름을 받고 진짜 생고생을 하고 있는데 이 남자는 너무 편하게 세상을 사는 것 같았다. 그래서 나는 술 취한 상태에서 시비를 걸었다.

"넌 군인이 웃기냐? 넌 뭐가 그리 좋아서 웃는데? 난 뼈 빠지게 고생하는데 너는 여기서 여자랑 놀고 웃음이 나와?"

결국 차에서 나와 말싸움을 시작했고 싸움은 주먹다짐으로 변했다. 나는 군복 상의를 벗었다. 그는 나를 보고 흠칫 놀라더니 여자를 놓고 도망갔다. 당시 나의 몸은 거의 터미네이터 수준이었다. 나는 여자를 놓고 가는 남자를 보고 황당함을 느꼈고 더 화가 치솟았다. 나는 소리를 질렀다.

"너 여자를 버리고 도망가? 빨리 이리 와. 안 그럼 무슨 일이 벌어지는지 두고 봐."

잠시 후 나는 그의 새로 나온 지 얼마 되지 않은 에스페로 승용차 위로 올라가서 뛰고 있었다. 승용차는 완전히 다 여기저기 파손되었다. 그 사이 누군가의 신고로 경찰차가 왔고 결국은 파출소로 끌려가게 되었다.

왜 그런 일이 벌어지게 되었을까? 그건 나의 낮은 자존감이 세상에 대한 불만으로 표출되게 되었고, 나보다 잘살거나 잘된 사람들을 시기하고 질투하고 있었던 것이었다. 그 당시 나는 초라한 자기 이미지를 가지고 있었으며, 냉소적이며 질투도 강해 내 자신의 본모습을 금방 드러냈다. 그래서 그런 일이 벌어지게 된 것이고 그 일로 인해 나의 주변인들이 모두 밤새 파출소에서 쓸데없는 시간을 보내게 된 것이었다.

그 당시 나는 남의 성공에 배 아파하고 심지어는 남의 즐거움에도 화를 내고 있었다. 나 자신을 믿지도 사랑하지 않았기 때문에 다른 사람이 나를 사랑한다는 사실을 믿지 못했고 남들을 사랑하지도 못했다. 그래서 나의 불안감은 누군가 즐거워하거나 행복해하고 있을 때 분노로 드러났던 것이다. 지금은 책을 통해 이런 낮은 자존감이 치유가 되었다. 나와 같은 이런 말도 안 되는 실수를 하지 않기 위해서는 평생 책을 친구처럼, 애인처럼 여기며 같이 보내야 한다.

"언제나 한 자리에 우두커니 머물러 있는 사람이 있다. 대체 무엇을 기다리는 것일까. 저 멀리서 누군가가 찾아오리라 믿고 있는 것일까. 언제 올지도 모르는 행복을 막연히 기다리고만 있는 것일까. 기다리다 보면 누군가가 나타나 기적처럼 지금의 고통에서 구원해주기라도 하는 것일까. 혹은 어느 날 신이나 천사가 내려와 축복해주기라도 하는 것일까.

그러다가는 끝내 기다리기만 하는 인생을 살 것이다. 지금 우리가 해야 할 일은 다시 한 번 최선을 다해 새로운 인생을 사는 것이다. 지금 이 순간, 그리고 다음 순간에도 온 힘을 다해 최고의 인생을 살아내는 것이다."

니체가 『생성의 무기』라는 책에서 쓴 바와 같이 무기력에서 벗어나야 참다운 나를 찾을 수 있는 것이다. 성공하는 나, 전진하는 나, 실패를 두려워하지 않는 나를 찾을 수 있다. 나는 부부 관계가 최악으로 치달아 별거를 하게 되었다. 그래서 하루의 대부분을 아무것도 하지 않고 아무 데도 나가지 않고 집에서 TV만 보았던 시절이 있었다. 그 시절 TV만 보고 잠만 자고 있는 나를 불쌍하다고 여겼는지 딸이 참다 참다 이렇게 말했다.

"아빠! 한심하게 TV만 보지 말고 책이라도 읽어!"

그날 이후로 내 자신이 너무 초라해 보였고 딸한테까지 이런 모습을 보여서는 안 되겠단 생각이 들어 책을 보기 시작했다. 그 무렵에 보았던 책이 바로 위에 언급한 『생성의 무기』이다. 앞의 구절을 읽고, 기다리는 삶이 아닌 나의 인생을 개척하고 내가 할 일에 최선을 다하는 삶을 살기로 마음을 먹고 힘을 내게 되었다. 이렇듯 한 권의 책은 당신을 어둠의 구렁텅이에서 구원해줄 수도 있다. 왜 지금 책을 읽어야 하는지 잘 모르겠다는 사람은 나의 우울하고 자존감이 낮았었던 과거의 사례를 보고 깨달음이 있기를 빌어본다. 책은 어려움에 처한 당신을 구원해주는 유일한 길이다.

책 읽기보다 더 나은 공부는 없다

한철 장사로는 먹고살 수 없다

"좋은 책을 읽는 것은 과거 몇 세기의 가장 훌륭한 사람들과 이야기를 나누는 것과 같다." – 르네 데카르트

멍하니 침대에 누워서 나는 뭘 하고 살아야 하나? 그런 생각으로 머릿속이 가득 찼다. 군대 제대 후 집에서 놀고 있었는데 아르바이트도 하고 있지 않았고 나이가 든 성인인데 매번 용돈 달라고 손 벌리는 것이 좀 창피해졌다. 그래서 돈을 벌기로 했다.

생각해보니 내가 잘하는 것을 해야 돈을 잘 벌 것 같았다. 그래서 내가 뭘 잘하나? 생각해보기 시작했다. 어려서부터 운동을 잘해서 운동선수 해보라는 얘기는 많이 들었다. 부모님이 훌륭한 유전자를 물려주셔서 몸은 매우 건강했다.

가을이 지나고 겨울로 가고 있어서 때마침 스키장이 오픈하려고 준비하고 있었다. 스키는 어려서부터 많이 타서 잘 탔다. 내가 어렸을 당시에는 스키를 타는 사람이 많지 않아서 많이 보급된 상태는 아니었고 사회 부유층들만이 하는 스포츠였다. 그래서 용평스키장에 전화를 해 스키장에서 패트롤로 일을 하고 싶다고 했다. 패트롤 일을 해본 적은 있냐고 물어봤다. 해본 적은 없는데 친구가 스키 선수로 있고, 그 친구가 소개를 해줘서 연락을 해보았다고 했다. 와서 테스트 해보고 일해보자고 했다. 다음 날 나는 고속버스를 타고 용평스키장으로 갔다. 테스트를 하고 어떻게 생활해야 하는지 그리고 일은 어떻게 나뉘어서 하는지 등등 하나씩 배웠다. 그리고 스키장 패트롤 일을 시작했다.

90년대 초반에는 스키장 패트롤 일을 하면 벌이가 꽤 쏠쏠했다. 그러나 스키장에서 패트롤로 일을 하는 것은 한철이었다. 한 시즌이 끝나 겨울이 지나 봄이 되었다. 다음에 일을 또 하려면 겨울까지 기다려야 했다. 스키장에서 일을 하면 스키 실력은 늘 수 있고 돈도 벌 수 있지만 나머지 봄, 여름, 가을에는 돈을 벌 수 없었다. 한철 장사로는 계속 돈을 벌 수 없다는 것을 알게 되었다. 그래서 나는 계절에 상관없이 꾸준히 돈을 벌 수 있는 것이 무엇인지 생각해보았다.

그 당시 숙소에서 공동생활을 하는 친구 중 한 명은 자신이 잘하는 것이 이것밖에 없어서 스키용품샵을 하면서 강습도 같이 하겠다고 했다. 우리는 매일 일이 끝나면 근처에 치킨 집에 맥주를 마시러 가곤 했는데 그 친구는 매일 밤 스키 관련 잡지와 스키장을 소개하는 책을 보고 분석하고 있었다. 그는 스키장 패트롤 일을 하면서 꿈을 키워 자신의 가게를 차리려고 책을 보면서 노력을 했지만, 당시 나는 아무런 생각이 없이 그냥 스키장 패트롤 일만 하고 있었던 것이다. 이렇듯 똑같은 일을 해도 책을 보면 꿈을 가지게 되는 반면에 책을 보지 않으면 더 큰 세상을 보지 못하는 것이다.

인터넷이 급속히 보급되어 정보화 사회가 되어 지식은 점점 세분화되고 깊어지고 있다. 그래서 요즘은 배워야 할 것은 넘쳐나지만 스스로 깨달아가는 공부는 자취를 감추었다. 많은 직장인들은 입사 시험을 우수하게 마치고 직장생활을 시작하면 책을 놓는다. 아니 책이라는 존재는 없어진다. 참으로 슬픈 현실이다. 직장에서는 시키는 일만 하다 보니 자기 스스로 공부를 해야 할 필요성을 잘 느끼지 못한다.

내가 알고 있는 어떤 상사는 이런 얘기를 했다.

"일을 할 때 네 생각만 하지 말고 고객이 뭘 생각하는지 생각해. 네가 생각하는 것만 보고서에 Input을 하면 고객이 원하는 Output은 없는 거야."

그 말은 나에게 큰 울림이 있었다. 나는 내가 맞다고 생각하는 솔루션, 대안만을 제시하였으나 그것은 고객이 원하는 것이 아니었다. 우리는 본인이 옳은 것이라고 생각하는 것에 다른 사람들도 다 동조할 것이라고 착각한다. 그러나 나만의 좁은 시각으로는 훌륭한 답이 나올 수 없다. 좀 더 훌륭한 답을 원한다면 다양한 의견이 필요하다. 모든 사람의 의견을 다 일일이 만나서 들을 수 없으므로 다양한 분야의 이야기가 나와 있는 책을 통해 그들이 바라는 것을 알아내야 한다. 직장 내에서도 가장 많이 하는 실수가 본인의 생각만 보고서에 넣는 것이다. 고객의 의견, 상대방의 의견에 귀 기울이는 노력을 책을 통해 한다면 한층 더 실력이 향상되지 않을까 생각한다.

긍정적으로 말하면 긍정적인 사고를 하게 된다

"감사합니다. 감사합니다. 감사합니다. 감사합니다. 감사합니다."

요즘 나는 매일 출퇴근하면서 조그마한 소리로 이렇게 웅얼거린다. 몇 년 전에 읽은 『2억 빚을 진 내게 우주님이 가르쳐준 운이 풀리는 말버릇』이라는 책에서 하루에 500번 "감사합니다."라고 말을 하면 인생이 바뀐다고 했다. 그 책을 잊고 있다가 몇 달 전에 읽었는데 '손해 볼 것도 없는데 한번 해보지 뭐.'하고 요즘 매일 "감사합니다. 감사합니다. 감사합니다." 이렇게 웅얼거리면서 출퇴근을 한다.

사실 나는 말버릇이 상당히 좋지 않은 사람에 속했었다. 비속어도 많이 쓰고 부정적인 말도 많이 했다. 부정적인 말을 많이 하게 되면 주변에서도 나를 좋게 보지 않고 나의 잠재의식 자체도 부정적인 것이 원래 자신의 모습인 줄 알고 항상 나쁜 모습이 본래 내 모습인 것으로 착각을 한다. 살면서 긍정적인 삶의 자세를 가지는 것은 정말 중요하다. 그 중요성은 따로 강조하는 것 자체가 불필요할 정도이다.

나도 부정적인 사고를 많이 해서 과거에는 정말 많이 안 좋은 일을 겪었다. 그리고 어려운 일이 생기면 바로 좌절하고 다시 도전하려 하지 않았다. 그러나 사고를 바꾸고 긍정적인 태도를 가지면 삶이 바뀐다. 삶이 바뀌는 것은 정말 사소한 것에서부터 조금씩 변하게 되는 것이다. 하루아침에 사람이 바뀔 수는 없다. 부단한 노력으로 변할 수 있다. 변하는 것이 어렵다고 절대 포기하지는 마라.

그리고 이 책에서 강조한 내용 중 하나는 '힌트가 왔을 때 0.5초 만에 행동하라.'였다. 독서의 중요성은 행동을 이끌어내는 것에 있다. 이 책에서도 자기 내면에서 원하는 것을 바로 실행하고 자신의 삶에 대해 감사하고 과거 자신을 무가치하고 삶의 희망이 없는 존재로 느꼈던 일들을 극복하고 진정으로 본인이 원하는 삶을 알게 되었고 행동하게 되었다. 이처럼 한 권의 책은 어려움에 있는 사람에게 큰 위안을 줄 수 있고 또한 꿈을 가질 수 있게 도움을 준다.

많은 사람들은 큰 깨달음을 얻기 위해서 많은 경험과 시간을 필요로 한다고 생각한다. 물론 많은 경험에서 오는 깨달음도 있다. 그러나 많은 경험을 하기 위해서는 정말 많은 시간을 허비하게 되고, 군이 직접 경험을 해야만 깨달음을 얻는 것은 아니다. 책은 이런 시행착오와 경험에 필요한 시간들을 줄여주기 위해서 많은 사람들이 남기고 간 것이다. 책을 쓰는 사람들 중 독자들이 잘못되라고 책을 쓴 사람은 단 한 명도 없다. 다들 그들은 자신이 겪은 일들 중에서 좋은 것은 계승하고 발전시키고 잘못된 일은 다시 반복되지 않도록 쓴 것이 대부분이다. 책을 쓴 사람들의 의도를 제대로 파악할 필요가 있다.

어쩌면 공부가 제일 필요로 하는 시점은 대학을 졸업한 이후에 본인이 정말로 원하는 삶과 꿈이 무엇인지를 알아가는 인생 후반전이 아닐까 싶다. 공부를 하는 시기는 따로 정해진 것은 아니다. 공부는 평생에 걸쳐서 하는 것이 맞다 생각한다. 오히려 성인이 되어 하는 공부가 진정한 공부라고 나는 생각한다. 시험을 위한 공부가 아니라 내 자신을 위해 내가 필요한 것을 능동적으로 찾아서 하는 공부가 진정한 공부인 것이다. 성인이 된 우리는 이제는 자신이 필요로 하는 공부를 깊이 있게 해야 한다. 모르는 것을 하나씩 알아나가야 하는 공부를 해야 하고 그 방법은 책 읽기가 유일한 방법이다. 나의 경우도 내가 모르는 분야에 대해서 하나씩 공부를 해 나가다 보면 누가 시키지도 않았지만 스스로 하게 된다.

어렸을 때 책을 보지 않았다고, 어렸을 때 공부를 잘하지 못했다고 책을 보지 말라는 법은 없다. 오히려 책을 보지 않거나 공부를 잘하지 못했다면 성인이 된 이후로는 더 많은 독서를 필요로 한다. 자신이 무엇이 부족한지, 자신이 무엇을 원하는지, 그리고 자신이 어떤 걸 좋아하는지 알 수 있는 시기가 어른이 된 지금이다. 평생에 걸쳐 책을 읽고 살아왔으나 왜 책을 읽어야 하는지 심도 깊게 고민해본 적은 많이 없다. 책 읽기만큼 좋은 공부는 없다. 책 읽기를 하는 가장 큰 이유는 내가 무엇이 부족한지 알게 된다는 점이다. 자신이 무엇이 부족한지 알면 답은 이미 알고 있는 것이다. 이제 내가 부족한 것을 책을 통해 채우면 되기 때문이다. 책을 읽어라. 그리고 자신이 부족한 점이 있다는 것을 찾아내라.

나는 퇴근 후 회사 근처 카페로 간다

인간은 환경의 지배를 받는다

책을 읽고 삶을 바꾸려면 실행을 해야 한다. 실행하지 않는 삶은 아무것도 바뀌지 않는다. 하지만 많은 사람들이 이를 잘 알고 있지만 실행에 옮기는 사람은 극소수에 불과하다. 마찬가지로 책을 읽는 것이 최우선이다. 이것도 다 알고 있는 사실이다. 그러나 책을 읽는 사람은 주변을 둘러보면 그리 많지는 않다. 왜 알고 있으면서 실행하지 못하는 걸까? 실행하려는 의지가 약해서 그럴 수도 있지만 의지력만을 탓할 수는 없다.

막연히 책을 좀 봐야겠다고 서점에 가서 책을 사 집에 와서는 몇 페이지 읽다가 잠드는 경우가 대부분이다. 일단 집에 오면 책을 꼭 읽어야 하는 마음이 약해진다. 집에 오면 사람은 누구나 마찬가지로 쉬고 싶은 마음이 커지기 때문에 긴장감이 많이 풀어진다. 그러다 보니 책을 좀 보다가 말게 되는 경우가 비일비재하다. 집에 따로 서재가 마련된 사람일지라도 가족들에 의해서 방해를 받는 경우도 많고, 자신의 의지만으로 몇 시간씩 집중해서 책을 보는 사람은 많지 않다.

인간은 어쩔 수 없이 환경의 지배를 받는다. 이것은 부인할 수 없는 사실이다. 한국에서 태어나서 자란 사람은 한국인의 정서를 가지게 되고, 미국에서 태어난 사람은 미국인의 정서와 사고방식을 가지게 된다. 이와 마찬가지로 우리는 책을 읽을 수 있는 환경에 우리를 넣어야 책을 볼 수 있게 되는 것이다. 책을 읽어야겠다는 의지로만 책을 읽을 수 있는 사람은 그리 많지 않다.

나는 하루 일과가 끝나면 회사 커피숍으로 바로 간다. 책을 읽으러 가는 것이다. 물론 하루의 피로를 시원한 아이스 라떼로 확 날리고서는 그때서부터 책을 읽기 시작한다. 커피를 마시면 각성 효과가 있어서 피로와 졸음이 순간 사라진다. 그때서부터 나의 행복한 독서 시간이 이어진다. 내가 학교를 다닐 때와 지금은 커피숍이 다르다. 예전에는 약속 장소로서의 기능이 대부분이었으나, 지금은 물론 약속 장소를 제공하기도 하지만 많은 학생들이 공부를 하기 위해서 커피숍으로 오기도 한다. 직장인들도 커피숍을 많이 애용한다.

많은 사람들이 집에 오면 제일 먼저 하는 행동은 단연코 1위가 소파에 앉아 TV를 보는 것이다. TV를 보는 것은 거의 무의식중에 자동반사적으로 하는 행동이다. 요새는 TV 채널도 너무 많아져서 좋아하는 방송을 찾기 위해서 채널을 돌리는 것만 해도 5분 이상은 소요가 된다. 너무 많은 선택이 주어지다 보니 많은 사람들이 선택 장애를 앓기도 한다. 특별히 어떤 프로그램을 보려고 TV를 켜지는 않는다. 그냥 습관적으로 보는 경우가 대부분이다.

2012년 방송통신위원회가 한 방송매체 이용 행태 조사에 따르면, 우리나라 국민 평균 TV 시청 시간이 하루 3시간 9분이라고 한다. 엄청난 시간이다. 하루 중 많은 시간을 우리는 TV 시청에 할애하고 있는 것이다. 물론 좋은 정보를 제공하는 프로그램도 존재하나 대부분은 오락, 드라마 등이 주를 이룬다. TV를 보고 나면 허무하게도 별로 기억에 남는 것이 없다. 시사하는 바가 무엇인지도 잘 모르겠고 웃기기는 했는데 나한테 도움이 되는 일은 거의 없다.

그에 비해 커피숍에 가서 책을 보면 일단은 다른 사람들이 같이 있는 공간이다 보니 자세가 많이 흐트러지지도 않고 오랫동안 책을 볼 수 있다. 책을 보면 TV를 보는 것과는 다른 차원의 학습이 이루어진다. 가끔은 취업준비생들로 보이는 이들을 보면서 경쟁의식을 느낄 때도 있다. 그들은 커피숍에서 정말 열심히 공부한다. 그들을 보고 있노라면 책을 열심히 볼 수밖에 없다.

우주의 비밀을 캐러 우주회에 들어갔다

사회 초년생 시절에 나는 정말 웃기는 회사 사내 모임에 가입을 했었다. 그 모임의 이름은 우주회였다. 처음에는 그게 무슨 우주의 비밀을 캐는 모임인 줄 알았으나 첫 번째 모임에 참석을 하고 그 모임의 실체를 알게 되었다. 우주회의 모임이 열리는 날은 정해져 있지 않았다. 우주회라는 모임은 한자로 비 우(雨), 술 주(酒), 모일 회(會), 즉 비 오는 날 술을 마시는 모임이었다. 처음에는 괜찮았다. 그러나 차츰 차츰 힘이 들었다. 몸도 망가지고 마음도 망가졌다. 최고조에 달하는 시기는 여름 장마철이었다. 이건 미치는 수준에 다다랐다. 너무 힘들었다. 처음에는 재미로 시작했는데 다들 너무 힘들어해서 여름이 지나고 늦가을에 마지막으로 모이고 해체되었다. 그나마 그게 다행이지, 모임이 해체되지 않았다면 지금은 나는 없었을지도 모른다. 술을 좋아하는 사람들의 모임이라서 다들 주량이 대단했다.

그 시기에 나는 책 보는 건 고사하고 거의 아무 생각 없이 살았다. 직장 생활에 잘 적응을 해보려고 내가 싫어하는 모임에도 참석을 하는 경우가 많았고, 신입사원이라고 해서 직장 선배들이 이리저리 나를 많이 데리고 다녔다. 물론 그렇게 해서 빠른 시간 안에 인맥을 쌓게 된 점은 고마워할 일이나 우주회에 가입을 하게 되면서 몸도 마음도 많이 상했다. 사람은 환경의 지배를 당할 수밖에 없다. 난 지금에 와 돌이켜 생각해보면 왜 이런 모임에 아무 생각 없이 들어갔는지 이해를 할 수가 없다.

1994년 우리나라에서도 인터넷이 서비스가 시작되었다. PC통신 시대를 지나 네스케이프라는 웹 브라우저가 인터넷의 표준이었다. 회사 사무실에도 인터넷이 들어왔고, 업무시간에는 일이 많아 인터넷을 할 수는 없었으나 회사 업무가 끝난 이후에는 모두들 집에도 안 가고 네스케이프를 통해 인터넷이라는 정보의 바다로 풍덩 다 빠졌다.

그런데 이 정보의 바다에는 좋은 것도 있고 나쁜 것도 있었다. 인터넷에 이것저것 기웃거리다가 결국은 포르노 사이트에 접속을 하게 되었고, 이게 상당히 중독성이 강해서 처음에는 1~2시간 보다가 집에 가던 것이 나중에는 저녁 10~11시까지 집에는 안 가고 이걸 보고 있었다. 집에서는 비싼 통신료 때문에 감히 접속을 할 생각은 못했지만 회사에서는 그럴 걱정을 할 필요가 없었으므로 회사 업무시간 종료 후에는 중독된 환자처럼 매일 포르노 사이트에 접속을 했다.

사람은 습관에 의해 살아간다. 매 순간순간 나의 모든 행동에 신경을 쓸 수가 없으므로 대부분 습관에 의한 행동을 많이 하게 된다. 그러기에 우리는 나쁜 습관을 없애고, 좋은 습관을 만들어야 한다.

습관이 형성되기까지의 시간에 대한 다양한 연구가 있지만, 일반적으로 제일 많이 알려진 것은 66일 지속이 되어야 습관이 형성된다는 설이 가장 많이 받아들여진다. 영국 런던대학교 제인 워들 교수팀은 일반인 참가자들을 대상으로 같은 행동을 얼마나 반복해야 무의식적으로 반사 행동이 나오는지에 대한 실험을 했다. 연구진은 실험 참가자들에게 '점심식사 때 과일 한 조각 챙겨 먹기, 물 한 병 마시기, 저녁 식사 전에 15분 정도 달리기'를 매일 반복하게 했다. 연구팀은 매일 이런 행동을 조사하면서 의식적으로 의지를 가지고 하는지, 무의식적으로 반사 행동을 하는지를 체크했는데, 무의식적인 행동이 자리잡는 데 평균 66일이 걸린다는 연구 결과를 얻게 되었다. 또 복잡한 행동일수록 시간이 오래 걸리며, 운동 습관은 식습관보다 오래 걸린다는 사실도 알게 됐다. 무의식적인 습관이 몸에 배는 것이 아닌, 하겠다는 의지가 강하게 개입된 습관의 경우에는 습관이 자리잡는 데 21일 정도가 걸린다고 한다.

이렇듯 나쁜 습관을 고치는 첫 번째 열쇠는 '시작이 쉬워야 한다.'는 것이다. '시작이 반이다.'란 말은 사람들이 시작하기 어려워한다는 것이다. 시작이 어렵다 보니 습관으로 만들기도 당연히 어려워지는 것이다. 시작 단계서부터 너무 거창한 목표를 세우면 중도에 포기하는 사람이 많아지고 핑계를 대면서 자기합리화의 수순을 따른다. 그러므로 나를 바꾸고 싶다면 쉬운 일부터 시작하는 것이 제일 중요하다. 습관 들이기의 두 가지 법칙은 첫 번째가 '시작이 쉬워야 한다.'는 것이고 두 번째가 '꾸준해야 한다.'는 것이다. 이렇게 하면 좋은 습관은 바로 나의 것이 된다.

책 읽기 습관을 들이는 첫 번째 단계는 퇴근 후에 회사 근처 카페로 가는 것이다. 처음에는 책을 보러 간다는 생각보다는 그냥 커피 한잔 마시고 좀 쉬다 간다는 편안한 마음으로 시작을 하는 것이다. 커피를 마시다 보면 좋은 생각이 날 수도 있고 책을 보고 싶은 마음이 자연적으로 생길 수도 있다. 여럿이 가게 되면 수다를 떨고 이런저런 얘기를 하게 되지만 혼자 가게 되면 스스로 뭔가를 하게 되어 있다. 그때 자연스럽게 가방 안에 있는 책 한 권을 꺼내면 책 읽기가 습관이 되는 것이다. 부담감은 버리고 2달간만 나를 위해 카페에서 힐링의 시간을 갖는다고 생각을 하고 매일 퇴근 후 카페에 다니다 보면 매일 책 읽는 나의 모습을 발견하게 될 것이다.

하루 1시간 깨달음의 문장들 05 :

내가 왜 안 했을까

"어떤 선택과 행동에 앞서 내가 가장 많이 떠올리는 것은 '이걸 안 하면 후회할까?'다. 길게 산 것도 아니고 자랑할 만큼 잘 살아오지도 않았지만 그동안 지내오면서 깨달은 사실 하나는 '내가 왜 그랬을까?'라는 후회는 생각보다 길게 가지 않는다는 것이다. 반면에 '내가 왜 안 했을까?'라는 후회는 몇 년이 지나도 머릿속에서 사라지지 않았다."

— 김신회, 『아무것도 안 해도 아무렇지 않구나』, 놀

살면서 많은 기회가 온다. 그러나 준비가 되어 있지 않으면 그 기회를 기회로 보지 못한다. 인터넷이 급격히 확산될 무렵, 회사 선배가 같이 PC방 사업을 하자고 했다. 관련업무를 하고 있어서 가능성은 알고 있었다. 그러나 용기도 없었고 돈도 없어서 머뭇거리다 시기를 놓쳤다. 모든 일에는 때가 있는 법이다. 그때 정말 PC방 사업을 했다면 큰돈을 벌었을지 모른다. 이 책을 읽으면서 후회 중에 하지 못한 것에 대한 후회가 제일 큰 것이라는 것을 뼈저리게 느꼈다. 다시는 이런 일이 생기지 않도록 이제는 가슴 뛰는 일이 생기면 주저 없이 뛰어들고 있다. 당신도 나이를 먹어 되도록 후회하지 않으려면 하고 싶은 일을 꼭 해보길 바란다.

책 읽기 여행을 떠나라

낯설음에 나를 보내라

최근 많은 사람들이 일상에 지치게 되면 제일 먼저 떠올리는 일은 바로 여행이다. 여행을 떠나 지친 몸과 마음을 쉬게 하고 오는 그 기쁨이란 이루 말할 수 없다. 여행이란 일이나 유람을 목적으로 다른 고장이나 외국에 가는 일, 자기 거주지를 떠나 객지에 나다니는 일, 다른 고장이나 다른 나라에 가는 일 등을 말한다. 여행은 삶에 있어서 쉼표와 같은 것이다. 삶이 지나치게 팍팍하거나 내가 어디로 가고 있는지 방향을 잃었을 때 우리는 여행을 통해 자신을 뒤돌아보게 된다.

여행이 낯선 장소에서 낯선 사람들과의 만남을 통해 새로운 것들을 하게 되고 잊고 있었던 자신의 모습을 발견하게 되는 것처럼 독서도 여행과 공통점이 많다. 둘의 첫 번째 공통점은 새로운 곳으로 우리를 이끈다는 것이다. 우리는 새로운 환경에 놓이는 일이 많지 않다. 그러나 여행이나 독서를 통해 우리는 새로운 장소, 새로운 생각으로 우리를 이끈다. 그리고 두 번째 공통점은 다른 것에 대한 배려심이 생겨난다는 것이다. 여행지에 가면 문화, 환경, 역사가 나와 다르다는 이유로 배척하면 안 된다는 것을 배운다. 내가 존중받고 싶듯이 타인이 소중히 여기는 것을 배려할 줄 알아야 한다. 여행도 독서도 나와 다른 것을 틀린 것이라고 하는 실수를 하지는 않는지 다시금 되돌아봐야 한다. 세 번째 공통점은 나를 사랑하는 마음이 생기게 된다는 것이다. 여행을 하다 보면 온전히 나를 위해 시간과 돈을 쓰기 때문에 나 자신에게 선물을 하는 느낌을 받는다. 그래서 기분이 좋아지고 타인을 대하는 행동도 평소에 비해 많이 부드러워진다. 독서를 하다 보면 나에게 맞는 좋은 글귀를 만나게 된다. 오래된 좋은 친구를 만난 것처럼 책과 대화를 하게 되고 그렇게 시간을 보내다 보면 어느새 나는 책을 통해 나 자신을 사랑하고 있는 모습을 발견하게 된다.

나는 20대 후반에 처음으로 해외여행을 갔다. 해외를 처음 나갔을 때는 모든 것이 새롭고 신기했다. 그리고 새로운 문화를 많이 접하다 보니 새로운 영감도 많이 떠올랐고 새롭게 깨닫게 되는 일도 많았다. 여행이란 것은 하면 할수록 재미가 있고 똑같은 것이 없기 때문에 계속 새롭고 다른 곳으로 가고 싶어진다. 처음에는 나도 휴양지 위주로 여행을 다니다가 점점 다양한 테마를 가지고 여행을 가게 되었다. 맛집을 찾아서 여행을 떠나기도 했고 책에서 본 내용을 직접 보러 가기도 했다. 새로운 것을 발견하게 되는 즐거움은 여행에서 느끼는 정말 큰 행복이다. 물론 여행을 가기 전에 사전 조사를 하고 계획을 세우기는 하지만 현지에서 뜻하지 않게 발견하게 되는 기쁨은 이루 말할 수 없다.

나는 여행과 책에서 느끼는 것은 동일하다고 생각한다. 여행이 우리의 삶에 던져주는 경험은 거대하고 광활하다. 많은 사람들이 세계여행을 버킷리스트에 많이 넣는 이유도 이런 큰 경험을 하고 싶기 때문이다. 하지만 이는 현실이라는 벽에 부딪히게 된다. 금전적, 시간적으로 자유가 주어지지 않은 사람이면 여행을 떠날 수가 없기 때문이다.

앞에서 여행과 독서의 공통점을 얘기한 이유는 여행을 통하든 책을 통하든 얻게 되는 것은 동일하다는 것이다. 결국은 여행을 가지 못하게 되는 경우라도 우리는 책을 통해 여행을 떠날 수 있는 것이다. 책을 소풍 가는 것이라고 생각해보자. 어린 시절 우리는 소풍 가기 하루 전날에는 들뜬 마음에 잠을 이룰 수가 없다. 그 기다림과 설렘이란 말로 표현하기가 어렵다. 책도 서점에 가서 고르기 전, 인터넷으로 주문을 하고 기다리는 동안의 시간은 우리에게 소풍 전날과 같은 기다림과 설렘을 준다.

여행은 묘한 중독성이 있다. 처음에는 나도 왜 해외여행을 이렇게 많이 다니는지 잘 몰랐다. 그러나 나도 몇 번 여행을 다니다 보니 매년 휴가 때에는 캐리어에 짐을 싸고 있는 나를 발견하게 되었다. 고기도 먹어본 사람이 먹는다고 여행도 여러 번 다니다 보면 계속 새로운 영감을 주는 여행지, 새로운 기쁨을 주는 여행지, 새로운 경험을 주는 여행지 등으로 다니게 되어 있다. 여행의 맛을 본 사람은 계속 그 여행의 맛을 보려 한다. 책도 마찬가지이다. 책을 읽으면서 알게 되는 깨달음의 기쁨, 그리고 그 깨달음으로 인해서 나의 삶이 변화하는 것을 보면서 많은 희열을 느끼게 된다. 그러면서 책도 여행과 마찬가지로 한 권의 책이 다른 책을 부르고 그 책이 또 다른 책을 부르게 되어 있다. 아울러 책은 현실에서는 볼 수 없지만 상상하게끔 만들어서 오히려 현실보다 아름다운 장면을 만들게 해준다. 각자 상상하는 이미지는 모두 다르기 때문이다.

공항에서 벙어리가 된 아빠

해외여행을 하다 보면 환승을 하게 되는 경우가 종종 생긴다. 멕시코에서 LA를 거쳐 한국으로 비행기를 갈아타야 하는 경우가 있었다. 그런데 환승 사이에 시간이 40여 분밖에 되지 않아서 시간이 매우 빠듯했다. 멕시코를 출발해서 LA에 도착했는데 20분 늦게 도착한 것이었다. 동일한 항공사가 아니어서 짐을 찾고 다시 수속을 받아야만 했다.

안 되는 영어 실력으로 한 사람, 한 사람 양해를 구하며 앞으로 나아갔다. 공항 안전요원이 오더니 다른 사람들도 다 똑같이 기다리고 있다고 다시 뒤로 가라고 했다. 틀린 말은 아니었지만 뭔가 영어로 조목조목 내 상황을 설명을 하고 싶은데 말이 나오지 않았다. 제대로 된 항변도 못하고 다시 뒤로 가게 되었고 결국은 비행기를 놓쳤다.

그때 느낀 나의 치욕감이란 이루 말할 수가 없었다. 옆에서 딸이 보고 있었는데 우리 비행기 놓치면 어떻게 집에 가느냐고 울고 있었고, 그렇게 나의 자존감은 LA 공항 바닥에서 데굴데굴 구르고 있었다. 평소에 아빠가 영어를 잘한다고 말을 했는데 여기 미국에 와서는 제대로 대꾸도 못 하고 있는 아빠를 보고 있으니 애 입장에서는 얼마나 실망했을까? 나는 다른 과목은 잘 못해도 영어는 꽤 잘했다. 애를 데리고 나와서 다시 게이트로 가서 다음 항공기를 이용해서 한국으로 올 수는 있었지만 그때의 공항 안전요원에게 당한 치욕감을 잊을 수가 없었다.

그래서 한국에 오자마자 한동안 보지 않았던 영어책을 다시 꺼내 들었다. 처음부터 다시 시작, Step by step. 중학교 수준 영어책부터 쉬운 것부터 다시 차근차근 공부를 하게 되었고 잠자고 있던 나의 영어 실력도 조금씩 깨어나고 있었다.

이렇듯 해외여행을 가게 되면 의사소통에 문제가 생기기 마련이고 이로 인해서 많은 동기 부여를 받는 것도 사실이다. 이런 면에서 볼 때 여행은 독서를 부르는 좋은 동기 유발자이다.

프랑스 여행을 하게 되면 꼭 들르게 되는 곳이 루브르박물관이다. 이곳에 가면 정말 많은 그림과 예술 작품이 있다. 그러나 미술과 역사에 대해서 어느 정도의 지식을 가지고 있지 않으면 이해하는 폭이 전혀 다르다. 한국 사람들은 모나리자만 보고 다들 이렇게 말하고 휙 지나친다.

"애걔, 이게 뭐야. 이걸 보려고 이렇게 멀리서 왔단 말이야?"

이렇게 말하는 사람들의 공통점은 사전에 공부를 하고 오지 않은 사람들이라는 것이다.

또 프랑스에 가게 되면 제일 많이 찾는 곳이 에펠탑이다. 에펠탑은 프랑스 건축 공학자이자 설계자인 에펠의 이름에서 따온 것이다. 그는 유럽 각지의 수많은 철교를 설계하며 국제적 명성을 쌓았다. 이런 경험을 토대로 뉴욕 '자유의 여신상'의 내부 설계와 파나마 운하의 공사에 참여했다. 1889년에는 불후의 작품인 에펠탑을 건설해 '철의 마술사'라는 찬사를 받기도 했다. 그러나 처음에는 아름답지 못하다는 비난을 들어야만 했다. 그리고 많은 지식인들과 시민들은 예술의 도시 파리의 미관을 망치는 것이라고 비난을 했다. 그 중 유명한 일화는 모파상이 가장 끈질기게 에펠탑에 반감을 가졌던 것이다. 모파상은 종종 에펠탑의 2층에서 점심을 먹었는데 누가 그 이유를 묻자 그곳이 파리에서 에펠탑이 보이지 않는 유일한 곳이기 때문이라고 대답했다고 한다. 이렇듯 여행을 다녀도 미리 책을 봐서 공부를 하게 되면 보이지 않던 많은 것들이 보이게 된다. 아는 만큼 보이는 것이다.

책 읽기는 여행을 떠나는 것과 같다. 여행은 떠나는 일이다. 떠난다는 것은 헤어진다는 것을 의미한다. 어제의 나를 떠나보내고 새로운 내일을 맞이하는 것이다. 과거와의 이별을 해야만 우리는 새로운 미래를 맞이할 수 있다. 과거에만 집착을 하면 우리는 더 이상 앞으로 나아갈 수 없다. 새로운 것을 발견하게 되면 그 동안 내 삶을 꽁꽁 묶어놓았던 자신을 발견하게 되고 새로운 희망을 얻게 되는 것이다. 여행도 마찬가지이고 책도 마찬가지이다. 새로운 곳으로 떠나는 것이 여행과 책이 추구하는 것이다. 여행을 잘 다니지 않는 사람들에게 물어보면 시간도 돈도 여유가 없어서 못하겠다고 한다. 그러나 시도하지 않으면 아무것도 이룰 수 없다. 지금 당장 여행을 떠나라. 여행을 떠날 수 없다면 바로 서점으로 가서 한 권의 책을 들어 자신만의 새로운 목적지로 여행을 떠나라.

한 줄의 문장이 삶을 바꾼다

성공한 사람들은 모두 책에서 깨달음을 얻었다

책 읽는 사람들이 많이 줄어들고 있다. 출판업계는 이미 위기를 겪고 있으며 그 미래가 밝지 않다는 말을 들은 지도 오래되었다. 그래서 매년 정부에서는 독서에 대한 관심을 높이기 위해 민간단체와 협력해 다양한 사업을 추진한다. 올해도 변함없이 '청소년 책의 해'는 청소년들이 갈수록 책과 멀어진다는 위기감에서 출발했다. 생애 주기에 따른 책에 대한 관심과 흥미의 정도를 그래프로 살펴보면 초등학교 시기에 가장 높게 나타나고 중·고등학생이 되면 점차 낮아지는 양상을 보였다.

청소년기를 거치면서 우리는 책에 대해서 점점 멀어지게 되었다. 물론 한국의 입시 문화에 기인한 것이라고 말하는 사람들도 있을 것이고, 스마트폰의 일상화로 텍스트보다 영상을 선호하는 현상이 점차 뚜렷해지면서, 긴 글을 읽는 것에 부담을 느끼는 사람들이 점점 많아지는 이유도 있을 것이다. 이처럼 독서량이 줄고 스마트폰에 대한 의존도가 높아지면서 책을 읽고 해석하는 독해력은 점점 낮아지고 있는 현실이다.

이렇게 많이 책 읽기 어려운 환경으로 변했지만, 사회적으로 성공한 사람들은 모두 책에서 깨달음을 얻어 성공했다. 책을 멀리하면서 성공한 사람들은 없다. 그들은 지독한 독서광들이다. 세상을 살다 보면 별의별 일을 다 겪게 된다. 이 세상 어느 누구도 이 세상을 여러 번 살 수는 없으므로 최대한 현명한 판단을 해야 한다. 어차피 한 번 사는 인생이면 보란 듯이 잘 살고 행복하게 살아야 한다. 나의 경우도 어려운 일이 있을 때마다 책에서 길을 찾았다.

새로운 한 해가 시작되면 너도 나도 신년에 새로운 결심을 하고 계획을 세운다. 그러나 대부분 작심삼일로 그치는 경우가 많다. 신년이 되면 새로운 마음으로 시작하려다 보니 본인의 본래 모습은 모두 부정하고 전혀 다른 모습을 기대하면서 목표도 거창하게 세우는 경우가 많다. 한 조사 결과에 의하면 우리나라 직장인 중 89.3%가 신년 결심을 한다고 한다. 그러나 그들 중 62.6%는 '1개월도 되기 전에 결심을 중도에 포기했다.'고 응답했다. 더 심각한 것은 신년 결심을 했다는 사람 중 18.9%는 '작심삼일은커녕 시작조차 하지 못했다.'고 답했다. 여기에는 몇 가지 심리학적인 요인이 있는데, 그중 가장 중요한 것은 우리가 변화를 너무 거창하게 계획하기 때문이라는 것이다. 그래서 시도도 해보지 못하고 포기한다.

그러면 어떻게 해야 쉽게 변화할 수 있을까. 너무 거창하게 바꾸려하지 말고 작게 시작하면 된다. 너무 큰 도전을 하면 쉽게 지친다. 작게 시작해야 끝까지 해낼 힘이 생기는 것이다. 이런 깨달음은 노자가 쓴 『도덕경』에도 쓰여 있다.

"세상의 어려운 일은 모두 쉬운 일에서 비롯되고, 세상의 큰일은 반드시 작은 일에서 시작된다.(天下難事 必作於易 天下大事 必作於細)"

그 옛날에도 결심을 해서 변화를 한다는 것이 어렵다는 것을 알고 있었던 것이다. 만약 내가 이 사실을 일찍 알았더라면 매년 신년 목표를 세울 때 거창하게 세우는 것이 아니라 하기 쉬운 작은 일부터 세웠을 것이다.

그러니 목표를 너무 거창하게 잡지 말자. 매일 하루 1시간만 투자하자. 매일 아침에 눈을 뜨면 다가올 미래를 떠올리고 그리고 미래를 위해 당장 할 수 있는 작은 일 한 가지를 찾아 실행해보자. 그러면 우리는 내가 인식하지 못하는 사이에 변해 있을 것이다. 이렇듯 새해의 첫날에 하는 결심에서도 우리는 책의 도움을 얻어 시작을 가뿐하게 할 수 있는 것이다. 너무 큰 목표를 잡지 마라. 작게 시작하자. 그러면 크게 변화될 것이다.

왜 나한테만 이런 일이 생기는 걸까?

살다 보면 항상 좋은 일만 있는 것은 아니다. 갑자기 이유 없이 우울해질 때도 있고 사업에 실패해서 실의에 빠질 때도 있다. 그럴 때 당신은 무엇을 하며 위안을 얻는가? 나는 그럴 때 책을 통해 위로를 받는다.

도스토예프스키는 20년 동안 평론가들로부터 '너저분한 잡동사니 글만 쓰고 있다.'라는 비난을 받았지만 오늘날 최고의 작가로 평가받는다. 길거리에 버려져 있던 빵 조각으로 허기를 채우던 거지 청년 월트 디즈니는 훗날 전 세계 최고의 놀이공원을 설립하게 된다. 모든 이들로부터 분명히 실패한다고 비웃음을 샀던 무명의 사업가는 훗날 교보 그룹의 창업자가 되었다. 이들은 모두 어려운 상황에서도 좌절하지 않고 굳은 신념으로 성공하게 된 것이다. 이런 위인들도 숱한 어려움을 겪었듯이 우리도 살면서 많은 어려움에 닥치게 될 것이다. 그때 우리는 책을 통해서 다시 일어날 힘을 얻을 수 있다.

나의 경우도 20대 초반에 뭘 해도 잘 되지 않았던 시절이 있었다. 세상이 싫었고 원망스러웠다. 나한테만 이런 불행이 온 것 같았다. 그리고 내가 가려고 하는 길이 맞는 것인지 확신이 서지 않았다. 그러던 어느 날 아무 생각 없이 무작정 명동으로 갔다. 여기저기 돌아다니다가 교보문고에 들어갔다. 박노해 시인의 시집에서 이런 글귀를 보았는데 너무도 내 상황과 맞아 떨어져서 눈물이 주르륵 흘렀다.

"네가 자꾸 쓰러지는 것은
네가 꼭 이룰 것이 있기 때문이야

네가 지금 길을 잃어버린 것은
네가 가야만 할 길이 있기 때문이야

… 중략 …

너무 힘들어 눈물이 흐를 때는
가만히 네 마음이 가장 깊이 곳에 가 닿는
너의 하늘을 보아"

― 박노해, 『너의 하늘을 보아』

지금 보아도 나에게 감동을 주는 시이다. 이렇듯 책은 우리에게 위로를
해주기도 하고 기쁨을 주기도 하고 깨달음을 주기도 한다.

많은 이들이 책을 안 읽는 가장 큰 이유로 바쁘다는 것을 꼽는다. 물론
현대 사회를 사는 모든 현대인들은 다들 바쁘게 산다. 그러나 위대한 위인

들이 어떻게 책을 읽었는지 알게 되면 바쁘다는 말을 할 수 없게 된다.

지금 중국이 전 세계 경제대국으로 발전되도록 초석을 다진 사람이 마오쩌둥이다. 가난한 농부의 아들로 태어나 많이 배우지도 못하였으며, 키도 160센티미터가 채 되지 않았다. 어떻게 그가 중국을 이끄는 위대한 지도자가 되었을까? 이에 대한 답을 얻으려면 그가 어떻게 살아왔는지 살펴봐야 한다. 마오쩌둥은 학교를 그만두고 도서관에서 책만 읽은 적이 있을 정도로 다독가이자 열정적인 독서광이었다. 그는 장제스의 국민당에 쫓겨 10만 리 대장정을 하던 중 말라리아에 걸려 들것에 실려 가면서도 책을 읽었다고 한다. 정말 그에게 있어 책은 전부였던 것이다.

프랑스의 나폴레옹은 전쟁터에 나갈 때도 천여 권의 책을 실은 책 마차를 끌고 갈 정도였고 심지어 총알이 날아오는 전쟁터에서도, 이동 중에는 말 위에서도 책을 읽었다고 한다. 가난했던 링컨은 일이 끝나면 쉬지 않고 장소와 때를 불문하고 책을 읽었다고 한다.

책을 보는 사람 치고 나쁜 사람은 없다. 그리고 책을 보는 사람들은 대부분 겸손하고 배우려는 열린 마음을 가지고 있다. 책을 통해 우리는 꿈을 찾기도 하고, 감동을 받기도 하고, 절망의 구렁텅이에서 나오게 될 수도 있고, 마음의 위로를 받을 수도 있다. 결국 책이 우리의 삶을 바꾸게 만들어준다. 이렇듯 독서를 하면 분명 별 볼 일 없던 사람도 새로운 인생을 살게 된다.

그뿐만 아니라 책을 읽으면 건전한 사고방식을 지니게 되어 결국은 적극적인 태도를 가지게 된다. 생텍쥐페리의 소설 『어린 왕자』에 보면 이런 말이 나온다.

"사막이 아름다운 이유는 어딘가에 오아시스를 숨기고 있기 때문이야."

우리 현대인들은 마치 기계의 부속품처럼 느껴지는 경우가 많아서 삶이 팍팍하다고 느낀다. 그래서 우리의 삶은 사막과 같은 것일지도 모른다. 그러나 오아시스가 있어 사막이 아름다운 것과 마찬가지로 우리의 삶에서도 꿈, 희망, 소망이라는 오아시스를 찾으면 우리는 아무리 각박하고 힘든 세상이라도 아름다운 삶을 살게 될 것이다. 독서를 통해 우리가 진정으로 원하는 것이 무엇인지 깨달아야 한다. 책 속의 한 구절이 당신의 인생을 바꿀 수 있는 거대한 힘을 지니고 있다. 인생을 바꾸고 싶은 사람은 주저 없이 당장 책을 사러 서점으로 가야 한다. 많은 위인들은 책을 통해 새로운 오아시스를 발견한 사람들이다. 그들이 성공할 수 있었다면 우리도 할 수 있는 것이다. 성공은 위대한 사람들만이 하는 것이 아니다. 보통의 사람들이 책을 통해 위대해져서 성공하는 것이다. 생각의 전환이 필요하다. 당장 오아시스가 보이지 않는다고 절망하지 마라. 포기하지 않고 꾸준히 가다보면 우리는 마침내 오아시스를 발견하게 될 것이다.

책은 미래다

지혜를 가질 수 있는 유일한 방법은 독서이다

세상에서 가장 귀한 것은 시간이다. 돈으로 못할 것이 없는 황금만능의 시대에도 시간은 돈으로도 살 수 없다. 돈으로 살 수 없는 것이 또 있다. 그것은 지혜이다. 지혜를 가질 수 있는 유일한 방법은 책을 읽는 것이다.

일본은 예전에는 독서를 많이 하는 나라였다. 그러나 일본도 책을 읽는 사람들이 점점 줄어들었다. 그러자 이를 타개하기 위해 특이한 서점들이 생겨났다. 도쿄의 '북 앤 베드'라는 카페는 북카페에 캡슐 호텔을 접목했다. 휴식하면서 책을 읽을 수 있고, 숙박도 가능하다. 숙박할 경우 샤워도

가능하다. 이 카페의 주인은 뭔가를 하다가 잠드는 것은 매우 행복한 일인데, 그게 책이었으면 좋겠다고 해서 이 카페를 만들었다고 한다.

이렇듯 많은 나라들이 미래를 위해서 책을 보는 문화를 만들려고 많은 노력을 하고 있다. 우리나라의 경우도 지하철 안에 작은 도서관을 마련해서 책을 읽을 수 있도록 배려를 해놓은 곳도 있다. 지방자치단체별로 이동도서관을 마련해서 책을 사러 가기 힘든 지역으로 이동도서관 차량이 가서 책을 대여해주는 사업도 하고 있다. 주변에 보면 우리가 알지 못했지만 책을 읽을 수 있는 환경과 여건은 충분히 잘 갖추어져 있다.

입사한 지 얼마 되지 않아서 직장이 집에서 좀 멀어서 차를 샀다. 가끔 차가 필요하면 부모님의 차를 빌려 타곤 했는데 대중교통을 이용하는 시간에 차를 타고 출퇴근 시간을 줄이는 것이 더 이득이라는 생각이 들어서 할부로 차를 샀다. 처음에 차를 타고 출퇴근할 때 매일 라디오나 내가 좋아하는 음악을 들었다. 나중에 다른 팀에 있는 여직원 한 분이 나보고 같은 직장이고 집도 근처니까 카풀을 하자고 했다. 혼자 다니기도 좀 심심해서 흔쾌히 그렇게 하겠다고 했다. 가끔씩 주유비를 대신 지불해주기도 해서 기분이 좋았다. 아침에는 출근길이 항상 전쟁이다. 그러다 보니 아침 출발 시간의 10분 차이가 도착하는 데 30~40분씩 차이가 나기도 한다. 그래서 우리는 아침 6시 30분에 만나 회사로 출근을 했다.

그 여직원은 나보다 2년 선배였는데 나보고 입사했다고 놀지만 말고 공부를 하라고, 자기계발도 하고 책이라도 보라고 조언을 해주었다. 처음에는 기분이 안 좋았다. '왜 나한테 이런 얘기를 하지?' 이런 생각이 들었다.

다음날부터 주의 깊게 여직원을 보았는데 회사 주차장에 차를 세우면 여직원은 사무실이 아닌 다른 곳으로 갔다. 같이 차를 타고 가면서, 아침에 회사 도착하면 다른 데로 가던데 혹시 아침 먹으러 가는 것이냐고 물었다. 7시 20분에 회사에 도착하면 1시간 30분가량 시간이 남는데, 그녀는 그 시간에 도서관에 가서 책을 본다고 했다. 그러면서 나한테 같이 도서관에 가서 공부를 하자고 제안을 해왔다. 생각해보니 사무실에서 특별한 일을 하는 것도 아니어서 다음 날부터 나도 영어 공부를 했다.

알고 보니 그녀는 회사 내에서 여직원이 진급이 잘 안 되다 보니 높은 직급으로 뽑는 시험을 다시 보려고 준비를 하고 있었던 것이었다. 한 단계 높은 직급으로 시작을 하게 되면 보통 회사 내에서 5~6년은 시간을 번 것이나 마찬가지이고 급여도 차이가 많이 난다. 그렇게 한 1년 넘게 같이 카풀을 하면서 회사 근처 도서관에 다녔다. 나중에 그녀는 시험에 합격을 하고 다른 곳으로 배치가 되어 같이 카풀을 하지 않게 되었다. 지금 생각해봐도 참 대단한 사람이라고 생각한다. 보통은 회사에 입사하면 안주하기 마련인데 더 높은 곳을 향해 노력을 한다는 모습 자체가 나한테 큰 감동이었다. 나이는 나와 몇 살 차이 나지 않지만 정말 배울 점이 많은 사람이었다.

이 여직원처럼 책을 통해 자신의 삶을 개척해나가는 사람은 주변에 있다. 우리가 주의 깊게 보지 않았을 뿐이지 누군가는 이 순간에도 더 밝은 미래, 더 찬란한 미래를 위해서 책을 보고 있는 사람이 있을 것이다. 필요한 정보를 USB에 저장을 해서 머리 어느 한편에 꽂아 넣어 다 입력이 되면 얼마나 좋겠는가? 그러나 그건 공상과학영화에서나 가능한 일이고 현실에서는 불가능하다. 아무리 세상이 좋아지고 발달이 되더라도 우리가 지식이나 지혜를 머리에 넣을 수 있는 방법은 책을 읽는 것밖에 없다.

또 가출을 하다

청소년기 나의 별명은 빠삐용이었다. 영화 〈빠삐용〉은 감옥에 갇힌 주인공이 자유를 찾으려 끊임없이 탈옥하다 실패하지만, 결국은 마지막에 탈옥에 성공, 자유를 쟁취하게 된다는 내용이다. 친구들은 이 영화에 나오는 주인공 빠삐용에 빗대어 나에게 그런 별명을 지어주었다. 나는 가출을 정말 많이 했다. 부모님과 의견 다툼으로 서로 말로 상처를 주는 말이 몇 번 왔다 갔다가 하고는 바로 집을 나오는 경우가 많았다.

한번은 가출을 한 후, 금의환향을 하겠다는 생각을 하고 집을 나왔다. 집을 나오긴 했는데 갈 데가 없었다. 일단은 집에서 좀 먼 곳으로 가야겠다고 생각했다. 청주로 갔다. 그곳에 아는 사람이 있어서 간 것은 아니고 그냥 갔다. 이유는 없었다. 배가 고파서 주머니에 있는 얼마의 돈으로 밥을 먹었다. 배는 부르고 해서 여기저기 정처 없이 돌아다녔다. 점점 저녁이 다가왔다. 처음 이틀 정도는 모텔에서 잤다. 수중에 있는 돈이 점점 줄

어드니 불안해졌다. 남은 돈이 27만 원 조금 넘게 있었다. 나올 때는 금의
환향하겠다고 나왔는데 초라한 행색을 하고 집으로 다시 가기는 싫었다.
그래서 제일 싼 숙소인 고시원에 갔다. 한 달에 25만 원이라고 했다. 고시
원비를 내고 2만 원 조금 넘게 남았는데 굶어죽을 수는 없다고 생각을 해
라면 한 상자를 샀다. 고시원 내 책상 위 서랍장에 라면 박스 한 상자를 넣
어놓았는데 그렇게 기분이 좋고 든든하다는 생각이 들었다.

그렇게 며칠을 보내다 보니 라면은 점점 떨어져가고 돈은 없어서 일자
리를 찾아보았다. 충북대 근처에 있는 고시원이다 보니 주변에 술집이 많
았다. 호프집에서 서빙 하는 일을 하게 되었다. 어려운 일은 없었는데 취
객을 잘 상대할 수 있을지 걱정이 되었다. 충북대 앞에 있는 큰 호프집이
다 보니 나 말고도 다른 아르바이트생들이 많았다. 나이가 비슷한 사람들
이 있어서 재미있었고 사장님, 직원분들도 잘해주어서 편하게 생활했다.

술집에서는 보통 새벽 2~3시 정도에 일이 끝나기 때문에 같이 일하던
사람들이랑 포장마차에 들러 소주 한잔하고 가는 경우가 많았다. 나랑 나
이가 같은 아르바이트생이 있었는데 그는 충북대에 다니고 있다고 했다.
서울에 있는 좋은 대학에 합격하였으나 집안 형편이 좋지 않아 충북대에
서 4년 장학금을 주는 과에 입학해서 다니고 있다고 했다. 얘기를 듣는 순
간 내 자신이 초라해졌다. 그러다 평소 내가 궁금했던 것을 물어보았다.

"너는 일할 때 메모장을 가지고 다니던데 손님이 주문한 것을 못 외워서

그러니?"

한참을 뜸을 들이더니 그 친구가 천천히 입을 뗐다.

"나는 4년 장학금을 받지만 학점 4.0은 넘어야 장학금을 받을 수 있어. 그래서 수업시간에 들으면서 메모한 것을 공부하는 거야."

나는 아무 생각 없이 살아가고 있던 반면에 미래를 위해서 노력하는 그 친구는 책을 보고 있었던 것이다. 그 일이 있고 나는 호프집에서 받은 월급으로 대입 시험을 다시 보려고 참고서와 노트를 샀다. 그리고 매일 아침에 일어나 출근하기 전까지 맘 잡고 대입 시험 공부를 열심히 했다. 책을 보면 피곤하기는 했지만 미래가 희미하게나마 보이는 것 같아 행복했다.

독서를 통해 인생이 바뀐 사례는 너무도 많다. 워런 버핏이 어려서부터 아버지 서재에 있는 책을 읽지 않았다면, 나폴레옹이 미친 듯 독서하지 않았다면, 버락 오바마가 방황의 시기에 책을 읽지 않았다면, 에디슨이 도서관을 통째로 읽지 않았다면 존재감 없는 사람으로 살았을 것이다.

책은 우리의 미래이다. 책을 통해 우리가 가야 할 미래가 보이기 때문이다. 책에서 우리는 길을 찾을 수 있기 때문이다. 진정한 독서는 항상 몸과 마음에 의식을 집중해서 읽는것이다. 의식을 확장해주는 책을 천천히 음미하면서 읽어보자. 당신의 미래가 보이기 시작할 것이다.

하루 1시간 깨달음의 문장들 06 :
행복을 찾는 비밀 열쇠

"사소하지만 즐겁게 꾸준히 할 수 있는 뭔가가 있다는 것, 이것이 바로 행복을 찾는 비밀 열쇠입니다. 행복을 너무 거창하게 생각할 필요 없습니다. 그저 맛있는 걸 먹고 여행을 가는 것도 좋고, 모임에 나가 다른 사람을 만나 이런저런 이야기를 나누는 것도 좋습니다. 이런 일들로 인생이 크게 달라지진 않겠지만, 일상의 소소한 기쁨을 아는 사람은 세상을 좀 더 여유롭게 바라보게 되고 마음도 평화로워지겠죠. 우리 인생의 대부분을 차지하는 건 사소하고 평범한 일상입니다. 이런 일상을 소중히 여기는 사람, 작은 일에도 감사할 줄 아는 사람이 되겠다고 다짐해봅니다. 사랑하는 사람의 작은 행동에 관심을 기울이고 배려하는 마음을 가져야겠다는 생각도 하면서요. 사소한 일들이 쌓여서 인생이 되는 것이기에 서로에게 작은 기쁨을 건넬 수 있는 그런 사람이 되기를. 행복이란 건 가창한 게 아니니까요. 삶은 매일의 사소한 일들로도 충분히 행복해질 수 있으니까요."

— 유영달, 이희영, 김용수, 이동훈, 하도겸, 유채운, 박현주, 천성문, 이정희, 박성미, 이희백 공저, 『인간관계의 심리: 행복의 열쇠』 학지사

한때 나는 행복이 정말 거창한 것이라고 생각했다. 행복은 인생의 무지개를 찾는 것과 똑같다. 나도 처음에는 무지개를 찾으러 세상을 향해 나갔다. 모든 것을 다 희생하고 조금 더 돈을 벌면 더 행복할 것이라고 생각을 하고 한 푼이라도 더 벌려고 남들이 하기 싫어하는 휴일근무도 자진하여 도맡아 하고 그랬지만 행복은 오지 않았다. 오히려 지금같이 주변의 사람들과 어울리고 일상의 소소한 재미를 같이 나누는 것이 훨씬 행복하다. 매일 점심시간에 맛있는 식사를 하기 위해서 맛집을 찾아다니는 재미도 쏠쏠하다. 예전에는 밥을 먹는 것은 살기 위해서 먹었는데 지금은 먹기 위해서 산다고 말하는 것이 맞을 것 같다.

드디어, 내 인생 스승을 만나다

최 병장님이 하루에 한 권씩 책을 읽는다고?

지금 마땅한 인생의 스승이 없다고 괴로워하는 사람이 있다면 너무 낙담하지 마라. 우리가 찾고 있는 인생의 스승은 가까이에 있다. 과거 열풍이었던 '멘토'에 대한 동경은 지금도 유효하다. 급변하고 예측하기 어려운 우리 인생에 필요한 것은 올바른 방향을 제시해줄 수 있는 '스승'일 것이다. 보통 사람들은 유명한 사람과의 교류가 있어야만 스승으로 생각하는 것 같다. 그러나 우리가 알고 있는 사회적으로 유명한 사람들은 직접만나거나 교류하기가 어렵다. 잘 살펴보면 우리는 본받아야 할 만한 말과 행동, 가치관, 믿음, 신념 등을 통해 스승으로 받아들인다. 사람이 중요한 것이 아니고 그 행동, 사고, 신념이 중요한 것이다. 누구나 자신에게 큰 영향을 미친 스승이 있겠지만 주변을 살펴보면 많은 삶의 지혜와 조언을 얻을 수 있는 많은 도구와 채널 등이 있다. 누가 말했든, 무엇에 대해 말했든 우리의 마음을 움직이고 행동하게 만들었다면 그것이 우리의 스승이다. 삶이 어렵고 힘들고 외로울 때 우리 주변에 있는 스승을 찾아보자.

"총알 일발 장전! 조종간 안전! 확인결과 이상 무! 근무 다녀오겠습니다."

부대에서 야간 초소근무를 돌기 전, 소대장 앞에서 보고하고 막사를 벗어나 판문점 안에 있는 감시초소로 이동을 했다. 감시초소에서는 2시간 간격으로 교대를 한다. 야간 근무 조에 들어가게 되면 밤 10시부터 새벽 6시까지 5개조가 돌아가면서 근무를 한다. 중간에 야식으로 라면을 먹고 다시 근무를 하는데 새벽에 먹는 라면 맛은 이 세상 어떤 것과도 비교할 수 없을 정도로 맛있다.

라면을 먹고 초소근무 들어가기 전까지 1시간 30분 정도 남아서 보통은 잠시 눈을 붙이는 경우가 대부분인데 그날 나랑 같이 근무를 서는 최 병장님은 자지 않고 책을 보고 있었다. 나는 피곤한데 주무시지 왜 안 주무시냐고 물었다. 본인은 하나님이 주신 미션이 있어서 그럴 수 없다고 했다. 도대체 그 미션이 뭔데 그러냐고 되물었다. 본인은 집이 대대로 목회자 집안인데 제대 후 목사가 될 것이라고 했다. 지금 대학에 다니고 있지만 다시 신학대에 입학해서 목사 안수를 받을 예정이라고 했다. 그가 당시 다니고 있던 대학은 소위 SKY에 속하는 명문 대학이었다. 어떤 소명의식을 가지고 있어서 잠까지 자지 않으면서 공부를 하는지 궁금해져서 휴식 시간에 라면을 먹고 최 병장님한테 물어보았다. 세상을 좀 더 아름답게 하기 위해서 사람들을 선하고 착한 길로 인도하는 것이 자신의 길이라고 했다. 그래서 더 많은 사례와 성경 공부를 통해서 나중에 목사가 되었을 때 감동적인 설교를 하고 싶다고 했다.

나중에 같은 방을 쓰는 일병한테 물어보니 최 병장님은 하루에 1권씩 책을 읽는다고 했다. 깜짝 놀랐다. 군대에서는 시간이 많지 않다. 그 바쁜 생활 속에서도 틈틈이 책을 읽는 최 병장님을 다시 보게 되었다.

이렇듯 주변에서 숨어 있는 많은 인생 스승들을 찾을 수 있다. 우리의 주변에는 책이라는 좋은 스승이 많다. 그 중에서 자신한테 맞는 스승을 고르면 된다. 나도 가정의 위기로 책 읽기가 시작되었으므로 나쁜 생각을 떨쳐버리는 방법에 대한 책을 많이 보게 되었다. 『잠재의식의 힘』을 쓴 조셉 머피라는 작가가 있다. 그는 이렇게 말했다.

"좋은 일을 생각하면 좋은 일이 생긴다. 나쁜 일을 생각하면 나쁜 일이 생긴다. 여러분은 여러분이 하루 종일 생각하고 있는, 바로 그것이다."

내가 이 글귀에 빠져든 이유는 바로 생각하게 만드는 힘이었다. 책은 혼자서는 도저히 생각해 낼 수 없는 다양한 관점의 생각거리를 던져주었다. 부정적인 생각이 사라져야 하는 이유와 힘이 생겼다. 책은 일상의 찌든 생각을 깨끗하게 정화해주고 다양한 간접 경험도 하게 해주어 새로운 세상과 만나게 해준다. 책을 따라 하루를 보내다 보면 가슴 속에는 충만한 기쁨으로 가득 차게 된다. 나도 이 책을 읽으면서 좋지 않은 생각을 밀어내고 부정적인 생각을 하는 시간이 줄어들게 되었다.

책은 우리의 스승이다. 다양한 세상을 보여주고 다름을 알게 해준다. 다른 사람을 인정하는 법을 배우게 하고 생각을 바꾸게 해준다. 내가 모르는 것은 그 분야의 최고에게 배우는 것이 가장 빠른 배움의 지름길이다. 책을 읽는다는 것은 각 분야의 전문가의 수업을 듣는 것이다. 책이 그 지름길로 인도하는 스승인 것이다. 책을 보면 배움의 시간을 가지게 된다.

좋은 책을 본다는 것은 좋은 생각을 하게 만든다는 것이다. 좋은 생각을 하면 할수록 몸은 더 활기차진다. 안 좋은 생각을 하면 몸은 피곤해지고 안 좋은 일만 계속 생긴다. 생각도 습관이다. 좋은 생각만 할 수 있도록 좋은 책을 꾸준히 봐야 한다. 좋은 책을 보면서 마음속에 있는 나쁜 생각들을 없애야 한다. 폴 발레리는 "생각하는 대로 살지 않으면 사는 대로 생각하게 되고 습관처럼 살아가게 된다."고 말했다. 우리는 생각을 해야 한다. 생각을 하기 위해서는 책을 읽어야 한다. 책을 읽고 사색의 시간을 가져야 한다.

책에서 행복을 찾았다

진짜 행복은 무엇일까? 사람들이 인생을 살면서 가장 많이 생각하게 되는 것이 행복이란 말일 것이다. 왜 사느냐고 물으면 대부분 행복하려고 산다고 말을 한다. 인생의 행복에 대해 깨달음을 준 책이 있다. 흔히 인생은 시간 여행이라고 한다. 우리는 과거에 시간 여행 기차를 타서 현재 그 시간 여행 기차에 앉아 미래로 가고 있는 것이다.

미하엘 엔데가 쓴 『모모』는 시간에 대한 유쾌한 통찰을 하게 해주는 책이다. 책이 어렵지 않아 아이들도 많이 보지만 그 내용은 어른들이 새겨들어야 할 내용으로 가득 차 있다. 저자가 들려주는 지혜는 미래에 얻을 수 있다는 '행복'을 얻으려고 지금 내게 소중한 것을 하지 않는 것은 어리석은 일이며, 아직 오지도 않은 미래를 위해 현재의 기쁨을 누리지 못하는 짓을 하지 말라는 것이다. 이 책에도 나와 있듯이 우리는 오직 이 순간만을 살아가는 것일 뿐이다. 모모는 이탈리어로 현재라는 뜻이라고 한다. 현재가 제일 중요하다. 이 책은 오늘에 대해서 다시금 생각하게 해주는 나의 스승이다. 모모에 나오는 정말 마음에 드는 구절이다. 당신도 한번 읽어보라.

나이 든 도로 청소부 배포는 모모에게 이렇게 말했다.

"얘, 모모야. 때론 우리 앞에 아주 긴 도로가 있어. 너무 길어 도저히 해낼 수 없을 것 같아. 이런 생각이 들지."

그러고는 한참 동안 묵묵히 앞만 바라보다가 다시 말했다.

"그러면 서두르게 되지. 그리고 점점 더 빨리 서두르는 거야. 허리를 펴고 앞을 보면 조금도 줄어들지 않은 것 같지. 그러면 더욱 긴장되고 불안한 거야. 나중에는 숨이 탁탁 막혀서 더 이상 비질을 할 수가 없어. 앞에는 여전히 길이 아득하고 말이야. 하지만 그렇게 해서는 안 되는 거야."

그러고는 한참 동안 생각하다가 다시 말을 이었다.

"한꺼번에 도로 전체를 생각해서는 안 돼. 알겠니? 다음에 딛게 될 걸음, 다음에 쉬게 될 호흡, 다음에 하게 될 비질만 생각해야 하는 거야."

그러고는 다시 말을 멈추고 한참 동안 생각을 한 다음 말을 덧붙였다.

"그러면 일을 하는 게 즐겁지. 그게 중요한 거야. 그러면 일을 잘 해낼 수 있어. 그래야 하는 거야."

그러고는 다시 한 번 오랫동안 잠자코 있다가 다시 말했다.

"한 걸음 한 걸음 나가다 보면 어느새 그 긴 길을 다 쓸었다는 것을 깨달게 되지. 어떻게 그렇게 했는지는 모르겠고, 숨이 차지도 않아."

그는 가만히 고개를 끄덕이고는 이렇게 말을 맺었다.

"그게 중요한 거야."

가슴이 뜨거워지지 않는가? 나는 이 구절을 읽고 또 읽었다. 나는 책에서 내 인생 스승을 만난 것이다.

사람은 누구나 현실을 살아야 하고 팍팍한 현실 속에서 도저히 해내지 못할 것 같은 많은 난관들을 마주치게 된다. 그럴 때 불가능하다고 생각하고 지레 겁먹어 포기하는 사람도 많다. 저자인 나도 인생에서 포기한 일이 너무도 많았다. 책은 이런 부족한 나 자신을 깨닫게 해주고 나아가야 할 방향을 제시해 준다. 어려운 책만이 수준 높은 가르침이 있을 것이라고 생각하지 마라. 아이들이 읽는 동화책에서도 우리는 내 인생의 스승을 만날 수 있다. 자신의 마음속에 자신만의 스승을 가지면 신념이 생긴다. 내 마음속의 스승이 옳다고 하면 그 길로 갈 수 있다. 이제 당신도 책에서 당신의 인생 스승을 만나길 바란다.

직장인에게 필요한 책 고르는 법

나와 세상의 교집합 책 찾기

업무 관련 책을 3권 읽어라

사회에 첫발을 내딛는 사회 초년생들은 제일 먼저 회사에 들어오게 되면 무엇부터 배워야 할지 몰라 당황하는 경우가 많다. 나의 경우도 뭔가 열심히는 해야겠는데 무엇부터 해야 하는지도 모르겠고 시키지 않은 일을 했다가 혼이 날 것 같기도 했다. 그러다 보니 일은 많지 않아도 모든 것에 신경을 많이 쓰고 긴장을 많이 하기 때문에 하루하루가 힘들었던 기억이 난다. 지금에 와서 돌이켜보면 별것도 아니라고 생각을 하지만 처음 직장생활을 하는 사람들에게는 예나 지금이나 똑같이 어려울 것이라는 생각이 든다.

회사에 들어오면 무엇부터 배워야 하나 걱정하기에 앞서 내가 회사에서 관심 있는 분야를 먼저 정하는 것이 좋다. 옷을 사려고 백화점을 갔을 때 전부 다 돌아다니는 것보다 내가 좋아하는 브랜드 매장을 둘러보는 것이 마음에 드는 옷을 찾기가 더 쉬운 경우가 많다. 여기 저기 많이 둘러본다고 좋은 옷을 고르는 것은 아니다. 막연히 회사에 있는 모든 매뉴얼을 찾아 공부하기보다는 내가 배워야 할 분야, 내가 관심이 있는 분야로 범위를 좁힐 때 우리는 직장생활에 도움이 되는 책을 선택해서 읽기가 쉽다.

관심 분야를 정할 때는 '나'의 관심사와 '세상'이 필요로 하는 것과의 교집합을 찾아야 한다. 회사 생활을 할 경우에는 회사에서 필요로 하는 분야를 찾는 것이 맞을 것이다. 나와 세상의 관심사가 교집합이 되는 분야를 정해서 책을 읽을 때 나 자신도 성장하게 되고, 회사나 세상에 도움을 줄 수 있다.

나도 입사를 하고 처음에는 뭔가 배워야 하는데 업무매뉴얼이 따로 존재하는 부서도 있는 반면에 없는 부서도 있다. 그것은 자신이 각자 처한 상황에 맞게 행동하면 될 것이다. 내 경우는 그런 것이 따로 존재하지 않아서 처음에는 어깨 너머로 눈치껏 배웠다. 회사에 들어와서 일을 하는 사람들은 모두 잘 알고 있겠지만 대학교에서 배운 것은 사회에 나오면 써먹을 것이 별로 없다. 그래서 어떤 선배들은 이런 핀잔을 주기도 한다. "대학에서 도대체 뭐 배운 거야?" 이런 말을 들으면 그날 기분은 완전 엉망이다. 그래서 이런 핀잔을 받지 않으려고 공부를 해야 한다.

뭐부터 공부를 해야 할지 모르면 일단은 자신의 업무에 관련된 책을 보는 것이 제일 좋다. 나도 내 업무에 대한 이해도가 낮아서 고생을 많이 했다. 사회에 나오면 누가 따로 가르쳐주지 않으므로 본인이 알아서 스스로 공부를 해야 한다. 이게 학교와 사회와의 가장 큰 다른 점인 것 같다. 냉철하고 무섭기까지 하다. 그래도 이 정글과 같은 사회에서 살아남으려면 악착같이 열심히 노력을 해야 한다.

하루는 선배가 점심시간에 같이 밥을 먹으면서 이런 조언을 해주었다.

"우리가 일하는 업무 분야 관련 책 3권만 아무 생각하지 말고 읽어. 그러면 누가 너한테 함부로 말하지 못할 거야."

그날 바로 나는 서점에 가서 내가 일하는 분야에 대한 책을 3권 골라서 집에서 보기 시작했다. 내가 일하는 분야는 다른 업종과는 다르게 매년 새로운 기술이 나오고 그것을 공부해야 업무를 진행할 수 있다. 신기술에 대한 공부를 계속하지 않으면 회사에서 자연스럽게 도태되기 마련이고 그렇게 되면 어느 순간 구조 조정이나 명예퇴직 대상자 명단에 들어가 있다. 지금은 직장생활만 열심히 한다고 해서 은퇴 후 삶과 노후가 보장되는 시대가 아니다. 내가 아무리 똑똑하고 훌륭하다고 생각이 들어도 어느 순간 내 밑에 있는 후배들을 보면 정말 무서울 때가 있다. 배우는 속도도 빠르고 우리 때와는 다른 업무 능력을 가진 경우가 많기 때문이다.

직장생활에서 자기 분야의 책을 3권 정도 정독을 하게 되면 그 일에 대해서 대략 윤곽이 드러나게 되고 이해가 된다. 처음에 첫 번째 책을 읽을 때는 가벼운 마음으로 읽고 다음에는 비교를 해가면서 읽으면 좋다. 마지막 책을 읽을 때는 내가 알고 있는 것을 정리하는 마음으로 책을 읽게 되면 직장생활을 하는 데 큰 도움이 된다.

스키장에서 죽을 뻔하다

중학교 2학년 겨울방학 학생 임원 스키 캠프를 강원도 알프스 스키장으로 갔다. 그런데 그때 나는 스키를 타본 적이 없었다. 같이 가는 친구 2명은 모두 스키를 잘 탄다고 했다. 학교에서 내가 덩치도 크고 운동을 잘한 편이어서 못한다고 말하는 것이 창피했다. 그래서 나도 탄 지 오래 됐지만 가면 금방 탈 수 있을 것 같다고 거짓말을 했다. 남자아이들은 원래 허풍이 좀 센 편이다. 나도 남들한테 지는 것을 너무 싫어해서 거짓말을 하고 말았다.

스키장에 도착하자마자 짐을 풀고 바로 스키장으로 갔는데 2명의 친구들은 바로 제일 높은 슬로프로 갔다. 나는 무서웠지만 아무렇지도 않은 척하고 같이 리프트를 타고 올라갔다. 중간에 간단히 요기를 할 수 있는 카페가 있었는데 거기까지 누가 빨리 오는지 시합을 하자고 했다. 제일 늦게 오는 사람이 음식 값을 모두 내기로 하고 시합을 하였다.

모두들 바로 출발했다. 먼저 가고 있던 친구들은 좌우로 왔다 갔다 하면서 속도를 조절을 하면서 내려가고 있었는데 나는 몸도 제대로 가누지도 못했지만 그냥 쭉 직선으로 활강을 했다. 두 친구들을 제치고 내가 빨리 내려가고 있었다. 문제는 내가 스키를 배운 적이 없어서 어떻게 해야 속도를 줄여 설 수 있는지도 모르고 탄 것이었다.

카페에서 속도를 줄여 서야 하는데 나는 멈추지 못하고 그대로 날아서 카페 벽에 부딪혔다. 스키 플레이트는 바인딩에서 풀려 다른 곳으로 날아가고 얼굴과 몸은 그대로 벽에 부딪힌 후 쓰러졌다. 너무 큰 소리가 나서 안에 있던 사람들이 나와서 사람이 죽은 것 아니냐고 웅성거렸다. 긴급히 연락해서 스키장 안전요원이 들것을 가지고 왔다. 그런데 아픈 것도 아픈 것이지만 너무 창피해서 나는 아프다는 말은 못 하고 괜찮다고만 했다. 나중에 친구들과 같이 어묵과 떡볶이를 먹으면서 계속 웃고 있었다.

스키 캠프에 갔다 온 후에는 스키에 관한 책과 비디오를 구해서 보기 시작했다. 그냥 배우는 것이랑 정식으로 하나씩 하나씩 전문가가 자세히 쓴 책을 보니 실력이 금세 늘었다. 책은 내가 세상에서 필요로 하는 것에 대해서 모든 것이 다 있다. 정말 이런 책이 있었나 싶을 정도로 다양한 분야에 걸쳐 많은 책들이 존재한다. 우리는 처음부터 모든 것을 다 잘하려고 하는 잘못된 습관이 있다. 이것을 고치기 위해서는 나와 세상의 교집합이 무엇인지 곰곰이 생각해보고 그것에 대한 책을 우선 보면 된다.

조선시대 선비들은 과거에 합격하기 위해서 책을 보았다. 세상의 지식을 담는 그릇인 책이 부족했던 그 시절에는 책을 필사하여 읽을 정도로 책이 귀했고 또한 귀한 만큼 철저히 학습을 위한 독서를 했었다. 오늘날 많은 직장인들도 끊임없이 자기계발을 하도록 요구받는다.

피터 드러커는 "새로운 조직사회에서 어떤 한 분야의 전문지식을 가지고 있는 지식인은 4년 내지 5년마다 '새로운' 지식을 습득해야 한다. 그렇지 않으면 소유하고 있는 지식이 모두 진부한 것이 되어버려서 시대에 뒤떨어진 사람이 되고 만다."고 했다.

현대의 지식근로자는 업무 능력 향상을 위해서 책을 읽어야 한다. 회사에서 필요로 하는 지식은 계속 업데이트 되고 있다. 그리고 회사에 들어오면 자기가 전공한 학과와는 전혀 다른 부서에 근무하는 경우도 많기 때문에 끊임없이 자기가 일하고 있는 소속 부서에서 필요로 하는 공부를 해야 한다. 휴렛팩커드의 전 CEO 칼리 피오리나는 대학에서 역사를 전공했고, 경영학의 구루(힌두교·시크교의 스승이나 지도자, 전문가, 권위자) 톰 피터스는 토목공학 전공자였지만 현장에서 익힌 경험과 경영학 이론을 자기가 스스로 학습하고 공부하여 자신만의 경영철학으로 만들었다.

나는 회사에 입사 후 처음에는 고객접점 부서에서 근무를 하다가 마케팅 관련 일을 해보는 것이 어떻겠냐고 제안을 받은 후에 팀을 옮겼다. 마케팅 부서에 왔는데 이 분야에 대해서 전혀 아는 바가 없어서 처음에는 회사 선배를 졸졸 따라 다니고 운전만 해주는 정도로 일을 하다가 나중에는 내가 존재감이 없는 것 같은 생각이 들어 서점에 가서 마케팅의 정석, 기초 이런 처음 마케팅을 접하는 사람들을 위한 책을 보았다. 그 책을 읽은 후로 나는 회사를 대표해서 고객사를 방문하는 것이므로 내가 입고 다니는 옷과 신발 그리고 외모, 머리 스타일 등등 새롭게 내가 해야 할 일들을 알게 되었다. 만약 내가 마케팅팀에 배치를 받고 관련 서적을 찾아서 보지 않았더라면 그 팀에 적응을 하지 못했을 것이다.

이렇듯 많은 직장인들은 자기가 원하는 부서에서만 근무할 수 있는 것은 아니다. 직장을 그만둘 생각이 아니라면 우리는 다음과 같은 선택을 하는 것이 최선이 될 것이다. 우선 나 자신과 세상의 교집합의 책을 찾아 읽어라. 그러면 자신의 위치에서 필요로 하는 정보를 얻게 될 것이고 그 분야의 전문가로 발돋움할 것이다. 빛나는 미래를 위한 직장인의 첫 번째 책 고르는 법은 나와 세상의 교집합 책을 찾는 것이다.

내 수준에 맞는 책이 좋은 책이다

내 수준에 맞는 책을 보자

책 읽기를 시작한 사람들이 제일 처음에 하는 고민이 바로 이것이다. 어떤 책부터 읽어야 하나? 이런 고민을 한다. 현대는 인쇄 기술의 발달로 인해 하루에도 수만 권의 책들이 쏟아져 나오고 있다. 정말 다양한 책들이 있고 책마다 난이도도 각기 다르다. 책의 난이도에 따라 만족할 수도 있고 이해를 하지 못해 만족하지 못할 수도 있다.

책을 읽을 때 독자들은 자기 수준에 맞는 책을 고르는 것이 가장 좋다. 책의 서문에는 저자가 어떤 의도로 책을 썼고 어떤 대상을 상대로 책을 썼

느지가 명시되어 있다. 그리고 책을 사기 전에 서점에 가서 직접 내용을 좀 보면서 자신의 수준에 맞는 책인지를 확인해보는 것도 좋은 방법이다.

새로운 분야에 대한 정보를 얻기 위해 책을 읽는 경우는 입문자의 경우는 어려운 책보다는 최대한 입문자의 눈높이에서 쓴 책이 가장 좋은 책이다. 아무리 좋은 책이라도 내가 하나도 이해를 하지 못하면 책을 읽어도 아무 소용이 없다. 특히 업무 관련 전문지식에 관한 책을 고를 경우에는 해당 분야에 대한 배경지식이 부족할 수 있는데 관련 용어에 대한 설명이 충실한 경우가 제일 좋다. 만약 관련 용어에 대한 설명이 부실한 책일 경우에는 그 책을 읽는 것보다는 관련 용어에 대한 설명이 충분히 나와 있는 책, 즉 더 쉬운 책을 선택해야 한다. 그에 반해 어떤 책의 경우는 내가 이미 알고 있는 내용에 대한 부연설명이 너무 길어, 읽어도 내가 새로 배우는 느낌이 들지 않는 책이면 지루하게 느껴질 수도 있다. 나에게 맞는 좋은 책을 만나는 것도 큰 행운이다.

기초과학 책의 경우는 어려운 이론이나 지식을 전하기 때문에 상당히 읽기가 어렵다. 그리고 일반인들이 익숙하지 않은 공식들이 많이 나오는데 그것에 대한 단순한 표기보다는 왜 그런 공식이 나오게 되었는지에 대한 충분한 설명이 많은 책이 좋다. 개념을 쉽게 설명하려면 조금 까다로운 내용은 생략하더라도 전체적인 이해를 위한 상세한 설명이 중요하다. 경우에 따라서는 그림을 넣어서 이해를 높이는 방법도 좋은 방법이다.

최근에는 교과서에 있는 내용들을 보다 쉽게 풀어쓴 과학 책들이 많이 나오는데 과학 전문서적을 어려워하는 많은 독자들에게는 정말 좋은 선택이 될 수 있다. 어렵다고 생각되는 과학 서적을 쉽게 쓴 책을 통해서 지식의 확장을 느끼게 해주는 책들이 정말 고맙다. 어려우면 사람들은 외면하는 경향이 강하다. 아무리 지적 욕구가 강하더라도 그 사람의 수준에 맞지 않으면 그 사람은 포기하게 될 확률이 매우 높다.

학창 시절 나의 영어 공부를 예로 들어보겠다. 나는 영어에 관심이 많은 편이어서 흥미를 가지고 꾸준히 공부한 편이다. 고등학교 시절에 제일 많이 보는 영어 참고서는 『성문종합영어』라는 책이었다. 너도 나도 다들 그 책으로 영어를 했기 때문에 다들 큰 고민 없이 그 책을 샀다. 아니 정확히 말하면 다른 사람들이 사니깐 나도 샀다고 표현하는 것이 맞을 것 같다. 그런데 책의 내용이 약간 어렵게 기술되어 있어 나는 잘 이해가 되지 않았다. 학원 선생님도, 과외 선생님도 이 책으로 가르쳐주었는데 나는 어렵게 느껴져 같은 반 친구한테 물어보았다. 무슨 영어 참고서로 공부를 하는지 물어 보았다. 그 친구는 『맨투맨 기본영어』라는 책으로 공부를 한다고 했다. 나도 서점에 가서 책을 보았는데 내 수준에 맞게 쉽게 쓰여 있어 그 책으로 공부를 하니 더 빨리 영어 실력이 늘었다.

만약 그때 단지 남들이 한다는 이유로 나도 『성문종합영어』로 처음부터 시작을 했으면 나의 영어 실력은 많이 늘지 않고 포기했을지 모른다. 옷도 내게 맞는 옷을 입어야 보기에 좋듯이 공부도 내게 맞는 내용과 분량으로 난이도를 잘 결정하는 것이 좋은 결과를 위한 필수적인 일이다. 이때 나 자신에게 초점을 잘 맞추면 어렵지 않지만, 남에게 초점을 맞추면 문제가 발생하기 시작한다. 더 어려운 책을 봐야 공부를 잘할 것 같은 생각이 든다. 나도 처음에는 어려운 책을 보면 더 공부를 잘할 줄 알았는데 오히려 그게 더 시간 낭비였다.

중요한 것은 내게 필요한 내용이나, 내가 소화할 수 있는 분량과 난이도를 판단하는 것은 책을 선정할 때 필수적이다. 아무리 좋은 책이더라도 이해하지 못하거나 너무 분량이 많아서 감당할 수 없거나 나의 현재 실력으로는 접근하기 어렵고 불필요한 책을 단지 다른 사람들이 본다는 이유로 선택하는 것은 현명하지 못하다.

책을 많이 읽은 사람은 이런 면에서 유리한 고지를 점령하고 있다. 어떤 책이라도 소화가 가능한 상태가 되어 있으니 말이다. 그렇다면 책 읽기가 습관이 되지 않은 사람들의 경우는 내 수준에 있는 사람들이 가장 많이 보는 책을 골라서 본다는 원칙에 충실하면 될 것이다. 책에 대한 취향과 수준은 사람마다 각기 다른데, 책 읽기에 대한 잘못된 사고방식을 가지면 다른 사람들의 추천해주는 책을 아무 생각 없이 획일적으로 읽으면 금세 흥미를 잃어버리기 쉽다.

만화책은 글 양도 적고 호흡도 짧아서 독서 습관 형성에 부정적으로 보는 많은 전문가들도 있다. 하지만 나는 책을 싫어하는 사람들은 만화책도 읽지 않는다고 생각한다. 만화책이 나쁘다고 판단하는 것이 일부 사람들의 선입견이다.

나의 경우도 처음에 책의 재미에 빠지게 만든 것은 아주 쉬운 책이었다. 초등학교 3학년 때 편도선 수술로 인해서 일주일간 입원을 했던 적이 있었는데, 아무것도 못 하고 병원에만 있었다. 침대에만 누워 있으니 갑갑하고 심심했다. 그래서 병원 안에 있는 도서관으로 갔다. 거기서 눈에 띄는 책이 있었는데 그 책이 바로 『탈무드』였다. 알기 쉽게 쓰여 있지만 그 안에 담고 있는 인생의 지혜는 심오하여 바로 책의 매력에 빠져들게 한 책이었다. 책이 쉽게 쓰여 있어 금방 금방 읽혔다. 책의 내용이 삶의 지혜를 담은 책이라 모두 유익한 내용이어서 책을 읽으면서 내적 성장이 이루어지는 느낌을 받았다.

나만 어려운가?

한때 우리나라에 정의롭고 공명정대한 사회 구현에 대한 국민들의 열망이 커져 마이클 샌델이 쓴 『정의란 무엇인가』란 책이 베스트셀러가 된 적이 있다. 책의 표지에 보면 대한민국의 정의에 대해 다시 생각해보는 세계적 베스트셀러라고 쓰여 있어 더욱 궁금증을 자아내게 하는 책이었다. 사실 그 책은 저자의 자국인 미국에서 많이 판매가 되었지만, 그 외의 나라들에서는 번역만 되었을 뿐 그렇게 잘 팔리지 않는 책이었다. 그런데 유독 우리나라에서만큼은 출판된 당시의 사회적 상황이 사회에 대한 불만과 불공정에 대한 분노가 끓어 넘쳤던 시기였기 때문에 100만 부라는 권수를 돌파하면서 베스트셀러가 되었다.

나도 책을 사서 보기 시작했는데 정의에 대한 동양과 서양에 대한 다양한 사례가 광범위하게 나와 있고, 철학에 대한 심오한 내용이 많아 나는 이 책을 처음에 볼 때는 책을 펼쳐 보기 시작하면 불과 1시간도 되지 않아 잠든 경우가 너무도 많았다. 아무리 좋은 책이라도 나의 수준이 책을 쓴 저자의 수준에 맞지 않으면 그 책은 아무 쓸모가 없는 것이다.

『정의란 무엇인가』를 처음 읽었을 때 나한테는 베개와 다름없었다. 이 책은 참 어렵다. 어느 도서관이나 서점에 가도 항상 베스트셀러 1위에 놓여 있었던 책, 그래서 '누구나 꼭 읽어야 하나?' 그런 생각이 드는 책이었다. 그런데 책을 읽기 시작하면 A를 이해할 즈음 B가 나타나고 B를 읽다 보면 B가 맞고 A가 틀리게 느껴진다. 또 도덕적 딜레마를 느끼게 하는 부분에 도달하게 되면 '진정 어떤 것이 정의일까?'라는 생각이 든다. 철학적인 질문을 끊임없이 하게 하므로 집중을 계속해서 책을 읽지 않으면 다시 전 페이지로 가서 다시 읽기를 반복해야 하는 책이다.

이 책을 읽으면 다양한 사례를 통해서 정답은 아니더라도 문제의 본질을 다각도에서 바라보게 하는 시각의 확장, 다양한 가치관을 가지게 해주는 것은 분명 맞다. 그러나 이 책에 대해 나처럼 어렵다고 느끼는 사람이 많을 것이다. 그런 사람들은 『10대를 위한 정의란 무엇인가』를 한 번 읽어보고 다시 보게 된다면 훨씬 더 쉬운 느낌으로 책이 다가올 것이다.

좋은 책이란 무엇일까? 물론 이것에 대한 질문을 하면 여러 가지 답이 나올 것이다. 각자 생각하는 것 역시 다 다르기 때문이다. 책 읽는 것은 단순히 글자를 읽는 행위가 아니다. 끊임없이 생각하고 정리하면서 내게 필요한 지식과 지혜를 내 머릿속에 저장하는 활동이다. 같은 책을 읽어도 느끼는 점은 사람마다 다르다. 느끼는 점이 사람마다 다른 이유는 각자의 배경 지식과 이해력이 각기 다르기 때문이다. 그러므로 우리는 본인이 읽고 싶은 책이 무엇인지, 무엇에 대해서 알고 싶은지, 어떤 목적으로 읽는지, 내가 아는 수준이 어느 정도인지를 파악하고 나에게 맞는 책을 골라야 한다. 내 수준에 맞는 책이 바로 좋은 책이다.

가장 위대한 스승

"1차 세계대전 뒤 처칠이 전쟁을 승리로 이끌어 영웅이 되자, 런던의 한 신문사에서 처칠을 가르쳤던 교수들을 취재하여 '위인을 만든 스승들'이란 제목으로 보도해 큰 화제를 불러 일으켰다. 그러나 이 기사를 본 처칠은 신문사에 다음과 같은 편지를 보냈다. '귀 신문의 보도에서 가장 중요한 스승 한 분이 빠졌습니다. 그 분은 바로 나의 어머니입니다.' 부모와 자식은 피로 맺어진 관계이다. 부모님은 나에게 피 흘려주신 분이다. 생을 마치기까지 사랑하는 분이다. 부모님은 세상에서 가장 위대한 스승이다. 책무관입니다." — 신달자, 『어머니 그 삐뚤삐뚤한 글씨』, 문학수첩

나의 어머니는 무한한 희생을 하신 분이다. 어느 어머니든 다 똑같이 소중한 존재임에는 분명하나 나의 어머니는 나에게 정말 특별하신 분이다. 나 같은 사고뭉치를 키우는 일은 보통 사람이 아니고서는 정말 힘든 일이다. 나도 부모가 되어 자식을 키워보니 부모 노릇을 하는 것이 보통 일이 아니다. 어머니의 희생하는 모습을 나는 백 분의 일도 못 따라가는 것 같다. 대단한 인내심을 가지신 분이다.

많은 방황의 순간 속에서도 나는 엄마를 잊지 못했다. 매번 나에게 미안하다고 말씀을 하시는데 뭐가 미안하다고 하시는 건지 이해가 되지 않았다. 이제는 알 것 같다. 나도 내 자식한테 항상 미안한 마음이 너무도 많이 든다. 아무리 훌륭한 위인도 그 위인이 있기까지는 위대한 어머니가 있었기 때문에 가능한 것이리라.

모든 분야보다 관심 분야에 집중하라

연극영화과에 지원하다

"열 가지 재주를 가진 사람은 굶어 죽는다."

예전에 내가 부모님한테 많이 들었던 속담이다. 특별한 재능은 없고 이 것저것 기웃거리는 사람을 빗대어 한 속담이다. 사람이 성공하지 못하는 이유 중 하나가 무엇을 시작했다가 힘든 일이 생기면 중도에 포기하고 다 른 것을 하기 때문이다. 한 가지 일에 최선을 다하는 것은 성공하기 위한 제일 좋은 방법이다.

나는 대학에 가기 전에 진로를 결정하지 못해서 많이 방황을 했다. 좋은 대학에 가고 싶었으나 점수가 되지 않았다. 그래서 수능 점수보다는 실기 점수가 많이 반영되는 예체능 쪽, 그 중 체대에 가려고 준비를 했다.

처음에는 수영으로 대학을 가려고 여기저기 알아보고 기웃거렸다. 그런데 생각보다 수영을 하는 사람이 많아서 안 될 것 같아 다른 종목을 찾아보았다. 스키로 대학을 가려고 준비를 했다. 나중에 알아보니 특별전형으로 입학이 되는 경우가 있는데 국내외 입상 실적이 있어야 가능하다고 했다. 나는 고등학교 3학년에 갑자기 준비를 해서 입시를 준비해서 입상 실적이 없어 이것도 안 되었다.

결국은 나중에 연극영화과 준비를 하고 시험을 보았다. 연극영화과 응시하는 사람들은 보통 학교에서 연극반이나 방송반 같은 활동을 하면서 준비하는 학생들이다. 그런데 나는 갑자기 아무런 준비도 없이 연극영화과 실기시험이 팬터마임이 정해진 것을 알고 팬터마임에 관한 책을 2권 읽고 단 며칠 연습하고 시험을 보았다. 물론 수능시험 점수는 제일 상위권으로 점수는 좋았으나 실기 점수가 형편없이 낮아서 결국은 시험에 합격하지 못했다. 지금 생각해보면 아무런 생각도 없이 여기저기 기웃거리다가 아무것도 이루지 못하고 허송세월을 보낸 것이다.

가장 현명한 방법은 한 가지 일에 최선을 다하는 것이다. 무엇을 하든 내가 관심 있고 잘하는 것에 집중을 하는 현명함을 갖춰야 한다. 어렵다고 쉽게 포지하지 말아야 한다. 우리에게는 꼭 한 가지 이상의 재주가 있다고 한다. '굼벵이도 구르는 재주가 있다.'라는 말이 있다. 이 말은 누구든 한 가지는 타고난 재주가 있다는 것이다. 타고난 재주를 먼저 발견하고 그것을 공부해야 한다.

어떤 사람은 공부를 잘한다든가, 손재주가 있다든가, 노래를 잘한다든가, 운동을 잘한다든가 각자 재능이 다 있다. 그것을 열심히 해서 잘 계발하면 누구나 멋진 재능을 가진 사람이 될 것이다.

당신은 지금 어떤 이야기에 가장 관심이 있는가? 관심이 있다는 것은 우리가 욕망을 강하게 자극받는다는 것을 뜻한다. 관심 분야를 통해 나를 자세히 들여다보고, 내가 진정으로 원하는 게 무엇인지, 어떻게 살아야 할지도 알게 된다. 또 나한테 힘든 것이 무엇인지 그리고 그 원인도 파악이 가능하다. 그래서 힘들어했던 나의 고통도 치유가 가능하다. 나의 내면에 더욱 충실해질 수 있고, 결국 나만의 가치관과 삶의 철학이 단단해질 수 있다.

만약 당신이 부자가 되는 것에 관심이 많으면 당장 재테크 관련 책을 먼저 읽어라. 로또에 당첨되려면 제일 먼저 해야 하는 일은 로또를 사는 일인 것처럼 말이다. 돈을 벌고 싶으면 돈을 벌 수 있는 재테크에 관한 책을 먼저 보면 된다. 부동산 관련 재테크 책을 보고 싶으면 일단 부동산 관련 서적을 많이 읽어야 한다. 뭐든 데이터와 경험이 가장 중요한데, 데이터

부분은 인터넷으로 검색을 통해서도 알 수 있는 것이고 경험은 내가 발로 뛰어다니면서 겪어봐야 하는 것이지만 직장인들은 현실적으로 시간이 많이 부족한 것이 사실이므로 되도록 관련 분야의 책을 많이 읽는 것이 도움이 된다. 책을 통해 고수들의 생각과 경험을 습득한다고 생각하면 된다. 그러다 보면 언젠가 기회를 보는 눈이 생기고 실제로 투자로 이어져서 부자가 될 수 있다.

무슨 일이든 정보가 중요하다. 그러기 위해서는 공부가 빠질 수 없다. 같은 사물에 대해 가지고 있는 정보의 양이 다르면 당연히 해당 분야의 정보가 많은 쪽이 유리한 위치에 서게 될 것이다. 공부를 하려면 시간이 필요하고 그러려면 일상 속에서 불필요한 시간을 줄여야만 하고, 관심 분야에 집중해서 공부를 해야 한다. 모든 분야에 걸쳐 다 보려 하면 아무것도 얻을 수 없다. 어느 분야나 성공하기 위해서는 선택과 집중이 필요한 것처럼 책 읽기도 선택과 집중이 필요하다.

자존감 회복을 위해 심리학책을 보다

나는 30대까지 정말 낮은 자존감을 올리기 위해서 노력을 많이 했다. 왜 이렇게 나의 자존감이 낮은지 궁금했다. 그래서 나는 그 당시 나한테 제일 필요로 했던 심리학책을 보기 시작했다. 내가 부족하다고 느끼고 내가 알고 싶은 분야다 보니 책 읽기가 부담스러운 것이 아니라 시간이 날 때마다 잠깐씩이라도 책을 보게 되었다.

예전과 달리 지금은 SNS가 활성화되어서 젊은 사람이든, 나이든 사람이든 적극적으로 개인의 행복, 재력, 외모, 사회적 성공 등을 쉽게 접할 수 있다. 그런 시대에 살다 보니 대부분 다른 사람들의 시선을 갈망한다. 그러다 다른 사람들의 관심이 멀어지면 자존감도 떨어지는 경우도 있다. 그래서 더 자극적인 사진을 게시하여 자신의 존재를 알리고자 하는 사람이 있다. 그러나 나의 경우는 그 어떤 SNS도 하지 않았다. 국민 어플이라고 하는 카카오톡도 쓰지 않았다. 다른 사람들의 시선이 부담스러웠다. 나의 삶이 실패한 삶이라고 생각해 외부와 접속하는 것 자체를 싫어했다.

그 당시 나는 나의 낮은 자존감 회복을 위해서 우선 나 자신을 먼저 잘 이해하는 것이 먼저라고 생각하여 심리학 책을 집중적으로 많이 읽었다. 자존감이 낮은 이유에 대해서 잘 기술되어 있는 책들이 많아서 많은 도움이 되었다. 『서른 전에 한 번쯤은 심리학에 미쳐라』란 책을 보았는데 어려운 학술적 언어보다는 이해하기 쉽게 쓰여 있어서 더욱 이해도가 높았다. 그중 가장 마음에 드는 문구는 "자존심을 지키는 가장 단순한 방법은 '분노' 대신 '분발'하는 것이다."였다.

나는 자존심을 지키기 위해 사회에 분노했고 적의까지 가지고 있었다. 쓸데없는 감정 낭비로 사회적 물의만 일으키고 있었던 것이다. 감정 낭비하는 대신 매일매일 열심히 분발을 하면서 사는 것이 나의 자존심을 지키는 가장 쉽고 단순한 방법이었던 것이다. 나는 그동안 18번이나 직업을 바꾸며 살아왔다. 재주가 많아서 그런 것이 아니라 모자라고 어리석고 끈기가 없었기 때문이다.

그렇게 한 군데 뿌리를 내리지 못해 방황하고 있을 때 힘을 준 것은 심리학 책이었다. 나 자신을 내가 이해할 수 없어서 보기 시작한 심리학 책이 나를 붙잡아주었고 수십 권의 심리학 책을 읽는 동안 좀 더 성숙한 인간관계도 배우게 되었다. 지금의 나를 만들어준 것은 심리학 책이었다고 감히 말할 수도 있다. 나 자신을 알게 되고 인간의 내면의 모습을 알게 되면서 배려하는 마음도 커지고 직업적으로도 안정되었다.

예전에 하던 육체적 노동들도 기계들이 대신하게 되고 인터넷의 발달로 인한 정보의 홍수 속에서 우리는 몸보다 머리가 힘든 일이 많다. 이러다 보니 취업난 등이 사회적 문제가 되었다. 그래서 우스갯소리로 결혼, 직장, 연애를 포기하는 세대를 삼포세대라고 부른다. 이처럼 사는 게 각박해지면서 정신질환과 우울증도 많아졌다. 이런 많은 문제를 해결하기 위해서는 확고한 자아의 인식이 필요하다. 심리학 책을 읽으면서 내면 세계에 대한 생각을 정리하고 자신의 가치관을 확립하게 되면 현대 사회에 우리를 위협하는 우울증으로부터 탈출할 수 있게 된다.

책 읽기의 중요성을 알면서도 무슨 책을 어떻게 읽어야 할지 모르겠다는 이들이 많다. 관심 있는 분야의 책을 통해 독서에 흥미를 유발하는 것이 무엇보다도 중요하다. 한 가지 관심 분야의 책을 읽다 보면 다른 분야로 자연스럽게 이어진다. 그리고 관심 분야의 책을 많이 읽으면 관심 분야에 대한 깊이를 더할 수 있다.

첫 만남이 좋아야 다음도 있는 것이다. 누구를 만나느냐에 따라 인생도 바뀐다. 이처럼 어떤 책을 만나느냐에 따라 인생의 방향도 바뀐다. 일단 자신의 관심 분야의 책부터 읽어라. 관심 분야 책을 바탕으로 계속 책을 읽다 보면 내 인생 운명의 책을 만날 수 있다.

32명의 노벨상 수상자를 배출한 명문 대학이 있다. 그 대학은 미국에 있는 캘리포니아대학이다. 120년의 역사지만 명문 대학이 된 건 오래되지 않았다. 이 대학이 명문 대학이 될 수 있었던 이유는 독특한 학사 과정에서 찾을 수 있다고 한다. 입학 첫 해 학생들은 의무적으로 학교에서 정한 인문철학서 100권을 읽고 토론해야 한다. 전공을 정하기 전 인문철학 공부를 통해 자신을 찾고 더 나아가 자신에게 적합한 진로를 찾도록 돕게 한다. 인문철학은 세상을 배우고 역사를 배우는 과정이다. 이는 창조적 사고를 할 수 있는 기초가 된다. 이러한 기초적인 공부가 지금의 캘리포니아대학을 명문대로 발돋움하게 한 이유이다.

지금 우리에게 정말 필요한 공부는 캘리포니아대학의 교과 과정인 인문철학서 100권의 탐구를 통해 나를 찾아가는 공부다. 관심 분야는 개개인마다 다르다. 자신의 존재 이유, 삶의 이유 등 삶의 어려움이 있으면 캘리포니아대학의 경우처럼 인문철학서부터 읽어도 좋다. 나의 관심 분야가 무엇인지 진지하게 고민을 한 후에 그 분야 책을 보라. 무언가 배우려고 마음을 먹게 되면 호기심이 생기고 관심이 생긴다. 관심이 생기면 그 관심 분야 책을 읽으면 재미를 느끼게 된다. 흥미를 가지게 되면 그 분야에 재능을 발견할 수도 있다.

서문과 목차를 읽어봐라

직장인들은 모두 바쁘다

자, 여기 당신 앞에 사과가 두 개 있다. 하나는 맛있는 사과이고 하나는 벌레 먹은 사과이다. 당신이라면 어느 사과를 먹을 것인가? 다들 맛있는 사과를 먹을 것이라고 대답할 것이다. 그러면 좋은 사과를 먹기 위해서 우리가 해야 할 행동은 무엇인가? 그것은 사과를 이리저리 둘러보고 상한 곳은 없는지 벌레 먹은 곳은 없는지 둘러보아야 한다. 이렇게 둘러보는 행위가 책 읽기에서는 서문과 목차를 읽어보는 것이다.

서문을 보면 그 책이 어떤 분야의 책인지, 무엇을 목적으로 썼는지, 그리고 주제에 대한 저자의 관점이 무엇인지도 알 수 있다. 동시에 목차를 보면 책의 구조를 쉽게 알 수 있다. 배를 타고 목적지를 향해 가는 데 꼭 필요한 나침반이라고 보면 된다. 나침반이 없으면 그 배는 항해를 할 수가 없다. 어디로 가야 하는지 모르기 때문이다. 그 정도로 중요한데 대부분의 사람들은 목차를 아예 들여다보지 않는다.

독자들은 목차의 중요성을 간과하지만 책을 쓰는 저자들은 목차 작성에 엄청난 심혈을 기울인다. 이런 노력을 왜 하는지 독자들이 모른다는 것이 정말 안타깝다. 목차만 잘 살펴보면 내가 필요로 하는 책인지 아닌지를 바로 판단할 수 있다. 만약 내가 목차를 읽지 않고 책을 다 읽은 다음에 나한테 필요 없다는 것을 알게 되었다면 얼마나 허망할까? 목차는 책에서 이야기하려는 것이 무엇인지를 나타내는 것이다.

현대인들은 항상 시간 부족 속에 살고 있다. 시간이 많은 사람이라면 책을 다 읽어도 된다. 그러나 대부분의 직장인들은 빠듯한 시간 속에서 열심히 생활하면서 살아가고 있다. 시간은 가장 소중한 재산이다. 시간은 돈으로도 살 수 없는 귀한 재산이다. 그래서 우리는 시간을 잘 경영해야 성공할 수 있다. 나는 책 읽기를 배운 적이 없었다. 책 읽는 방법을 스스로 독학했다. 가르쳐주는 사람이 없었으므로 내가 스스로 깨우쳤다고 하는 것이 맞을 것이다.

나도 처음에는 무조건 첫 페이지부터 끝까지 읽었다. 그리고 그렇게 읽는 것이 옳은 것이라고 생각했다. 왜 그런 생각에 빠지게 된 것일까? 그것은 우리가 학창 시절에 항상 3월에 개학을 하면 맨 첫 페이지부터 시작하는 학습을 평생 동안 해온 습관이 몸에 배었기 때문이란 생각이 든다. 어느 누구도 중간서부터 아니면 맨 뒤에서부터 공부한 적은 없었다. 무의식적으로 우리는 이렇게 세뇌당했다고 표현하는 게 맞을지도 모르겠다.

교과서의 경우는 처음부터 읽지 않고 중간이나 뒷부분부터 보면 이해가 되지 않는 경우가 많아서 처음부터 책을 읽는 게 맞다. 특히 원리나 공식을 주로 다루는 수학이나 과학의 경우는 처음부터 읽지 않으면 이해가 절대로 되지 않는다. 처음 기초지식과 원리를 이해를 해야만 응용이 가능한 학문이므로 그 과목들은 꼭 처음부터 순서대로 끝까지 읽고 학습하는 것이 맞다고 생각한다.

책 읽기의 목적은 내가 원하는 것을 얻는 데 있다. 교과서는 처음부터 봐야 다음 장을 순차적으로 이해할 수 있다. 하지만 책은 내가 필요로 하는 부분부터 읽어도 된다. 목차만 보아도 어떻게 책이 구성이 되어 있는지, 어떤 내용일지 대충 가늠이 된다. 그래서 내가 필요한 장이나 소제목을 보고 읽고 싶은 부분부터 읽으면 된다. 1장을 읽지 않았다고 2장이 이해가 되지 않는 것이 아니다. 내가 필요한 부분만 읽어도 된다. 3장만 읽어도 되고 2장, 4장만 읽어도 된다. 아무런 상관이 없다.

그런데 참 습관이 무섭다. 나는 지금도 가끔 목차를 보는 것이 아니라 책을 처음부터 읽고 있는 나 자신을 보고 깜짝 놀랄 때가 있다. 그러면 퍼

뜩 정신을 차리고 다시 목차를 보고 내가 필요한 부분을 본다. 잘 고쳐지지 않는다. 우리는 초등학교 6년, 중학교 3년, 고등학교 3년, 대학교 4년 도합 16년 정도를 책의 맨 앞 페이지부터 보는 것에 길들여졌다. 하루아침에 고치기는 힘들지만 서문과 목차를 보고 책을 읽는 방법을 꼭 새롭게 습관을 들여야 한다. 시간을 아끼기 위해서는 정말 중요한 방법이다.

고등학교 3학년 때 나의 짝꿍은 이과 전교1등이었다. 1등을 한 번도 놓친 적이 없는 우등생이었다. 나는 그 친구가 부럽기도 하고 이런 친구가 내 짝꿍이라는 것이 자랑스럽기도 했다. 사실 그 친구와 내가 짝꿍이 된 것은 키가 비슷하다는 이유였다. 그 친구가 나보다 1cm 더 커서 나보다 뒤에 섰고 그래서 우리는 짝꿍이 되었다.

공부를 잘하는 짝꿍이 있으면 좋은 점이 있다. 중간고사나 기말고사 시험을 볼 때 내 짝꿍한테 부탁을 해서 팔로 시험지를 너무 가리지 말고 편안하게 시험을 보라고 하면, 재수가 좋으면 몇 개 문제를 몰래 보고 베껴서 점수를 올릴 수 있다. 그렇다고 내가 매번 그랬다는 것은 아니지만 그래도 가끔 시험을 볼 때 도움을 받은 것은 사실이다. 그리고 숙제를 항상 까먹지 않고 잘 해오니 그 친구 숙제를 보고 똑같이 제출하면 무서운 선생님들의 체벌을 피할 수 있어서 좋았다.

매번 시험을 보면 전교에서 1등을 하는 것이 너무 신기해서 나는 그 친구한테 물어봤다.

"어떻게 하면 전교 1등 할 수 있어?"

그 친구의 대답은 너무 싱거웠다.

"그냥 수업시간에 집중해서 듣고 선생님이 중요하다고 말씀하신 부분은 반복해서 공부하면 돼."

너무 당연한 얘기지만 맞는 말이었다. 지금에 와서 생각을 해보면 그 친구는 선생님이 중요하다고 강조하신 부분을 제일 먼저 그리고 제일 중점적으로 공부를 했었던 것이었다.

그리고 이 친구에 대한 얘기를 조금 더 하면 체육시간에 수업을 들으려면 운동복으로 갈아입어야 하는데 이 친구가 옷을 갈아입는 것을 보고 정말 깜짝 놀랐다. 보통 사춘기를 지나면서 남자나 여자나 갑자기 키가 크는 시기가 오기 마련인데 그 시기에 살이 늘어나 트는 경우가 대부분이다. 그래서 남자들은 보통 무릎 윗부분이나 엉덩이 부분의 살이 트기 마련인데 이 친구는 등의 살이 튼 것이다. 정말 충격 그 자체였다. 키 크는 시기에 공부만 했다고 보는 것이 맞다.

모든 것이 다 중요한 것은 아니다

이처럼 모든 상황에는 덜 중요한 것이 있는 반면에 더 중요한 것도 있는 것이다. 모든 것이 다 똑같은 가중치를 지니지는 않는다. 책도 마찬가지다. 처음부터 읽지 말고 목차를 펴서 한번 쭉 읽어보고 내가 필요한 부분부터 보면 된다. 잘 모르겠으면 느낌이 가는 곳부터 읽으면 된다. 왜 이렇게 읽어야 되는지는 앞에서 말했다시피 우리에겐 시간이 많지 않기 때문이다. 태어나 죽을 때까지 유한한 시간을 가졌기 때문에 시간을 정말 아껴야 한다.

매일 셀 수 없을 정도로 많은 책들이 쏟아져 나오고 있다. 만약 처음부터 끝까지 읽는 독서법으로 책을 읽는다면 한계가 발생하게 되는 것이다. 특히 직장인들의 경우는 시간이 정말 부족하다. 아침에 일어나 씻고 밥을 허겁지겁 먹고 회사에 가면 직장 상사들의 눈치와 압박에 모니터를 뚫어져라 쳐다보면서 일을 간신히 마무리하고 밀린 야근을 하고 집으로 돌아오면 파김치가 되어 저녁을 먹고 침대에 눕기 바쁘다. 조금 일찍 집에 오기라도 한 날이면 밀린 드라마라도 보게 된다면 더욱 시간은 부족할 수밖에 없다.

언제까지 책을 처음부터 읽을 것인가? 이제는 책을 중요한 부분부터 보자. 인생에 우선순위가 있듯이 책에도 우선순위가 있다. 그 우선순위가 책의 맨 앞 페이지가 아니다. 인생은 시간 전쟁이다. 회사 일에 집안일까지 하고 나면 하루가 어떻게 지나갔는지 모를 정도로 시간이 빨리 지나간다.

나는 사랑하는 내 딸과 같이 둘이 살고 있다. 그래서 집에 오면 밥도 해야 하고, 청소도 해야 하고, 분리수거도 해야 하고, 음식물 쓰레기도 버려야 하고, 설거지도 해야 하고, 애 방 청소도 해야 하고, 장도 봐야 하고, 빨래도 해야 하고 하루가 어떻게 지나갔는지 모를 정도로 시간이 빨리 지나간다. 이렇듯 회사 일과 집안일을 같이 하다 보면 정작 나를 위해서 쓸 수 있는 시간은 거의 없다.

할 일을 줄일 수 있는 방법은 없다. 안 하면 지저분해지고 나중에는 하기 싫어지므로 끊임없이 부지런을 떨어야 한다. 시간이 한정되어 있기 때문에 집안일에도 우선순위가 있다. 그리고 우선순위를 정하면 여유시간이 생기게 된다. 우리는 시간이 강물처럼 빠르게 흐르는 것 같은 느낌을 갖는다고 한다. 그 이유는 우리가 무엇을 했는지 특별한 기억이 없기 때문에 시간이 빨리 흐른 것 같은 기분이 드는 것이다.

시간을 더 의미 있고 풍부하게 느끼기 위해서는 단조로운 일상의 반복보다는 다양한 패턴으로 변경하거나 자기가 해보고 싶은 모험이나 경험의 목록을 만들어 실행을 해야 한다. 그것이 시간을 의미 있고 천천히 흐르게 하는 방법이다. 시간을 관리하는 목적은 시간을 아껴 쓰기 위함이 아니라 원하는 삶을 살기 위한 것이다. 시간을 얼마나 잘 활용하는지에 따라 삶을 살아가는 나의 모습이 결정되는 것이다.

그러기 위해서는 삶에서 우선순위가 있듯이 책 읽기에도 서문과 목차를 읽어 내가 필요로 하는 부분을 우선 읽는 지혜가 필요하다. 한 가지 더 애기를 하자면 책의 가장 중요한 부분은 결론이다. 결론만 읽어도 내가 원하는 바를 충분히 얻을 수 있다. 결론을 얘기하기 위해서 앞에 많은 사례를 넣은 책들이 대부분이라는 것을 알게 되길 바란다.

우리 직장인들은 시간이 많지 않다. 항상 책의 첫 페이지부터 마지막 페이지까지 읽을 수는 없다. 소설책을 읽는 것이 아니면 정말 필요한 부분만 읽으면 된다. 때에 따라서는 결론 부분만 읽어도 된다. 결론 부분만 보아도 전체 내용이 머릿속에 그려지기 마련이다. 그리고 더 필요한 부분이 있으면 그때 내가 필요로 하는 페이지를 보면 된다. 매일매일 전쟁을 치르는 직장인들에게 나는 이렇게 추천한다. 서문과 목차를 읽어봐라. 그리고 필요한 부분만 읽자. 그래도 잘 모르겠다면 결론부터 읽어보자.

1+1 독서를 하라 : 책 속의 책 따라 읽기

세상에 완벽한 책은 없다.

나는 감정기복이 심해서 힘든 적이 많았다. 그렇게 힘든 날, 내 몸이 내 몸 같지 않고, 내 맘도 내 맘 같지 않은 그런 날, 감정의 소용돌이 속에서 나를 구해준 것은 책 읽기였다. 일단 책을 읽으면 마음이 차분해진다. 특별한 책이 있는 것은 아니다. 그냥 맘에 드는 책을 하나 들고 읽기 시작한다. 그러면 1+1 독서가 시작된 것이다. 그 책에서 저자가 추천하거나 언급한 책을 따라 읽는다. 이로써 그 저자가 얘기하는 바에 더 많이 공감이 되고 더 이해가 잘된다. 이 방법이 가장 일반적인 1+1 독서 방법이고, 다른 방법으로 작가의 또 다른 책을 읽어보는 것이 있다. 이 방법도 상당히 좋다. 저자가 이렇게 생각하게 된 원인을 이해하는 데 도움이 많이 된다. 그리고 저자의 사상이나 가치관을 이해하기가 쉬워진다. 대부분의 작가들은 어느 특정 분야에 전문가인 경우가 많아 비슷한 부류의 책을 내기 마련이기 때문이다.

아무리 훌륭한 저자가 책을 썼더라 하더라도 완벽한 책은 없다. 그래서 특정 분야의 책을 읽게 되면 그 분야에 관심이 생기고, 관심이 생기면 궁금증이 덩달아 생긴다. 그러면 이때 궁금증을 해결할 수 있는 책을 찾아서 읽어야 된다. 이렇듯 책은 지적 욕구를 자극하기 위해서 읽는다고 하는 것이 맞을 것이다. 어떤 특정한 분야를 이해하는 데 한 권의 책으로 완벽히 이해가 되는 책은 없다. 그래서 이를 보완하기 위해서 1+1 독서가 필요한 것이다.

이렇듯 한 분야의 관련 지식을 습득하려면 여러 권의 책을 읽어야 한다. 많은 책을 연달아 읽어야 하므로 힘이 들 수 있지만 기대 이상으로 많은 전문지식을 갖추게 되고 심도 깊은 지식을 갖추게 되므로 직장인의 경우는 자기 업무 분야에 관한 책은 꼭 1+1 독서를 해보길 권한다. 끊임없이 지적 호기심을 자극하게 되므로 상당히 많은 책을 보게 될 것이다.

나는 관심 분야가 생기면 일단 서점에 가서 3권의 책을 고른다. 하나는 그 분야에 가장 유명한 베스트셀러 한 권, 그리고 그 분야의 이론과 용어에 대해 자세히 나와 있는 책 한 권, 마지막으로 실무나 현장에 적용한 사례가 많이 나와 있는 책을 본다. 그 후에 대략 머릿속에 개념이 잡히면 그때부터 그 책에서 언급한 책을 읽거나 그 책의 저자가 쓴 다른 책을 읽거나 혹은 그 책에서 이해가 안 되는 내용을 자세히 설명한 책을 읽는다. 이렇게 책을 읽다 보면 어느새 그 분야에 관한 책이 10권을 넘어서는 경우가 많다. 그 정도는 되어야 어느 정도 이해가 되고 내가 궁금해하는 것들이 다 이해가 된다. 똑같은 분야에 관한 책일지라도 저자에 따라서 천차만별이다. 어떤 저자의 책은 이론만 강조한 책이 있고, 어떤 저자의 책은 실무만 강조한 책이 있고, 또 어떤 저자의 책은 이 둘을 적절히 버무려놓은 책도 있다.

1+1 독서의 장점은 같은 분야의 책을 여러 권 읽다 보면 동일한 내용이 반복될 수밖에 없다. 그러다 보니 학습 효과가 생기고 개념을 제대로 잡게 되는 것이다. 그리고 여러 저자가 쓴 책을 여러 권 보게 되니 어떤 책이 잘 쓴 책인지 알 수 있게 된다. 그리고 공통되는 부분이 많다 보니 책을 읽고 이해하는 속도가 점점 빨라진다. 이 분야 책을 보다가 또 다른 분야의 책을 보면 시간이 많이 걸리는데 비해 동일한 분야의 책을 1+1 독서를 하다 보면 책을 많이 읽을 수 있고 또 빨리 읽을 수 있게 된다.

나는 『꼬리에 꼬리를 무는 영어』라는 책을 계기로 1+1 독서를 하게 되었다. 영어 공부를 하는 데 있어 처음에 단어를 많이 아는 것이 제일 중요한데 단어를 무작정 외우다 보니 힘만 들고 어렵사리 외우더라도 며칠 보지 않으면 또 금세 까먹고 하는 악순환이 자꾸 반복되어 서점에 갔는데 이름이 특이해서 사서 본 책이다. 이 책은 영어의 각종 어원에 대해 설명하는 책이다. 국내에서는 가장 먼저 어원에 초점을 맞춰 영단어를 이해할 수 있도록 한 책으로 접두어와 단어의 탄생 원리에 대해 자세히 설명하고 있다. 영어에서는 접두어와 기본 단어의 합으로 만들어진 파생어가 많은 만큼, 이를 인지하는 데 큰 도움이 된다. 처음에 책을 접했을 때는 신기했고 재미나게 읽었다. 그래서 이 책을 보고 난 후에 나중에 Vocabulary 책들을 쉽게 학습하게 되었고 그 덕분에 빠른 시일 안에 많은 단어를 외울 수 있게 되었다.

한 권만 봐서는 이해가 되지 않는다

1+1 독서는 특정 분야, 특히 실생활에 밀접한 실용 부문에 대해서 공부를 할 때 많은 도움이 된다. 나의 경우도 공부하고 싶은 분야의 책을 한 권이 아니라 여러 권을 연속적으로 읽었다. 처음 부동산 경매를 제대로 공부하고자 마음먹고 일주일 동안은 부동산 경매 책만 5권 읽었다. 그 중에는 내 수준에 맞는 책도 있었지만 너무 어려워서 다른 책과 같이 봐야만 이해가 되는 책도 있었다. 한 권, 한 권 읽을 때마다 처음 접한 분야였지만 책을 읽으면 읽을수록 처음에는 모르던 용어들이 이해가 되고 부동산 경매

의 전반적인 흐름이 보이기 시작했다.

한창 주식 붐이 일었을 때, 나는 주식에 대해서 하나도 몰라서 책으로 처음 주식을 배우기 시작했다. 가치투자라는 것을 알게 되고 가치투자의 귀재라는 워런 버핏이라는 사람도 알게 되었다. 그 사람에 대해서 궁금해져서 워런 버핏에 관한 책을 보게 되면서 그가 어떤 투자 철학을 가지고 있고 어떻게 부를 이루었는지 알게 되었다.

주식 투자 공부를 하다 보니 또 부자들에 대한 관심이 생겨서 자기계발서로 관심이 옮겨가게 되었고 궁금증은 점점 커져 성공학에 관한 책들을 보게 되었다. 처음에는 나폴레온 힐, 지그 지글러, 브라이언 트레이시 등 성공학 관련 분야의 책들과 저자들의 책을 하나씩 읽어가면서 긍정의 힘을 믿게 되었고 동기 부여를 많이 받았다. 그들의 책을 읽으면 자신감이 생기고 가슴속이 뜨거워지면서 잠자고 있던 내 안의 거인을 깨우는 느낌을 받게 되었다.

1+1 독서를 함으로써 또 한 가지 좋은 점은 본인이 스스로 책을 선택하는 수준이 높아진다는 것이다. 같은 분야의 책을 연속적으로 읽게 되면 그 책에서 언급된 다른 책을 읽을 수 있다. 그렇게 비슷한 책을 읽다 보면 관련 분야의 책에 대해 새로운 관점이 생기게 되는 것이다.

처음부터 너무 큰 목적을 가지고 책을 볼 필요는 없다. 도서관이나 서점에 가서 내가 좋아하는 분야의 책을 여러 권 산 후에 하나씩 읽으면 된다.

그러다 보면 꼭 내용을 숙지하려고 하지 않아도 다음 책에서 비슷한 내용이 나오고 나중에는 자연스럽게 내용이 숙지가 되고 첫 번째 책을 읽었을 때와는 완전히 다른 수준의 내가 되어 있다는 것을 느끼게 된다.

많은 사람들이 어느 작가의 책을 읽고 마음에 들면 보통 그 작가의 다른 책을 읽게 된다. 그러다 보면 그 작가의 모든 책을 찾아 읽게 된다. 이렇게 되면 작가의 모든 책을 읽음으로써 작가의 머릿속까지 파고 들어가 이해를 하는 수준이 되고 그 작가의 세계관을 이해하게 된다.

나는 성공학의 시초라 할 수 있는 나폴레온 힐의 『놓치고 싶지 않은 나의 꿈, 나의 인생』을 읽고 깊은 감명을 받아 『생각하라! 그러면 부자가 되리라』, 『여덟 가지 삶의 태도』, 『나폴레온 힐의 성공철학』 등 그의 모든 책을 한 권, 한 권 다 읽게 되었다. 그러면서 나폴레온 힐의 인생 전략의 정수를 알 수 있게 되었고, 미국을 이끈 리더들의 마인드를 배우게 되었다. 그리고 성공에 대한 욕망을 새롭게 가지게 되었으며 그의 성공철학을 보고 성공으로 가는 지름길을 알게 되었다. 뿐만 아니라 저자가 우리에게 즉각 실행하라고 하는 행동들도 왜 해야 하는지 이해할 수 있게 되었다.

삶을 변화시키는 근본적인 책 읽기 방법은 1+1 독서다. 책을 한 권 읽는 것만으로는 책 내용을 완전히 이해하기 어렵고, 1+1 독서를 통해 오랫동안 책 내용을 기억할 수 있고 완벽하게 개념을 잡을 수 있다. 아울러 비

숫한 주제를 다룬 책들을 여러 권 읽음으로써 심도 깊은 이해를 할 수 있다. 인생에는 어려운 문제도 많고 새롭게 접하게 되는 문제도 많다.

그래서 살면서 혼자서는 도저히 해결하기 힘든 문제를 마주칠 때도 있다. 나도 마찬가지였고 그때마다 책의 도움을 받아 해결한 경우도 많다. 하지만 한 권의 책만 읽고 결론을 구하는 것은 매우 섣부른 생각이다. 같은 주제를 다룬 책이라 하더라도 책 내용은 각기 다르고 구성도 각기 다르다. 공통된 부분도 많으나 세부적으로 들어가면 다른 부분도 많다. 그런 다양한 문제를 고민할 수 있는 지혜가 필요하다.

중요한 문제를 섣부른 판단으로 그르치는 우를 범해서는 안 된다. 우리가 책을 보는 중요한 이유는 이것 때문이다. 최대한 많은 경우의 수를 고려하고 다양한 문제점을 간접 경험하고 최소한의 시행착오를 겪으려면 다양한 책을 읽고 다양한 생각을 하고 다양한 대안을 마련해야 한다. 이분야 책, 저 분야 책 왔다 갔다 하면서 책을 읽으면 책 내용을 이해하는 것도 늦고, 또 어렵다. 그리고 깊이가 없어서 새로운 내용만 새로 접하다 보니 흥미와 집중도도 떨어질 우려가 있다. 고로 사고를 유연하게 하고 더 넓은 인식의 폭을 만들고 삶의 다양한 지혜를 구할 수 있으니 1+1 독서를 마다할 이유가 없다.

하루 1시간 깨달음의 문장들 08 :

인간의 적

"가장 무서운 사람은 나의 장단점을 알고 있는 사람이고 가장 경계해야 할 사람은 두 마음을 품은 사람이며 가장 간사한 사람은 타인을 필요할 때만 이용해 먹는 사람이다. 가장 나쁜 친구는 잘못한 일에도 꾸짖지 않은 사람이고 가장 해로운 사람은 무조건 칭찬만 하는 사람이며 가장 어리석은 사람은 잘못을 되풀이하는 사람이다. 가장 거만한 사람은 스스로 잘났다고 설치는 사람이고 가장 가치 없는 사람은 인간성이 없는 사람이며 가장 큰 도둑은 무사 안일하여 시간을 도둑질하는 사람이다. 가장 나약한 사람은 약자 위에 군림하는 사람이고 가장 게으른 사람은 일을 뒤로 미루는 사람이며 가장 추잡한 사람은 양심을 팔아먹는 사람이다. 가장 큰 배신자는 마음을 훔쳐내는 사람이며 가장 나쁜 사람은 나쁜 일인 줄 알면서 나쁜 일을 하는 사람이고 가장 파렴치한 사기꾼은 아는 사람을 사기 치는 사람이다." – 김원중, 『노자 도덕경』, 휴머니스트

직장생활을 하면서 마케팅팀에 근무를 한 적이 있었다. 젊어서 일을 빨리 잘한다고 해서 예산 업무까지 맡아서 했었다. 회사 내 한 선배가 기업용 카드를 사적인 용도로 사용을 하다가 감사에 걸려서 감사를 받았는데

그 선배는 내가 다 쓴 것이라고 오리발을 내밀었다. 그 전에는 믿고 잘 따랐는데 이런 일이 벌어지니까 무작정 사람을 믿는 것도 아니라는 것을 알게 되었다. 그 배신감이란 정말 뭐라고 말을 할 수가 없었다. 환멸을 느껴서 회사를 그만둘 생각도 했으나 그러면 내가 다 뒤집어쓰는 꼴이 되어서 그러지 않았다. 그 일이 있고『노자 도덕경』이란 책을 읽고 나서 사람을 보는 눈이 조금 생겼다. 무조건 칭찬만 하는 사람은 좋은 결코 좋은 사람이 아니라는 것을 알게 되었다.

목적에 맞는 책을 고르자

왜 책을 읽으려고 하는가 생각해보자

건강해지기 위해서 운동을 하는 사람들이 늘고 있다. 많은 운동들이 나오고 있지만 그 가운데 가장 기본적인 운동법을 고르자면 다들 헬스장을 생각하는 사람이 많을 것이다. 그 이유는 유산소 운동과 기구를 사용한 근력 운동을 동시에 할 수 있는 좋은 실내 운동이라 여기기 때문이다. 하지만 확실하게 자신이 원하는 운동을 하기 위해서는 헬스장 운동에 대해 배우고 하는 것이 많은 도움이 된다. 운동을 처음 하는 피트니스 초보는 전문 PT(Personal Training) 트레이너에게 배우는 것이 좋지만, 가격이 비싸 무턱대고 트레이닝을 받기엔 무리가 있다. 그래서 트레이닝을 받기 위해서는 운동을 하려는 이유가 살을 빼기 위한 것인지 아니면 근육량을 늘려 좀 더 남성적인 몸매를 가지기 위한 것이지 아니면 심폐기능을 늘리기 위한 것인지를 정확히 알아야 한다.

책도 운동과 마찬가지로 어떤 목적으로 책을 읽는지를 정확히 알아야 한다. 직장생활을 하다 보면 다양한 업무를 접할 기회가 많이 생기는데 그 때 자신이 필요로 하는 목적에 맞는 책을 찾아보고 읽어보면 좋다. 예를 들면 회사에서 미술 전시회를 하게 되면 그 전시회에 모이는 사람들과 전시회를 하는 목적들을 생각하고 그에 맞는 독서를 하는 것이 좋다. 왜 그 책을 읽으려고 하는지를 염두에 두고 이에 맞는 책을 고르자.

너무 당연한 말 같지만, 그것을 잘 지키는 사람은 드물다. 실제로 많은 사람들이 베스트셀러나 스테디셀러라는 이유만으로, 또는 저자가 유명한 사람이라는 이유로 책을 고른다. 그런데 그것이 꼭 좋은 책이 되는 것은 아니다. 자신이 해결하고자 하는 생활상의 문제 또는 인생의 문제에 관한 의문 등이 있는데 그에 대한 해답을 본인이 수긍할 수 있는 수준으로 제시했다면 그 책이 좋은 책이다. 설령 그 책이 어느 누구도 추천하지 않고 듣지도 보지도 못한 책일지라도 그 책이 그 사람에게 그 상황에 맞는 답을 주었다면 그에게 제일 좋은 책인 것이다.

지식 정보화 시대를 살아가는 우리에게 필요한 것은 점점 더 많아지는 정보의 홍수 속에서 나에게 꼭 맞는 유용한 지식을 선별하고 자신의 삶에 적용할 줄 아는 창의적인 사고와 실행력이다. 지식의 수명 주기도 점점 짧아지고 있고, 동시에 기업의 수명 주기도 점점 짧아지고 있다. 사오정, 오륙도란 말이 실감이 될 정도로 직장인이 회사 내 머무를 수 있는 근속기간도 매년 급격하게 짧아지고 있다. 셀러던트란 말이 유행할 정도로 직장인들의 주경야독 공부 열기가 대단하다. 이런 상황 속에서 자기계발의 수단으로 독서가 각광을 받고 있다.

한때 많은 직장인들이 관리자가 되기 위해서는 TOEIC 시험 점수를 제출해야 하던 시절이 있었다. 그 당시에는 많은 직장인들이 회사 내의 관리자가 되기 위해서 회사 업무를 끝낸 후 학원에서 영어공부를 했다. TOEIC 점수가 업무 능력으로 인정받았던 시기였던 관계로 나도 조금이라도 높은 점수를 받아 제출하기 위해 매달 시험을 치렀던 기억이 있다. 지금은 물론 TOEIC 점수가 업무 성과와는 전혀 별개의 것이지만, 그 당시 사회에서 요구했던 스펙은 TOEIC 몇 점 이상이라는 것이 있었다. 진급을 하고 싶으면 영어 책을 공부해야만 했다. 이렇듯 나의 목적의식이 뚜렷하면 자연스럽게 그 목적에 맞는 책을 보게 된다.

직장인들이 가장 많이 접하는 책이 자기계발서, 실용서들이다. 나의 경우도 그런 경제경영서 위주로 읽던 시절에는 성공 강박증에 걸린 것 같은 느낌이 들기도 했다. 이렇게 성공만이 나를 드러낼 수 있고, 스스로 나의 입장에서 성공이라는 개념을 정립하지도 않은 채 빠르게 성공하려고만 했던 것이다. 무엇을 얻기 위한 목적이 있는 독서를 한 것이 아니고 자꾸 눈에 보이는 성과를 내기 위한 방법에만 치우친 독서를 한 것이었다.

이제 나의 나이도 미래를 고민하며 책에서 무언가를 찾기 위해 하루하루 살아가는 40대에 접어들었다. 서점에 가보면 매일 새롭게 나온 책들 속에서 나는 이제 나의 목적에 부합하는 책들을 찾아본다. 헬스장에 가서 운동을 하는 것도 어떤 목적인지에 따라, 해야 하는 운동의 종류가 달라지듯이 책 읽기도 나의 목적이 무엇인지 정확히 알고 책을 읽어야 실질적인 도움이 되고 동기유발이 많이 된다.

"책을 읽는 목적이 반드시 지식 습득 또는 진리 탐구여야 하는가?"

이 질문에 대한 대답은 '아니요'이다. 책의 목적은 반드시 지식 습득에만 있지는 않다. 책을 통해 위로를 받기도 하고, 즐거움을 얻기도 하고, 스트레스를 날리는 쾌감을 느낄 수도 있다. 책 읽기의 즐거움을 아는 사람들은 알고 있다. 책 읽기가 우리에게 얼마나 많은 것을 가져다주는지를 말이다. 생각하는 힘, 느끼는 힘, 상상하는 힘, 어려움을 극복하게 하는 힘, 오랫동안 쌓아온 많은 지식과 지혜들……. 책 읽기는 그 사람의 지적 호기심은 물론이고 살아가는 동안 어려움을 극복할 수 있는 힘을 키워준다.

대부분의 남자들이 차를 좋아하듯이 나도 차에 대한 관심이 많아서 어려서부터 차의 소리만 듣고도, 차의 일부분만 보아도 그 차량이 무엇인지를 맞출 정도였다.

성인이 되어 차를 직접 운전하게 되고 나서는 자동차를 좀 더 잘 운전하고 싶었다. 그런데 서점에는 자동차 잡지만 나와 있고 운전하는 방법에 대해 쓴 책은 없었다. 그래도 내가 보고 싶은 마음이 커서 종로에 있는 대형서점에 가서 레이싱 관련된 책을 구해 읽을 수 있었다. 90년대 초반에는 이런 책들이 많지 않았으나 그나마 대형서점에 가면 외국에서 번역된 책들이 있었다. 일본에서 쓴 카레이서가 쓴 책이었다. 그 책을 통해서 나는 내가 원하는 다양한 카레이싱 기술을 익히게 되었다. 자동차 잡지에서 기사로만 보았던 힐앤토 테크닉, 더블 클러치 테크닉, 슬라럼 테크닉, 아웃인 아웃 코너 공략법 등 개념이 잘 안 잡혔던 기술에 대해서 많은 사진과 상세한 기술 습득 방법 등을 배우게 되었다.

그 책을 보면서 매일 하나씩 자동차 드라이빙 기술을 배웠다. 카레이싱의 기초부터 어려운 것까지 총망라되어 있어 나의 모든 궁금증이 해소가 되었다. 그 책으로 인해 나의 드라이빙 실력은 눈에 띄게 좋아졌고, 나중에는 직업으로 카레이서로 꿈을 꾸어 본 적도 있었다. 지금도 나의 버킷리스트 중 하나는 카레이싱에 나가 우승하는 것이다.

처음에 내가 운전면허시험에 합격했을 때 대부분의 차가 수동기어 차량이어서 운전 실력의 편차가 많았다. 물론 요즘은 자동기어 차량이 대분이라서 오히려 수동기어 차량을 운전할 줄 아는 사람이 드물다. 지금에 와서 돌이켜 생각을 해보면 그 책을 통해서 나는 다른 사람보다 운전을 잘 할 수 있게 되었고, 그리고 자동차의 기본적인 메카니즘도 이해를 하게 되었다. 무엇보다도 내가 좋아하는 것에 대한 책을 읽어서 더없이 행복했다.

세상의 모든 책은 다 의미가 있다

세상에는 의미 없는 책은 없다. 다 어떤 목적을 가지고 책이 발간이 되는데 선택의 잘못은 책을 읽는 독자에게 있는 것이다. 그런 면에서 보면 매번 베스트셀러를 읽는 것은 분별력이 없는 선택을 하는 것이다. 그래서 우리는 자신의 목적에 맞는 책을 읽어야 한다. 책 한 권은 만 원이 조금 넘는다. 그러나 그 책을 읽음으로써 얻는 효과는 100배가 넘는다. 그러나 아무 목적 없이 무턱대고 읽어서는 그만큼의 효과를 얻을 수 없다. 많은 직장인들은 시간적인 여유가 많지 않으므로 최대한 나의 목적에 맞는 책을 읽어야 한다.

직장인들의 책 읽기는 운동선수가 연습하는 것과 같다. 연습하지 않는 일류 선수가 없듯이 책 읽기를 하지 않는 일류 직장인은 없다. 직장인이 효과적으로 책 읽기를 하려면 책을 선택하는 단계부터 중요하다. 투자의 개념이라고 생각하면 쉽다. 투자이기에 책을 읽는 목적이 명확해야 한다. 그 목적에 따라 책을 골라라. 그리고 그 목적에 맞는 주체를 찾아서 책을 고르면 실패가 없을 것이다. 직장인에게 책 읽기는 투자이다. 책 읽기를 하기 전에 그 책을 통하여 무엇을 얻을 것인지 머릿속에 그려두어라.

내가 책을 읽는 것을 좋아하게 된 계기는 책을 읽으면 심심하지 않아서였다. 심심할 때 가장 돈을 절약할 수 있는 취미가 책 읽기이다. 그런데 나중에 내가 목적을 가지고 책을 보게 된 이유는 책을 많이 보는데 나의 삶이 전혀 나아지지 않았기 때문이다. 더 윤택하고 행복한 삶을 살기 위해서 책을 읽는데 아무런 변화가 없다면 책을 읽는 의미가 뭐가 있겠는가? 삶을 변화시키기 위해서 책을 읽어야 한다. 그래서 목표가 중요하다. 직장에서 승진하고 싶은가? 직장에서 관리자가 되고 싶은가? 직장에서 임원이 되고 싶은가? 인생 역전을 하고 싶은가? 경제적 자유를 얻어 자유롭게 살고 싶은가? 목적에 맞는 책을 읽어라. 인생을 행복하게 살기 위해서는 인생을 변화시켜야 한다. 인생을 변화시키는 가장 쉬운 방법은 목적에 맞는 책을 읽는 것이다.

하루 1시간씩 책을 읽자. 직장인들이 아무리 바쁘다고는 하지만 자세히 보면 아침에 출근 후 업무 준비 후 남는 시간, 점심 식사 후, 쉬는 시간 등 그냥 흘러 보내는 시간이 많다. "한 권의 좋은 책은 하나의 대학에 필적한다."는 말이 있다. 나의 목적에 맞는, 나의 업무에 맞는, 나의 관심사에 맞는 책을 골라서 읽는 것은 대학에서 수강하는 것과 같다. 책 읽기를 통해 무엇을 할 것인가가 중요하다. 알고 있지만 행동하지 않으면 그게 무슨 소용이 있을까? 자신의 목적에 맞는 책을 골라 하루 1시간씩 투자하여 읽으면서 깨달은 바를 실천에 옮기면 정말 몇 년 후에 당신은 승진하게 될 것이고 관리자가 될 것이고 임원이 될 것이다.

저자가 추천하는 책을 골라라

좋은 책을 고르는 것은 좋은 사람을 만나는 것과 같다

책을 읽는 것도 중요하지만 책을 고르는 문제도 중요하다. 만약 책을 읽거나 사고 싶은 마음이 들었다면, 당신은 어떤 기준으로 책을 고를 것인가? 신문이나 인터넷 서점에서 추천하는 책을 고르는가? 서평 단에서 작성한 서평을 보고 책을 고르는가? 서점의 광고를 보고 책을 고르는가? 자기만의 책을 고르는 기준이 필요한데 저자가 추천하는 책을 고르면 실패할 확률이 낮다.

좋은 책을 고르는 것은 좋은 사람을 만나는 것과 동일하다. 정말 나와 잘 맞는 사람을 만나기는 왜 이렇게 어려울까? 나도 그랬다. 좋은 사람을 만나고 싶었다. 나는 왜 좋은 사람을 못 만나지? 연애를 하고 있으면서도 헤어져야겠다는 생각을 하고 있었고, 안 맞는 점을 더 찾고 있었다. 나에게 좋은 사람은 특별히 말하지 않아도 내 마음을 잘 알고 대화가 잘 통하고 책을 좋아하고 음악을 즐길 줄 알고 여행을 떠날 줄 알고 자기 일에 충실하고 거짓말하지 않는 사람이다.

그렇게 믿고 결혼한 사람은 바람을 폈다. 많이 사랑했었고 이 사람이 없으면 죽어야겠다고 생각했었다. 하지만 한번 금이 간 믿음은 회복되기 어려웠다. 한번만 바람을 피우는 사람은 없다. 바람기 있는 사람은 안타깝게도 쉽게 고쳐지지 않았다. 이 사람이 없으면 죽어야겠다고 했던 생각도 시간이 점차 지나더니 이제는 무덤덤해졌다. 살면서 다시는 보고 싶지 않았다. 길을 가다가 혹여나 마주치지 않길 바랐다.

연애의 경험은 굳은살이 박히게 하거나 혹은 아물려는 마음에 또 상처가 생기게 하거나 둘 중 하나다. 나의 경우는 상처가 생겼다. 이렇듯 나쁜 사람을 만나면 큰 상처가 생긴다. 그래서 연애를 많이 해보라는 말도 있나 보다. 많은 사람을 만나봤어야 어떤 사람이 좋은 사람인지 보는 눈이 생겼을 텐데 나는 처음 살면서 연애다운 연애를 처음 해보았다.

좋은 사람을 만나기 위해서는 내가 먼저 좋은 사람이 되어야 한다. 남 탓만 하고 있을 수는 없다. 내가 나 자신을 아끼고 가꿔야 한다. 나를 바라봐주고, 사랑해주고, 지지하고 응원해줘라.

나쁜 책을 고르는 것은 나쁜 사람을 만나는 것이고 결국은 나의 지식과 지혜의 보물창고에 큰 상처를 입게 된다. 나 자신을 아끼고 가꾸기 위해서는 나에게 맞는 좋은 책을 골라서 봐야 한다.

"추천하다 : 어떤 조건에 적합한 대상을 책임지고 소개하다."

표준국어대사전에 나온 추천의 뜻이다. 우리나라에서 한 해 출간되는 신간이 4만 여종 정도라고 한다. 그렇게 많은 책 중에서 자신이 읽을 책을 고른다는 것은 매우 어려운 일이다. 그래서 나도 종종 어떤 책을 읽어야 할지 모르겠다는 얘기를 많이 듣는다. 책을 고르기 어려워하는 이유 중 하나는 결정 장애를 가진 사람이 많기 때문이다.

"죽느냐 사느냐, 그것이 문제로다!"

셰익스피어 4대 비극 중 하나인 햄릿의 명대사로 주인공의 우유부단한 성격을 보여주는 대표적인 명대사이다. 이 명대사처럼 선택을 하려는데 결정할 대상이 너무 많아서 끊임없이 망설이기만 하는 사람들이 있다. 이러한 결정 장애는 사실 장애가 아니고 심리적 괴로움을 겪게 하는 일종의 나쁜 습관이다. 그리고 주관이 약한 사람들한테서 이런 증상이 많이 보인다. 고치기 힘든 습관이지만 고칠 수 없는 습관은 아니다. 노력으로 충분히 개선될 수 있는 해결 가능한 문제이다.

    나도 결정 장애가 많은 사람이었다. 하다못해 음식을 고를 때에도 남에게 결정을 미루는 경우가 많았다. 식당에 가면 다른 사람이 고르면 같은 걸로 달라고 하는 경우가 많았다. 줏대가 없었다. 남의 눈치를 많이 보았다. 주변의 의견을 존중하고 수용하는 것도 좋지만 자신의 의견이 없다보니 줏대 없어 보인다는 말을 들은 적도 있었다.

    미국의 임상심리학자 로나 클루스 박사는 다른 사람을 지나치게 의식하는 행동은 고통이라고 했다. 본인이 아닌 다른 사람의 모습을 연기하는 삶이기 때문이다. 그러고 보면 나는 이런 고통 속에서 오랫동안 살아왔다. 심각한 수준의 콤플렉스와 남을 지나치게 의식하고 나의 의견을 적극적으로 개진하기보다 다른 사람의 의견에 맞추려는 데 힘을 쓰면서 살아왔다. 심지어 상대방의 의견이 부당하다는 생각이 들어도 비위를 거스르지 않기 위해 기분을 맞춰주다 보니 남의 눈치를 많이 보았다.

    자존감을 높이는 것은 한 순간에 되는 것은 아니나 꾸준히 자신에 대한 긍정적인 마인드와 책을 통해 나 자신을 알아가고 사랑해주는 연습을 하면 분명히 고칠 수 있다. 나 자신도 이렇게 자존감을 회복했기 때문에 자신 있게 말할 수 있다.

    만약 당신이 결정 장애에서 벗어나려면 명확한 목표를 설정해라. 명확한 목표를 통해 결정을 내리는 데 소모되는 에너지와 시간을 줄일 수 있다. 또 다른 방법은 선택지를 줄이는 것이다. 선택의 폭이 넓을수록 결정이 어려워지는 것은 당연하다. 마지막으로 실패를 두려워 하지 마라. 세상에는 완벽한 사람은 존재하지 않는다. 누구나 실수를 하고 실패를 한다. 이 세 가지를 기억하면 결정 장애를 극복하는 데 조금이나마 도움이 될 것이다. 그래서 나는 책을 고를 때 시간적 여유가 많으면 이 세 가지 방법을 활용해 대형서점에 들러 천천히 둘러보면서 눈길이 가는 곳을 따라 자유롭게 책을 골라 읽는다.

시간이 많지 않을 때는 주로 인터넷 서점을 활용하는데 내가 좋아하는 분야에서 새로 나온 책 위주로 본다. 출판사에서 작성한 소개들과 서평을 작성한 것을 보고 책을 고른다. 그러나 책을 오랫동안 구입해본 결과 인터넷 서점을 이용하여 책을 고르게 되면 실패하는 경우가 많다. 출판사의 마케팅 전략에 넘어가는 경우가 있기 때문이다.

책을 고르고 선택하는 기준이 아직 마련되지 않은 사람은 다른 사람의 도움을 받으면 좋다. 좋은 책을 추천해줄 사람이 자기 주변에 있다면 그것만으로도 축복이다. 그런데 생각 외로 책을 추천해줄 사람이 주변에 많지 않다. 그럴 때 활용할 수 있는 방법이 내가 감명 깊게 읽은 책을 쓴 저자가 추천해주는 책을 선택하는 것이다. 추천은 앞서 말했듯 어떤 조건에 적합한 대상을 책임지고 소개하는 것이다. 그래서 그 저자가 추천하는 책은 보증수표와 같은 것이다. 책임을 진다고 하니 손해 볼 일도 없다.

그리고 내가 좋아하는 저자가 추천하는 것이면 나의 취향과 동일하다고 봐도 무방하다. 끼리끼리 뭉치게 되어 있다. 유유상종(類類相從), 근묵자흑(近墨者黑)이라는 고사성어가 있다. 삼라만상은 그 성질이 비슷한 것끼리 모인다. 사람 역시 마찬가지다. 성품이나 취향이 비슷한 사람끼리 모이기가 쉬운 것은 당연하다. 착한 사람은 착한 사람끼리 모인다. 운동을 좋아하는 사람은 운동을 좋아하는 사람끼리 모인다. 저자가 지식 수준이 높은 사람이라면 그 사람이 추천하는 책도 마찬가지로 지식 수준이 높을 것이다. 또 저자가 인간 고찰에 대한 높은 식견을 가진 사람이라면 추천하는 책도 마찬가지로 식견을 높여줄 수 있는 책일 것이다.

경찰서에 잡혀가다

주변의 친구를 잘 사귀어야 한다. 이것은 절대 진리이다. 생각해보면 우리가 가장 영향을 많이 받는 것은 친구이다. 친구의 말과 행동에 우리는 큰 영향을 받는다. 나에게 가장 많은 영향을 미친 것은 친구이다. 그러므로 우리가 친구를 잘 사귀어야 하는 이유는 바로 이것이다. 좋은 사람이 주변에 많으면, 우리의 인생은 좋아진다. 긍정적인 사람이 주변에 많으면 우리의 인생도 덩달아 긍정적으로 변한다. "먹을 가까이하면 검어진다(근묵자흑近墨者黑)."라는 고사성어처럼 좋지 못한 사람과 사귀면 나도 나쁜 것에 물들게 된다는 말과 일맥상통한다.

돌이켜보면 나쁜 친구를 가까이 두어 나도 나쁜 것에 물들게 된 적도 있었다. 지금은 왜 그랬는지 이해가 되지 않지만 그 당시에는 그렇게 나쁜 짓을 하는 것이 다른 애들한테 센 척, 있는 척하려고 그랬던 것 같다. 고등학교 때 우리 반에서 매일 보따리 장사꾼처럼 고급 프리미엄 진, 유명 브랜드 운동화, 터보 라이터, 티셔츠 등을 가져와 절반 가격에 파는 친구가 있었다. 그 당시 우리는 교복 자율화 세대여서 외모에 한창 신경을 많이 썼다. 당연히 좋은 옷과 신발에 관심이 많았다. 그런데 그 당시에도 고급 브랜드 옷과 신발은 고가여서 집에 매번 사달라고 말하기는 부담스러워 모아놓은 용돈으로 그 친구를 통해 그런 물건들을 자주 샀다.

같은 반이어서 수업시간에 그 친구한테 어떻게 이런 물건들을 가져오는지 물어보았는데 처음에는 머뭇머뭇하다가 나중에는 그 물건들이 백화점에서 훔쳐서 가져온 것이라고 했다. 나중에는 나보고 같이 밤에 백화점에 들어가 같이 훔쳐오자고 유혹했는데 하지 않은 게 천만다행이었다. 그렇게 도둑질을 하던 친구는 결국은 잡혀서 소년원에 가게 되었고, 그 친구가 판 물건들을 산 나와 같은 많은 친구들은 장물죄로 넘어갈 상황이었으나 고등학생이라는 점이 참작이 되어 훈방 조치되었다. 그 당시 경찰서에서 조서를 작성하고 있는데 밖에서 울고 계시는 어머니를 보고 정말 미안해서 얼굴을 들 수가 없었다.

친구를 정말 잘 만나야 한다. 물론 이렇게 나쁜 친구들만 사귄 것은 아니다. 두루두루 많은 친구들을 사귀어 좋은 친구들을 만나 고등학교 때 가출해서 갈 데 없는 나를 6개월이나 자기 집에서 먹여주고 재워준 친구, 대학교 안 다니고 방황할 때 같이 자신의 학교에 데리고 가서 밥 사주고 같이 시간을 보내준 친구, 직장에서 상사한테 심한 질책 당해서 힘들어할 때 같이 술잔을 기울여준 친구, 아내와 사이가 나빠져서 방황하고 있을 때 조언을 해준 친구, 이렇게 옆에서 나를 위로해주고 말 한마디 더 건네주어서 큰 힘이 된 친구도 많다. 그런 친구가 있었다는 것은 정말 큰 행운이다.

직장인에게 '좋은 책'과 '나쁜 책'에 대한 판단을 본인이 내리기 어려울 경우에는 자신이 감동 깊게 읽었던 책의 저자가 추천하는 책을 고르는 것이 가장 현명한 판단이다.

책을 고르는 방법은 여러 가지가 있지만 자신의 느낌을 믿고 책을 고르면 된다. 내용이 불온하거나 저급하거나 불쾌감을 주는 책은 무의식적으로 거부감을 느끼게 되어 있다. 나에게 좋은 책은 읽어나갈수록 점점 심장 박동이 빨라지는 책이다. 이런 경험을 통해 책을 고르면 절대 실패가 없다. 이런 책은 우리에게 희열과 위안을 준다. 이런 책을 쓴 저자라면 분명 비슷한 종류의 책을 추천했음이 분명하다. 훌륭한 저자는 동시에 훌륭한 독자다. 따라서 저자가 추천하는 책을 읽어 보면 저자가 쓴 책을 이해하는 데 도움이 된다.

의식 변화에 도움 되는 책을 읽어라

고정 관념을 깨야 한다

현대를 살아가는 많은 직장인들은 새로운 것을 꿈꾸고 창조하길 바란다. 그렇다면 왜 그렇게 직장인들은 새로운 것을 꿈꾸고, 창조하길 바라는 것일까? 그 이유는, 현대의 세계에서 성공을 이루기 위해선 남들과 같은 것을 하기보다는 새로운 것을 창조해야 하기 때문이다. 현대 사회에서 유명한 애플, 구글, 삼성 등의 기업들은 계속 새로운 것을 만들어내면서 발전을 거듭하고 있다.

그뿐만이 아니라 새롭게 생기는 많은 신생 기업들도 그런 창조적인 생각을 기반으로 세계에 도전을 하고 있다. 그렇기 때문에 사람들은 보다 새로운 것을 꿈꾸고, 창조하기를 원하는 것이다. 그렇다면 우리는 혁신적인 변화를 위해서 어떤 책을 읽어야 할까? 새로운 창조는 자신의 혁신적인 변화로부터 시작이 된다. 하루아침에 이루어지는 것이 아니고 뼈를 깎는 고통을 견디면서 부단히 자기 자신을 변화시켜야 한다.

결코 가만히 있어서는 안 된다. 하지만 뛰면 걷고 싶고, 걸으면 앉고 싶고, 앉으면 눕고 싶고, 누우면 자고 싶은 본능을 가진 것이 사람이라는 검은 머리 종족인 듯 하다. 그렇기 때문에 수시로 자기 자신을 변화시킬 수 있어야 한다. 혁신적인 변화를 통해서 새로운 창조를 하기 위해서는 고정 관념을 깨야 한다.

"존재하지 않는 것을 상상할 수 없다면 새로운 것을 만들어낼 수 없으며, 자신만의 세계를 창조해내지 못하면 다른 사람이 묘사하는 세계에 머물 수밖에 없다." - 폴 호건

사람은 날고 싶다는 생각이 있었기 때문에 비행기를 만들어낼 수 있었고, 우주로 나가고 싶다는 생각이 있었기 때문에 우주선을 만들어냈다. 이렇듯 사람들은 자유롭게 상상하는 힘이 있어서 새로운 것을 창조하게 된 것이다. 어떤 것이 불가능하다는 고정 관념을 깨고 상상을 통해서 가능하게 만드는 것이 바로 창조다. 고정 관념에 갇혀 있었다면 인간은 결코

새로운 것을 창조할 수 없고 혁신적인 변화를 일으킬 수 없었을 것이다.

혁신, 변화, 창조 이것들은 일단 상상하는 것에서부터 시작하는 것이다. 우리가 창조적인 사람이 되지 못하는 이유는 평소에 상상하는 연습을 하지 않기 때문이다. 상상하는 연습을 하면 자신의 생각이 자유로워지고, 자신의 생각을 잘 표출하게 된다. 그렇다면 상상하는 연습을 하는 분위기로 만들려면 가장 필요한 것은 무엇일까? 우선 의식 변화를 이끌어야 한다. 의식이 변하지 않으면 아무것도 바뀌지 않는다. 의식 변화를 하는 것이 거창한 것은 아니다. 쉽고 작은 것부터 바꾸면 된다. 모든 위대한 변화는 작은 것으로부터 시작된다. 아무리 거창한 계획이라도 실천을 하지 않으면 아무 소용이 없다.

빌 게이츠는 이런 말을 했다.

"나는 날마다 새롭게 변했을 뿐이다. 그것이 나의 성공 비결이다. 'change'의 'g'를 'c'로 바꿔보라. 'chance'가 되지 않는가? '변화' 속에 반드시 '기회'가 숨어 있다."

우리는 'change'에서 'chance'를 볼 수 있어야 한다.

"여러분들은 이제껏 속아왔어요. 부자들은 인문학을 배웁니다. 그런데 여러분은 인문학을 배우지 못했잖아요? 인문학은 세상과 잘 지내기 위해서, 제대로 생각할 수 있기 위해서 그리고 외부의 어떤 '무력적인 힘'이 여러분에게 영향을 끼쳐 올 때에 무조건 반응하기보다는 심사숙고해서 잘 대처해나가는 방법을 배우기 위해 반드시 해야 할 공부입니다. 인문학이 여러분을 부자로 만들어줄까요? 분명 그럴 것입니다. 단, 돈을 많이 벌게 해준다는 의미에서가 아니라 삶이 훨씬 풍요로워진다는 의미에서 진정한 부자로 말입니다. 부자들은 사립학교나 비싼 학비를 내는 대안학교에서 인문학을 배웁니다."

미국의 언론인이며 사회비평가인 얼 쇼리스가 강연한 내용이다. 그는 '클레멘트 코스'라는 인문학 강의로 가난하고 소외된 사람들에게 희망을 주었다. 그는 우연한 기회에 교도소를 방문해 한 죄수와 이야기를 나누게 됐다. "왜 가난한 사람들이 존재할까요?"라는 쇼리스의 질문에 비니스 워커라는 이 여인은 "시내 중심가 사람들이 누리고 있는 정신적 삶이 우리에겐 없기 때문이죠."라고 대답했다. 가난한 사람들은 중산층들이 흔히 접할 수 있는 연주회와 공연, 박물관, 강연과 같은 '인문학'을 접하는 것 자체가 너무 힘들고, 그렇기 때문에 깊이 사고하는 법, 판단하는 법을 몰라 가난한 생활을 벗어날 수 없다는 것이다.

그래서 쇼리스는 가난한 사람들에게도 인문학 교육이 필요하다는 것을 깨닫고 1995년 노숙자, 빈민, 죄수 등을 대상으로 정규 대학 수준의 인문학을 가르치는 수업인 클레멘트 코스를 만들었다. 우여곡절 끝에 최고 수준의 교수진들이 모였고, 20여 명의 예비 수강생 중 13명이 강의를 신청했고, 참여하길 원하는 사람들은 점차 늘어갔다.

끝까지 강의를 들었던 17명은 대학에 진학하거나 취직에 성공했으며, 무엇보다 중요한 것은 이들이 삶을 대하는 태도가 긍정적으로 바뀌고 언어표현 능력도 눈에 띄게 좋아졌다는 것이다. 이렇듯 의식 변화에 도움이 되는 책을 읽으면 삶이 바뀐다.

우리나라에서도 최근 인문학에 대한 열풍이 거세다. 바람직한 현상이다. 의식 변화에 대한 책은 많이 읽을수록 도움이 된다. 의식 변화에 도움이 되는 책을 읽는 이유는 자기 논리에 갇히지 않기 위해서다. 자기 논리에 갇히면 다른 사람들을 배려하는 것이 아니라 다른 사람을 가르치려고 하고 상대방을 굴복시키려고 하거나 상대를 무시하게 된다.

그에 반해 의식 변화에 도움이 되는 책을 읽은 사람은 점점 더 사람을 배려하게 된다. 그 이유는 책을 읽을수록 자신과 다른 삶이 있다는 것을 인정하게 되고 자신이 부족하다는 것을 깨닫게 되기 때문이다.

직장인들이 매일 다람쥐 쳇바퀴 돌듯이 똑같은 일상의 무료함에 빠지는 것은 의식의 변화인 자기반성과 성찰이 없기 때문이다. 『월든』을 쓴 헨리 데이비드 소로의 말처럼 의식 변화와 성장을 위한 노력은 인간이 할 수 있는 최상의 일이다. 내가 특히 직장인들에게 의식 변화에 도움이 되는 책을 읽으라고 하는 것은, 길어진 불황과 치열한 경쟁 위기 속에서 직장인들이 자신의 생존 이유와 자신이 조직과 동료로부터 선택받고 인정받아야 하는 이유를 가지고 있어야 하기 때문이다. 의식은 인간이 살았는지 죽었는지를 판단하는 기준이다. 즉, 의식 변화에 도움이 되는 책을 읽는다는 것은 더 나은 삶을 살아가기 위해서 노력을 한다는 것이다.

결말의 관점에서 시작하라

직장인들에게 의식 변화에 도움이 되는 책을 읽으면 삶의 의식과 수준을 높일 수 있다. 책 속에서 긍정적인 깨달음을 얻어 두렵고 힘들더라도 적극적으로 행동하게 된다. 원래 나는 부정적인 생각이 많은 사람이었다. 그러나 의식 변화에 도움이 되는 『네빌 고다드의 부활』이라는 책을 읽은 후 바뀌었다. 나는 예민한 성격이어서 조그마한 부정적인 일이 생기면 굉장히 힘들어하고 마음속에 두고두고 쌓아놓았다. 이 책에 보면 결말의 관점에서 시작하라는 말이 나온다. 결말의 관점에서 생생하게 상상하고 바라면 그것이 이루어진 것처럼 모든 것이 감사하게 느껴진다는 것이다. 결말의 관점에서 바라보면 내가 되고 싶은 욕망을 알게 되고, 그것을 이루기 위한 행동이 뭐가 필요한지 알게 된다. 결국은 감사한 마음으로 인해 삶의 태도가 긍정적으로 바뀔 수 있게 되었다. 이처럼 의식 변화에 도움이 되는 책을 읽게 되면 부정적인 사람도 긍정적으로 태도의 변화를 이룰 수 있다.

의식의 변화가 한 번에 이루어지는 것은 아니다. 의식 변화에 도움이 되는 책을 읽으면 당신이 알아차리지 못하는 어느 순간에 당신은 변해 있을 것이다. 나는 의식 변화에 관련된 책을 매일 1페이지 이상은 꼭 읽는다. 다른 책도 많이 보지만 꼭 빼놓지 않고 읽는 이유가 있다. 의식 수준이 낮아지면 자기반성과 성찰이 없어서 발전이 없다.

0%와 1%는 분명 다르다. 1%라도 매일 실천을 하면 조금씩 발전이 된다. 1.01의 365제곱은 약38이다. 이를 달리 풀어 말하면 매일 하루에 1%씩 변화한다면 365일 뒤에는 38배의 발전을 가져올 수 있다는 걸 의미한다. 하지만 변화가 0이라면 365일이 지나도 당신은 제자리이다. 그리고 매일 1%의 변화를 가져올 수 있는 것은 의식 개혁 책을 읽는 것과 거기에서 얻은 깨달음을 실천하는 것이다. 책에 있는 좋은 생각들을 하루에 1%씩만 해보는 것이다. 1%밖에 안 된다고 생각되었던 것들이 쌓이고 쌓여 1년이 지나면 38배의 어마어마한 성장을 가져오는 것이다.

그 의식 변화의 책 읽기는 거창할 필요가 없다. 하루에 1페이지씩만 읽으면 된다. 보통 책의 분량은 책마다 조금씩 다르지만 보통 250~350페이지가량 된다. 365페이지라고 생각하고 의식 변화 책의 1%인 1페이지만 매일 꾸준히 읽어보자. 그냥 아무 생각하지 말고 꾸준히 그렇게 하면 1년 뒤에 당신의 모습은 38배 성장해 있을 것이다.

하루 1시간 깨달음의 문장들 09 :

망하는 지름길

"잘못된 방향과 빠른 속도는 망하는 지름길 외엔 아무것도 아니다. 우선은 올바른 방향을 설정한다면 빨리 가고 느리게 가고는 별 문제가 아니다." – 나태주, 『오늘도 네가 있어 마음속 꽃밭이다』, 열림원

나는 20대 때 꿈이 없어서 방황을 많이 했다. 꿈이 없다 보니 어느 곳을 향해 가야 하는지 몰랐다. 그냥 막연하게 돈을 좀 많이 벌면 좋을 것이라고 생각했다. 그래서 닥치는 대로 일을 했다. 그냥 돈을 제일 많이 주면 무슨 일이든 했던 것 같다. 많은 경험을 하면 다 좋을 것이라고 그 당시에는 생각을 했는데 그것은 망하는 지름길이었다. 정말 나의 20대는 망하는 길로 가고 있었다. 이 책을 읽고 나는 속도도 중요하지만 제일 중요한 것은 방향이라는 것을 알게 되었다. 그 이후에는 내가 가야 할 방향을 잡고 꾸준히 노력을 하게 되었고 설사 실패하거나 다른 길로 빠지더라도 바로 수정을 할 수 있게 되었다.

요즘 많은 젊은이들이 취업이 되지 않아 과거의 나처럼 아무 일이나 닥치는 대로 하면서 취업을 하는 모습을 많이 보게 된다. 적성에 맞지도 않는 일을 살기 위해서 억지로 하는 것은 정말 지옥과 같은 생활을 평생 하

게 되는 것이다. 자기의 삶을 주도적으로 살려면 방향을 정확하게 정하는 것이 제일 중요하다. 방향을 정하는 가장 쉬운 방법은 꿈을 갖는 것이다. 그러면 방향은 자동적으로 설정이 된다. 인생에 있어서 꿈은 목적지와 같기 때문이다. 오늘의 당신도 꿈을 향해 달려가길 기원한다.

독서 효과를 2배로 만드는 생산적 독서법

독서 계획 : 목적지를 정하고 떠나라

책을 읽어도 기억이 안 난다?

인생의 의미를 지탱하는 기둥은 여러 개가 있는데 그중 하나는 인생의 목적이다. 목적이 없으면 삶은 표류하고 갈피를 잡기 어렵다. 목적이 없으면 삶은 피폐해지고 인생의 말미에 가서는 후회와 번민만 가득해진다. 인생의 목적이라 함은 나 자신보다 위대한 무언가를 이끄는 한 부분이라는 생각이 든다. 목적이 있을 때 필요한 존재가 되는 것이고 더 나은 일을 할 수 있다. 의미 있는 삶을 사는 원동력은 결국 인생의 목적이다.

인생도 이러하듯 책도 마찬가지이다. 책을 읽다 보면 조금 허탈할 때가 있다. 책을 덮고 방금 전에 읽은 것을 생각해보았는데 기억이 전혀 나지 않는 것이다. 어떤 책은 정말 다 읽었는데 하나도 기억이 나지 않는 책도 있다. 열심히 읽긴 읽었는데 기억나는 게 없다. 정말 허무하다. 그러면 내 자신이 많이 싫어진다.

하지만 너무 실망할 필요는 없다. 사실 인간에게는 망각이라는 기능이 있어서 생존할 수 있다. 진화론적으로 우리는 망각하도록 설계되어 있다. 망각 없이 모든 것을 다 기억한다면 삶이 얼마나 힘들고 괴롭겠는가? 경우에 따라서는 잊어버리는 것이 생존에 유리한 경우가 많다.

기억 연구 분야의 대가인 헤르만 에빙하우스에 따르면, 인간은 학습을 하고 10분 후부터 망각이 시작되며 1시간 뒤에는 50%, 하루 뒤에는 70%, 그리고 한 달 뒤에는 80%를 망각한다고 한다. 이 헤르만 에빙하우스의 망각곡선을 보고 있으면 책 내용이 잘 기억이 나지 않는 것은 어찌 보면 당연한 것이다.

책을 읽고 하루가 지나면 70%를 망각하게 되는데 책을 아예 읽지 않는 편이 낫다고 생각하는 사람도 분명 있을 것이다. 그러나 목적이 분명한 독서를 하면 이런 망각곡선을 극복할 수 있다. 우선 책 읽기의 목적을 명확하게 정하고 책의 구조와 주제로 책의 전체적인 내용을 파악한다. 그 후 책의 핵심 내용을 파악하고 의심이 나는 부분에 대해서 질문을 던지면 된다. 책을 읽는 목적을 분명히 정하고 책을 선택하고 읽음으로써 자신의 정체성을 찾고 인생의 의미를 찾을 수 있다. 더 나아가 책의 핵심 내용을 자신의 미래 발전을 위해 활용한다면 변화가 일어나고 성공적인 인생을 살게 될 것이다.

책을 왜 읽을까? 우리보다 앞서 삶을 산 사람들의 지혜를 활용해서 현재의 문제를 해결하고 더 나은 삶을 살기 위해서이다. 책 속에는 수많은 위인이 있으며 수많은 성공한 사람들이 있다. 우리는 책을 읽어 간접 경험을 통해 시간을 절약할 수 있는 것이다. 우리는 직접 아인슈타인을 만날 수 없지만 책을 통해서는 언제든지 만날 수 있다. 그것도 아주 저렴한 가격을 지불하고 말이다.

책 속에서 우리는 지혜로운 멘토를 만날 수 있으며 삶의 지혜도 얻을 수 있다. 깜깜한 바다에서 방향을 잃으면 우리는 등대를 찾는다. 등대의 역할은 바로 이것이다. 항구의 위치를 가르쳐 주는 것이다. 이와 마찬가지로 인생의 방향을 설정하고 나갈 때 책은 등대와 같은 역할을 하는 것이다. 삶의 도움이 되는 책 읽기를 하기 위해서는 목적에 부합하는 책을 읽어야 한다. 결과를 내기 위해서 목적이 있는 것이다. 책 읽기도 결과를 전제로 해야 한다. 책 읽기는 수단이고 결과로 가는 과정인 것이다.

"책은 왜 읽어요?"

책을 읽어야 하는 이유는 각기 다르지만 나는 이렇게 대답했다.

"내가 책을 읽는 이유는 인생 역전하고 싶기 때문입니다. 다시 말하면 여태까지의 나의 삶이 싫었고 정말 잘 살고 싶어요."

나는 다람쥐 쳇바퀴 돌듯이 반복되는 삶에서 벗어나고 싶어 책을 읽기 시작했다. 잘 살고 싶었던 마음이 제일 컸다. 매번 실패하는 삶이 아니라 성공하는 삶을 살고 싶었고 행복해지고 싶었다. 성공하는 삶을 살기 위해서 내가 선택할 수 있는 가장 효율적인 방법이 바로 책 읽기였다. 인생의 목적이 있으면 적극적으로 삶을 살듯이 책을 읽을 때 목적지를 정하고 읽으면 내가 하고 싶은 것에 저절로 초점을 맞추게 될 것이다.

예를 들어 주식으로 돈을 벌고 싶은 사람은 주식 관련 책을 보게 될 것이고, 경매로 돈을 벌고 싶으면 경매 관련 책을 보게 될 것이며 패션에 관심이 많은 사람이면 패션 관련 책을 보게 될 것이다. 이처럼 목적을 정하고 책을 읽는 순간, 그것을 이룰 수단이나 행동, 생각, 만남 등이 다양한 모습으로 나에게 다가오기 시작한다. 그리고 다양한 영감이 떠올라 새로운 행동을 이끌기도 한다.

목적지가 없으면 방향을 잃고 만다

인생도 그렇고 책 읽기도 그렇고 목적지가 없으면 방향을 잃고 만다. 목적지의 중요성을 알게 된 유명한 강연이 있었다. 미국이 낳은 세계적인 성공학의 대가, 브라이언 트레이시의 '8억짜리 한국 강연'이다. 이 강연에서 그는 목표에 대해 다음과 같이 말했다.

"저는 한국 인천공항에 내려서 여기로 이동했습니다. 여기까지 오는 과정을 여러분에게 말씀드리겠습니다. 먼저 미국 뉴욕공항에서 비행기를 탔습니다. 비행기가 이륙했을 때 이미 자동 항법 시스템에 인천국제공항이 목적지로 입력되어 있었습니다. 기장과 부기장의 역할은 12시간 동안 비행하면서 비행기가 항로를 이탈하면 다시 정상 궤도에 올려놓는 일입니다. 구름 속을 통과하면 아래로 뚝 떨어지기도 하지요. 그럼 기장이 다시 고도를 높입니다. 태풍이나 강풍의 영향으로 비행기가 항로 밖으로 나가게 되면 기장이 다시 정상 궤도로 끌어다 놓습니다. 이런 과정을 반복하다 보면 마침내 인천국제공항이 보이기 시작합니다. 그리고 목적지에 착륙합니다.

그런데 만약 비행기가 이륙하면서 목적지를 입력하지 않는다면 어떻게 될까요? 비행기니까 일단 연료를 채우고 이륙을 합니다. 그리고 기장이 안내 방송을 합니다. '기장입니다. 오늘도 우리 항공기를 이용해주셔서 감사합니다. 우리 비행기는 목적지가 없습니다. 하늘에서 선회하다가 적당히 좋은 곳이 보이면 착륙하겠습니다.' 황당하지 않습니까? 그렇게 목적지도 없이 공중을 선회하다가 연료가 떨어지면 그대로 추락합니다. 우리 인생도 이와 같습니다. 인생의 목표가 없는 사람은 하늘에서 선회하다 연료가 떨어지면 추락하는 비행기와 같습니다. 안타깝게도 대부분의 사람들이 인생의 목표가 없는 그런 삶을 살아갑니다. 지금 여러분의 인생에 목표가 없다면 당장 만드시기 바랍니다."

인생의 목적지, 목표에 대한 중요성을 깨닫게 해주는 엄청난 강의였다. 브라이언 트레이시 말대로 이 목적지를 정하고 살아가는 것이 가장 중요하다.

또 다른 역사적인 사례를 봐도 목표의 중요성은 다시 강조해도 부족함이 없다. 혹시 당신은 '성공의 3% 법칙'을 들어본 적이 있는가. 1953년 미국의 예일대 졸업생들을 대상으로 삶의 목표에 대한 조사를 한 적이 있다. '당신은 인생의 구체적인 목표와 계획을 글로 써놓은 것이 있습니까?'라는 질문을 던졌는데, 졸업생 중, 단 3%만이 인생의 구체적인 목표와 계획을 글로 써놓았다고 답했다. 나머지 97%는 그저 생각만 하거나 아니면 아예 목표가 없는 경우였다. 20년이 지난 1973년, 그때의 학생 중 생존자들을 대상으로 경제적인 부유함을 조사했다. 놀랍게도 졸업할 당시 구체적인 목표가 있다는 3%의 졸업생들이 나머지 97%의 졸업생들보다 훨씬 더 많은 부를 가지고 있었다.

예일대 조사 이후 하버드 경영대학원에서도 비슷한 연구가 수행됐다.

1979년 하버드 MBA 과정 졸업생 중 3%는 자신의 목표와 그것을 달성하기 위한 계획을 세워 기록했다. 13%는 목표가 있었지만 기록하지 않았고 나머지 84%는 목표조차 없었다. 10년 후 1989년에 목표가 있었던 13%는 목표가 없었던 84%의 졸업생들보다 평균 2배의 수입을 올리고 있었다. 뚜렷한 목표를 가진 3%는 나머지 97%보다 무려 평균 10배의 수입을 올린 것으로 조사됐다. 이 조사를 통해 목표를 설정하는 것뿐만 아니라 책을 읽을 때에도 구체적으로 목표가 무엇인지 책의 여백에 글로 표현해서 가시적으로 나타내 보이면 독서 효과는 큰 폭으로 좋게 나타날 것이라고 확신한다. 책을 읽을 때 목표를 상상하는 것만으로도 인생의 큰 변화를 불러오지 않을까.

"위대한 인물에게는 목표가 있고 평범한 사람들에게는 소망이 있을 뿐이다." – 워싱턴 어빙

아침 1시간 책 읽기로 하루를 시작하라

나는 저녁형 인간이었다

나는 젊은 시절 주로 밤늦게까지 무엇인가를 하는 전형적인 저녁형 인간이었다. 아침형 인간이 좋은 것을 물론 알고 있었지만 내 스스로 밤에 집중이 잘된다고 생각해서 주로 새벽 1~2시까지는 무엇인가를 했다. 이렇게 살다 보니 아침에는 항상 일어나기가 쉽지 않았다. 주로 저녁에 하는 가장 많은 일은 운동하기, TV 보기, 핸드폰으로 게임하기, 친구들과 수다 떨기, 직장 동료와 술 한잔하기 등 그렇게 대부분의 저녁 시간은 의미 없이 보냈다.

아침형 인간이 사회적으로 유행을 할 때도 나는 나 스스로 저녁형 인간이고, 경우에 따라서는 야행성 인간에 가깝다고 생각해서 아침형 인간으로 변화하려는 생각을 하지 않았다. 나의 삶을 변화시켜야 하는 필요성은 느꼈지만 결심도 하지 않고 계획도 잘 세우지 않고 설사 계획을 세웠다 하더라고 실천하는 경우는 많지 않았다. 사람들은 누구나 변화를 싫어한다.

진즉에 깨달아 그 시간에 책이라도 읽었으면 훨씬 더 빨리 나의 인생을 바꿀 기회를 잡을 수도 있었는데 말이다. 아침에 일어나면 간단히 씻고 옷 갈아입고 바로 출근을 하는 생활의 반복이었다. 말 그대로 아침서부터 허둥대며 살았다. 이렇게 매번 허둥대는 것이 싫어서 아침형 인간으로 변하려고 아침형 인간에 관한 책을 읽었다. 새벽 시간을 활용해서 "새벽에 1시간의 책을 읽으면 낮에 3시간의 책을 읽은 것과 같은 효과를 낸다."고 나와 있었다.

그리고 세상이 멈춘 고요한 시간에 당신은 세상에서 제일 바삐 움직이라고 책에서 조언을 했다. 그래서 새벽에 일어나기로 했는데 새벽에 일어나는 것은 정말 고통스럽다. 남들이 일어날 시간에 이미 세 배의 일을 끝내고 하루를 시작했다고 생각하면 그날 하루 종일 뿌듯할 것이란 생각이 들었지만 나와는 맞지 않았다. 새벽에 일어나 책을 보긴 하지만 졸고 있는 내 모습을 매번 발견하게 되었다. 나는 저녁형 인간이었던 것이다.

"당신은 아침형 인간입니까?"

대놓고 물어보는 TV 코너, 신문기사 등을 많이 보고 들었을 것이다. 이 아침형 인간 열풍은 2003년에 불었는데 일본에서 시작되었다. 2003년 사이쇼 히로시라는 일본의 한 의학연구소장이 쓴 책이 그 시작이다. 그는 "아침형 인간이 되면 인생을 두 배로 활기차게, 효율적으로 살 수 있다."고 주장했다. 책이 베스트셀러가 되고 저자가 TV 쇼에 출연하면서 일본에 아침형 인간 열풍이 불었다. 그 다음 해인 2004년부터 우리나라로 넘어와서 유행이 된 것이다. 실은 이 '아침형 인간'에 관한 연구는 오래전부터 있었다. 1976년 혼과 오츠버그의 연구가 그 시초이다. 이들은 수면의 유형과 일상 업무 패턴의 상관관계를 분석하여 기상시간이 빠르고 아침에 일의 효율이 높은 사람을 아침형 인간, 취침시간이 늦고 저녁에 일의 효율이 높은 이들을 저녁형 인간이라고 명명했다.

이후 이와 같은 류의 연구들이 계속 진행되어 최근에는 아침형, 저녁형 인간의 유형에 가장 큰 영향을 미치는 변수가 개인별 수면-각성 주기이고, 이 변수는 대부분 불변이라고 밝혀지기도 했다. 그러므로 모두가 아침형 인간을 지향하기보다는 수면의 질에 더 관심을 가지면서 자신이 효과적으로 활동할 수 있는 시간대에 생활의 중심을 맞추는 것이 바람직하다는 결론이 도출되는 중이다.

이런 사실을 알기 전에는 나도 아침형 인간이 되기 위해서 책을 사서 읽었다. 그리고 새벽에 일어나서 책 읽기를 했는데 워낙에 잠이 많은데다가 밤늦게 자는 것이 잘 고쳐지지 않아서 새벽에 일어나서 책 읽기를 몇 주 동안 하다가 포기한 적이 있다. 나의 아침에 1시간 책 읽기 첫 번째 시도는 실패로 돌아가고 말았다. 책 읽기 시간을 매일 꾸준히 마련하는 게 쉽지 않았다. 그래서 생각해낸 방법이 점심을 일찍 먹고 남은 시간에 책을 좀 읽는데 식곤증이 와서 책 읽는 게 쉽지 않았고, 나중에 업무에 집중이 되지 않다 보니 오히려 마음의 여유가 없어져서 포기했다.

이것도 실패를 해서 다른 생각을 해낸 것이 책 읽기 시간을 자동이체 하는 방법을 쓴 것이다. 재테크에 대해 조금이라도 관심이 있으신 분들은 통장 분리에 대해 들어보았을 것이다. 『4개의 통장』이라는 유명한 책도 있다. 이 책에 보면 돈의 용도에 맞게 통장을 분리하고, 저축하기 위해서는 월급이 들어오자마자 저축 통장에 바로 자동이체 시키는 것이다. 돈을 다 쓰고 나서 남은 것을 저축하는 것이 아니고, 쓰기 전에 미리 자동이체 시켜야 저축하기 쉽다는 것이다. 이 원리를 책 읽기에 적용을 하면 하루가 시작되면 가장 먼저 시간을 확보해서 독서 통장에 자동이체 시켜버리는 것이다.

아침에 잠이 많아서 나는 일단 새벽에 일어나서 책을 읽는 것은 포기했다. 대신에 조금 일찍 출근을 해서 아침 8시부터 업무 시작 전인 9시까지 매일 1시간씩 책을 읽었다. 새벽에 일어나는 것이 너무 버거웠던 나에게 아침형 인간이 되는 것과 같은 효과를 낼 수 있게 된 것이다.

나는 아침형 인간이 아니다. 살면서 몇 차례 시도를 해보았는데 다 실패를 했다. 만약 당신이 새벽에 일어나는 것이 어렵지 않고 가능하다면 일찍 일어나서 출근하기 전에 집에서 1시간 읽고 오는 것도 가능하겠지만, 나처럼 저녁형 인간인 경우에는 회사에 조금 일찍 출근해서 업무 시작 전에 시간을 확보해서 책을 읽는 것이 좋다. 새벽에 일어나서 읽든, 회사에 와서 읽든, 아침형 인간이든, 저녁형 인간이든 중요한 것은 업무 시작 전에 책을 읽어야 하는 것이 제일 중요하다. 회사 업무가 시작되고 나서, 퇴근하고 나서는 상황이 어떻게 될지 변동성이 너무 크다. 아무리 책을 읽고 싶어도 그날 일이 많아서 늦어질 수도 있고 갑자기 약속이 잡힐 수도 있고, 뜻하지 않게 회식이 잡힐 수도 있다. 그래서 그날 일이 시작하기 전에 아침 1시간 책 읽기 자동이체를 해버리는 것이 가장 중요하다. 나처럼 저녁형 인간일 경우에는 사무실에 일찍 출근해 책 읽기를 하는 방법을 적극 권장한다.

그리고 한 가지 더 팁을 주면 아침에 일찍 출근하고 나서 PC를 켜지 말고 우선 책을 먼저 보라는 것이다. PC가 켜지면 이메일을 확인하게 될 것이고 책을 볼 수 있는 환경이 되지 않는다. 자리에 앉아 책을 펼쳤다고 하더라고 모니터가 켜져 있으면 책에 집중하기 힘들어진다. 뉴스 포털에 눈이 갈 수 밖에 없기 때문에 회사에 오면 PC는 되도록 켜지 말고 책부터 보는 습관을 들이자.

이렇게 아침형 인간, 저녁형 인간 논란이 많음에도 불구하고 아침 1시간 책 읽기를 하라고 추천하는 이유는 하루의 시작을 멋지게 할 수 있기 때문이다. 사소해 보이는 아침 1시간 책 읽기는 결코 사소하지 않다는 것을 다음 연설문을 보면 알게 될 것이다.

사소한 변화가 인생 전체에 영향을 미친다

"세상을 변화시키고 싶습니까? 이불부터 똑바로 개세요."

뭔가를 제대로 큰일을 하고 싶다면, 세상을 변화시키고 싶다면 아침에 이불 개는 작은 것부터 제대로 이루면서 하루를 시작하라! 화제가 된 윌리엄 맥레이븐 장군의 졸업 연설에서 우리에게 동기 부여를 해준 한 남자의 감동적인 이야기를 들어보자.

"세상을 변화시키고 싶으세요? 침대 정돈부터 똑바로 하세요. 매일 아침 침대 정돈을 한다면, 여러분은 그날의 첫 번째 과업을 완수하게 되는 것입니다. 그것은 여러분에게 작은 뿌듯함을 줄 것입니다. 그리고 다음 과업을 수행할 용기를 줄 것입니다. 하루가 끝나면, 완수된 과업의 수가 하나에서 여럿으로 쌓일 것입니다. 침대를 정돈하는 사소한 일이 인생에서 얼마나 중요한 역할을 하는지 보여줍니다. 여러분이 사소한 일을 제대로 해낼 수 없다면 큰일 역시 절대, 해내지 못할 것입니다. 그리고 혹시, 비참한 하루를 보냈다면 여러분은 집에 돌아와, 정돈된 침대를 보게 될 것입니다. 여러분이 정돈한 침대를요. 이것은 여러분에게 내일은 할 수 있다는 용기를 줄 것입니다."

이렇듯 사소한 변화가 인생 전체에 영향을 미치게 되는 것이다. 아침에 1시간 책을 읽는 것은 아침에 일어나 침대 정돈을 하는 것과 마찬가지이다. 만약 당신이 아침에 일어나 침대 정돈을 똑바로 하고 회사에 나와 책을 1시간 똑바로 읽었다면 당신은 벌써 2가지 과업을 완벽하게 수행한 것이다. 또한 최근 온라인 미디어 나인 개그에서 2016년 '부유한 습관, 부유한 삶'을 저술한 사회 경제 학자 랜달 벨(Randall Bell) 박사의 연구 내용이 소개됐다.

랜달 벨은 부유한 삶을 사는 사람들의 공통점을 발견해내기 위해 다양한 분야에서 성공적인 위치에 오른 5천 명을 관찰했다. 그 결과 아침에 일어나 침대를 정리하는 사람이 그렇지 않은 경우보다 백만장자가 될 확률이 206.8% 높은 것으로 나타났다. 이에 벨 박사는 "정리정돈이 몸에 밴 사람은 훨씬 더 생산적인 사고를 하는 것으로 확인됐다."고 설명했다. 이처럼 아침 1시간 책 읽는 것은 사소해보일지 모르지만 결과적으로는 정말 큰 파급력을 가지고 있고 부유한 사람으로 인도한다.

누구나 책을 읽어야 한다는 생각을 가지고 있다. 현대를 사는 모든 직장인들은 모두 자기 전에 스마트폰을 충전해놓고 잠이 들 것이다. 일어나면 스마트폰의 배터리는 항상 완충이 되어 있다. 이처럼 우리는 하루를 살면서 전날 잠으로 보충한 에너지를 쓰게 되는 것이다. 아침에 스마트폰의 배터리가 완충되어 100%인 것과 마찬가지로 사람도 아침에 제일 상태가 좋고 힘이 넘치고 정신이 맑다. 즉 아침에 우리는 가장 많은 에너지를 가지고 있다. 이 시간을 우리는 잘 활용을 해야 한다. 출근 준비를 하면서, 출근을 하면서, 회사에서 업무와 사람들에 부딪히면서 우리의 에너지는 조금씩 줄어드는 것이다. 에너지가 많을 때 아침에 책을 읽는 것이 효율적이다. 그래서 우리는 아침에 아침 1시간 책 읽기로 하루를 시작하는 것으로 나의 삶을 주도적으로 개척해 나가게 될 것이라고 확신한다.

리더(Leader)는 리더(Reader)이다. 세상을 이끌고 싶으면 아침 1시간 책 읽기로 시작하라.

하루 1시간 깨달음의 문장들 10 :

빠르게 승진하는 법

"일이 잘됐든 잘못됐든 일단은 알려야 한다. 직장에서 실무 능력이 뛰어난 직원보다 상사에게 보고를 잘하는 직원이 더 빨리 승진하는 경우가 많다. 상사는 보고를 잘하는 직원을 곁에 둔다. 그러면 회사가 돌아가는 상황을 빨리 파악할 수 있기 때문이다. 업무가 진행되는 상황을 시시각각 상세하게 알려준 직원은 다음에 비슷한 일을 할 때 책임자가 되기도 한다. 모두 그런 건 아니지만, 다른 직원이 담당하는 일을 보고하는 사람이 진행한 것처럼 전달될 때도 있다. 그렇게 표현하지 않았는데 상사는 그렇게 알아듣는다." - 정경수, 『소통하는 보고서 최소원칙』, 큰그림(슈퍼그래픽)

나는 직장생활을 하면서 자기가 맡은 일을 잘하면 일을 잘하는 것이라고 단순하게 생각했다. 그러나 직급이 올라감에 따라 일을 잘하는 것도 중요하지만 무슨 일이 잘 되지 않았을 경우에는 그것을 자기 혼자 해결하려고 끙끙대기보다는 바로 보고를 하고 대안을 찾는 것이 더 일을 잘하는 것임을 알게 되었다. 내가 일하는 회사는 작은 장애가 큰 불편함으로 다가오기 때문에 의사결정의 중요성은 더욱 높아진다. 사회생활 초창기에는 나 혼자 끙끙대다가 늦게 퇴근하는 경우가 많았다.

직장생활을 이제 꽤 오랫동안 하다 보니 내가 결정하지 못하는 일도 많이 발생한다. 나의 권한을 넘어서는 일이 생기면 바로 보고를 하는 것이 회사나 개인한테 모두 유리하다. 빠르게 승진하는 제일 쉬운 노하우 중 하나는 보고를 빨리 하는 것이다. 당신도 지금 너무 고민하지 말고 보고를 하고 상급자와 같이 대안을 찾아보자.

나만의 독서 공간을 만들어라

지금이 당신의 남은 인생에서 가장 젊은 날

"주로 책을 어디에서 읽으세요?"

이런 질문을 하면 다들 각양각색이다. 어떤 사람은 집에서 읽고, 어떤 사람은 회사에서 읽고, 어떤 사람은 카페에서 읽고, 어떤 사람은 도서관에서 읽고 다 각기 다르다. 나는 대부분 집에 있는 소파에 앉아서 책을 읽는다. 애가 이제는 커서 나보다 더 많이 밖에서 생활하다 보니 집에 혼자 있는 시간이 많다. 그래서 다른 집에 비해서 집이 상당히 조용한 편이다.

하지만, 가끔은 날씨가 따뜻해지고 혼자 책을 보고 싶을 때는 동네 카페로 슬슬 산책을 간다. 카페에 가면 좋은 점은 커피를 일단 한잔 마시면 각성 효과가 있어 잠이 달아나고 책을 읽을 때는 집중력이 필요한데, 너무 조용한 것보다는 약간의 소음이 있는 것이 집중하는데 도움이 된다. 지금 나만의 독서 공간이 없다면, 내 방에 조그맣게 독서 공간을 만들어라. 책을 읽을 수 있는 분위기를 만드는 것이 제일 중요하다.

독서 공간을 만들어야 하는 중요한 이유가 있다. 독서 공간이 있으면 책 읽기가 자연스러워지고 습관으로 이어지기 때문이다. 일본의 베스트셀러 작가이자 컨설턴트인 센다 타쿠야는 10대를 그저 그렇게 보낸 것을 뼈저리게 후회하고 20대부터 독서를 통한 자기계발에 몰두해 무려 1,000만 엔(약 1억 원)을 책을 사는 데 투자했다. 그가 젊은 시절 책을 사는 데 돈을 쓰지 않았다면 지금의 자리에 오를 수 있었을까? 결코 그렇지 않을 것이다. 그의 저서 『인생에서 가장 소중한 것은 서점에 있다』에 나오듯 "부자라서 서재가 있는 게 아니라, 서재가 있어서 부자가 된다."라는 말을 하고 싶다. 이 책에서 자신만의 서재를 마련하면 반드시 연봉이 오르고, 의식을 치르듯 자기만의 공간에서 책을 읽는 시간을 확보해야 한다고 말했다. 지금 당장 서재를 가질 수 없는 사람은 나중에도 가질 수 없다고도 했다.

우리는 사고의 전환이 필요하다. 마음이 움직이면 행동이 따르기 마련이다. 중요한 것은 서재를 만드는 것이 아니라 나만의 독서 공간을 만들어 책을 읽고 꿈을 꾸는 것이다. 나도 센다 타쿠야와 마찬가지로 책을 읽지 않고 보낸 청년 시절을 뼈저리게 후회하고 있다. 그러나 인생에서 너무 늦은 때란 없다. 사람마다 깨닫는 시기가 조금씩 다를 뿐이다. 깨달았으면 그때부터 바뀌면 된다. 지금 늦었다는 생각이 들면 지금이 당신의 남은 인생에서 가장 젊은 날이라는 것을 떠올려보길 바란다.

나는 예전에 내 방 침대에서 책을 자주 보았다. 2차 세계대전을 승리로 이끌었고 노벨문학상 수상자이기도 한 영국의 정치가 윈스턴 처칠을 따라하기로 했던 것이다. 그의 침대 위에는 항상 책이 놓여 있었다는 것을 책에서 보고 나도 내 침대 위에 항상 책을 놓고 보아야겠다고 생각하고 침대에서 책을 보았다. 침대에서 책을 보는 것의 단점은 쉽게 잠든다는 것이다. 책을 1시간 이상 보기가 정말 어렵다. 처음에는 굳은 마음을 가지고 책을 읽기 시작하지만 어느새 나의 몸은 조금씩 침대와 일체를 이루게 되고, 책은 치워지고 대신 베개가 곁에 와 있다. 그만큼 책을 읽는 공간도 상당히 중요하다.

김대중 전 대통령의 책 읽는 공간에 대한 유명한 이야기가 있다. 그는 늘 반듯하게 옷매무새를 가다듬고 책을 읽었다. 1980년대 초, 집 밖으로 한 발자국도 못 나가는 '가택연금'을 당했을 때 그는 아침에 양복을 갖추어 입고 자신의 서재로 '출근'해서 하루 종일 책을 읽다가 저녁이 되면 안방으로 '퇴근'을 했다. 그는 단정한 옷차림과 몸가짐이 집중력을 높여주고 책의 내용을 잘 새기게 도와준다고 말했다. 그는 집의 한 곳을 책 읽기 좋게끔 꾸며 놓거나 일부러 독서하기 좋은 곳을 찾아다녔다고 한다. 그의 집 서재는 독서에만 빠져들 수 있도록 사람 소리나 차 소리가 전혀 들리지 않게 만들었다고 한다. 1992년 12월 대선에서 패하고 영국 케임브리지로 가서 여섯 달 동안 머물 때도 그는 독서 공간에 신경을 썼다. 아침 일찍 도시락을 싸 들고 대학 연구실로 가서 저녁 늦게까지 책을 읽었다고 한다. 집보다 연구실이 쓸데없는 생각을 버리기 좋았기 때문이다. 이처럼 그는 자신만의 독서 공간을 중요하게 여겼다. 김대중 전 대통령처럼 양복을 입고 책을 읽을 필요까지는 없지만 최소한 책 읽기에 집중을 할 수 있는 자신만의 공간을 마련하고 그곳에서 책을 읽기 바란다.

조선 왕조의 모범생인 정조는 새벽부터 밤까지 공무에 바빴지만, 자신의 내면을 성찰할 수 있는 회심와(會心窩)라는 곳에 틈 날 때마다 들러 책을 읽었다고 한다. 말 그대로 바쁜 일상 속에서 흐트러진 마음을 수습하기 위한 장소였다. 『홍재전서』에는 『회심와명』이란 글이 남아 있는데, 규모가 작고 소박한 이 움집에서 마음과 도를 모으고 스스로 경계하니 마음이 맑아진다고 했다. 이곳에서 정조는 명상과 독서로 마음을 닦았다.

책을 읽는 사람은 대부분 자신만의 공간이 있다. 최고의 장소는 각기 다르지만 한 가지 공통점이 있다. 책을 읽을 수 있는 환경이 조성된 공간이라는 것이다. 우리는 책을 읽고 싶지만 환경은 만들지 않은 채 시작한다.

그래서 실패하기 쉬운 것인지도 모른다. 집과 회사에서 핸드폰은 우리의 시선과 시간을 빼앗아간다. 계속 문자가 오고, SNS DM 팝업 창이 뜨고, 새로운 메일이 왔다고 알람이 울리고, 대출회사에서 돈을 빌려주겠다고 전화가 오고, 인터넷 회사에서 자기 회사 인터넷에 가입을 하면 선장품을 주겠다고 광고가 날아온다. 이렇게 되면 책에 온전히 집중할 수가 없다. 나도 여러 곳에서 책을 읽어보았지만 집과 회사에서는 집중을 하기 위해 정해진 장소에서만 읽는다. 많은 시행착오를 거쳐 나만의 독서 공간 정하는 방법을 전달해 드리니 독서를 위해 다음과 같은 환경을 만들어보라.

첫째, 아무도 방해할 수 없는 공간을 만들어라.
둘째, 카페에 가서 책을 읽을 때는 혼자 가라.
셋째, 핸드폰은 잠시 꺼두거나 아니면 내 시선에서 멀리 치워라.

스타벅스의 성공 사례

요즘은 한 집 건너 카페가 있을 정도로 주변에 카페가 많다. 책 읽는 사람들이 가장 많이 이용하는 카페가 스타벅스이다. 스타벅스는 경험을 파는 역량에서는 타의 추종을 불허하는 기업이다. 알다시피 스타벅스는 커피 값이 다른 곳에 비해 비싸다. 하지만 불평하는 소비자는 많지 않고, 스타벅스는 항상 만원이다. 그리고 스타벅스는 계속 매장 수를 늘려가고 있다. 그들은 커피를 파는 것이 아니라 경험을 파는 것이다. 대표적인 사례가 한국 스타벅스의 카공족(카페에서 공부하는 사람들을 일컫는 용어) 전략이다. 한국 진출 초기 스타벅스는 카페에서 공부하기 좋아하는 고객층을 발견하고, 그들이 카페에 더 많이 올 수 있도록 공부하기 더 좋은 환경을 만드는 전략을 짰다. 당시에는 와이파이를 무료로 제공하지 않았는데도 인증절차 없이 무료 와이파이를 쓸 수 있게 했고, 매장 곳곳에 전원 콘센트를 설치하여 노트북을 편하게 이용하도록 했다. 그래서 스타벅스 매장 안에는 늘 공부를 하는 사람들이 많다. 요즘은 코피스족(카페에서 일하는 사람들을 일컫는 용어)도 많다. 카페에 수다를 떨러 오는 사람도 많지만 공부를 하거나 일을 하거나 책을 보러 오는 사람들도 많다. 그들을 주의 깊게 보면 상당히 오랜 시간 집중해서 공부를 하거나, 일을 하거나, 책을 본다. 나도 회사나 집 근처 카페를 자주 활용한다.

파블로프(Ivan Pavlov)가 실험을 통해 학습의 기본 원리를 밝혀내면서 알아낸 중요한 사실 중 하나는 보상이 학습에 매우 중요하지만, 보상을 매번 주는 것보다 드문드문 주는 게 더 효과적이라는 것이었다. 이걸 '간헐적 보상'의 효과라고 한다. 예를 들어 개의 귀에 종소리가 들릴 때마다 먹이가 나오면 개는 종소리와 음식을 연관시켜 침을 흘리게 된다는 것이다.

집에 서재를 따로 마련할 여건이 되지 않으면 동네 카페에 습관적으로 책을 가지고 가라. 카페에 가면 책을 보는 습관이 자연스럽게 생기고, 카페에 카공족이나 코피스족이 많아 책 읽는 동기 부여가 된다.

나만의 독서 공간을 만드는 것은 그 장소가 나의 꿈을 꾸고, 그 꿈을 위해서 책을 읽을 수 있고 생각할 수 있는 곳이면 어디든 상관없다. 당신도 자신의 꿈과 희망을 만들 수 있는 공간을 만들어보라. 나만의 아지트를 만드는 것이다. 커다란 서재를 화려하게 만들 필요는 없다. 나 혼자 조용히 책을 읽고 생각을 정리하고 글을 쓸 수 있는 공간이면 충분하다. 내가 생각하는 독서의 장점은 혼자서 즐길 수 있고, 넓은 공간이 필요하지 않다. 앉아서 읽을 수 있는 한 평 정도의 공간이면 충분하다. 그 곳에서 당신은 새롭게 태어나는 것이다. 책을 통해 꿈을 꾸고 거기서 어제와 다른 나로 다시 태어나는 것이다. 그곳이 어디든 당신이 집중하고 몰입해서 책을 읽을 수 있는 곳이면 그곳이 당신에게 가장 좋은 독서 공간일 것이다.

업무와 관련된 책부터 읽어라

업무 관련 책은 강제성을 두고 읽어라

"10년이면 강산도 변한다."는 옛 속담이 있다. 전혀 변할 것 같지 않은 강산도 10년 세월이면 변한다는 세상의 이치를 일컫는 속담이다. 하지만 이제는 10년이란 말이 무색할 정도로 세상은 하루가 다르게 변하고 있다. 그 변화를 가장 빠르게 체감하는 것 가운데 하나는 회사 업무이다.

나는 90년대 후반에 회사에 입사했다. 그 당시에는 지금은 상상도 못하는 일이 벌어지고 있었다. 고객접점 부서를 제외하고는 모든 사무실 책상에 하나같이 재떨이가 있고 재떨이가 있다는 것은 사무실에서 일상적으로 흡연을 했다는 것이다. 그 당시는 그게 전혀 이상하지 않았다. 오히려 그게 자연스러운 현상이었다. 식당 안에서도 당연히 흡연을 했다. 아침에 출근을 하면 간단히 사무실 청소를 하고 아침에 간단히 체조나 아침 인사를 나누고 일을 시작한다.

9시가 되면 업무를 시작하는데 마감일이 아니면 특별히 바쁘지도 않았다. 직원들끼리 담소를 나누든지 아니면 커피를 마시면서 한가로이 일을 했다. 새로 입사한 직원은 일을 직장 선배한테 하나씩 하나씩 배워나가면 되었다. 일을 배우는데 약간 더디다고 화를 내는 사람도 없었고 이해가 될 때까지 알기 쉽게 가르쳐주었다.

그리고 그 당시만 하더라도 컴퓨터가 많이 보급이 되지 않았고 대학교에서도 특별히 관련 학과 졸업생들이 아니면 컴퓨터에 대해서 잘 모르던 시대였다. 처음에 회사에 들어갔을 때는 컴퓨터 운영체제인 Windows가 나오지도 않았다. MS DOS를 썼다. 까만 바탕에 하얀 글씨가 나오는데 명령어도 몰랐고 어떻게 컴퓨터를 활용해야 하는지도 몰랐다. 그래서 회사에서 컴퓨터를 잘 못 다루는 사람들은 학원에 보내주기까지 했다. 나도 뭐 별반 다르지 않아 컴퓨터 학원에 다니면서 기초적인 것부터 차근차근 1달 동안 배웠던 기억이 있다.

이렇듯 예전에는 회사에서 직원들의 역량을 향상시키기 위해 도움을 주었으나 지금은 그런 모습을 보기는 힘들다. 가장 분위기가 많이 바뀐 시점은 대한민국이 IMF를 겪은 이후이다. 대규모 실업 사태가 벌어지고 많은 기업들이 부도가 발생하고 사회가 처음 겪는 혼란 속에서 서로가 서로를 경계하게 되고 직장 동료를 경쟁자로 인식하는 분위기로 바뀌었다. 그 이후로는 회사에 들어와서 일을 배운다는 것보다는 준비해서 들어오는 분위기로 바뀌었다.

앞선 우리의 아버님의 세대는 어렵지 않게 취업을 했고 노력을 하면 경제적인 부(富)도 자연스럽게 따라왔다. 그러나 IMF 이후로는 취업이 상당히 어려워졌고, 입사를 해서 들어오는 직원들의 스펙도 상당히 높아졌다. 그리고 안전을 지향하는 분위기가 높아짐에 따라 공무원, 교사, 군인, 공기업, 대기업 직원들의 인기가 하늘을 찔렀다. 정보화 사회로 진입한 후 세상은 정말 빠르게 변화를 했다.

그런 사회가 좋기만 한 것은 아니고 문제점도 있기 마련이다. 정보화 사회의 가장 큰 문제점은 정보가 너무 많아 그것을 빠르게 이해하여 업무에 활용하는 데 한계가 있다는 것이다. 신문, 잡지, 책에서부터 업무와 관련된 각종 자료와 서류들까지 읽고 파악해야 할 것은 많은 반면 시간은 부족한 게 현실이다. 이런 사회에서 살아남기 위해서는 자기의 업무 능력이 탁월해야 한다.

그러기 위해서는 자신의 업무에 대한 전문성을 높여야 하는데 가장 좋은 방법은 업무 관련 책을 읽는 것이다. 자기계발 분야나 흥미 있는 분야의 독서를 하는 것도 중요하지만 직장인은 자신의 직무와 관련된 책을 읽는 것이 더 중요하다. 직무와 관련된 책은 그저 관련 서적을 많이 읽는 것에 목적이 있는 것이 아니라 자신의 분야에서 최고가 되어 자신의 몸값을 올리는 데 있다.

그렇기 때문에 꼭 읽어야 할 업무 관련 책을 선정하여 약간의 강제성을 두는 것이 좋다. 자신이 맡은 직무나 전문가가 되고 싶은 분야의 책은 최신의 책을 골라서 읽어야 그 분야의 트렌트를 파악할 수 있다. 아니면 다른 사람의 추천을 받는 것도 좋다. 업무 관련 책은 정독을 해야 하며 꼼꼼히 읽어야 한다. 언제까지 다 읽겠다는 구체적인 목표를 정해서 읽어야 한다.

업무 관련 책은 재미로 읽어서는 절대 안 된다. 새로운 메시지가 무엇인지, 새로운 아이템이 무엇이 있는지, 업무에 적용할 수 있는 새로운 아이디어의 원천이 될 수 있는 것이 무엇인지를 항상 염두에 두고 읽어야 한다. 직장인의 능력은 알고 있는 업무 지식의 양과 그것을 잘 포장해서 표현하는 능력에 의해 좌우된다. 업무 관련 책을 읽으면 최신 트렌트를 파악할 수 있고 핵심이 무엇인지 파악이 쉽다.

자꾸 이렇게 업무에 관한 책을 읽는데 강조하는 데는 이유가 있다. 내가 회사에 입사했던 90년대 후반에는 대부분 호봉제였다. 시대가 바뀌면서 우리 회사도 어느 순간 연봉제로 바뀌었다. 자신의 업무 능력이 다른 사람보다 뛰어나다는 것을 드러내야 한다. 열심히 일해야 월급이 더 많이 오르는 것이다. 그러나 그 전에는 그렇지 않았다. 호봉제를 하면 좋은 점도 있지만 젊은 직원들의 불만이 높고 나이든 직원들은 열심히 일하든 일하지 않든 급여는 똑같이 오르기 때문에 회사의 경쟁력이 떨어진다.

연봉제로 바뀌었다는 것은 쉽게 설명하면 무한경쟁의 시대로 바뀌었다는 뜻이다. 업무 관련 책을 보면서 주의를 해야 할 것이 있다. 회사에서는 일을 했으면 성과를 내는 것이 중요한데 책에서 본 내용 중 업무에 적용할 수 있는 것은 메모를 하고 꼭 나중에 적용을 해보아야 한다.

요즘은 새로 입사하는 신입사원들을 보면 워드, 엑셀, 파워포인트 이 정도는 다 어느 정도 배운 뒤에 들어오는 경우가 많아 따로 신입사원들에게 교육을 시키지는 않는다. 그러나 예전에는 그런 교육을 받지 않고 어느 순간 워드를 쓰게 되었고, 또 좀 지나서 파워포인트를 쓰게 되었고, 또 얼마 지나지 않아 엑셀을 쓰게 되었다. 따로 가르쳐주는 사람이 없었으므로 주변의 잘하는 사람이 하는 모습을 어깨 너머로 배운 사람들이 많다.

우리 회사에 있는 한 직원은 엑셀을 자주 써야 하는 업무를 맡게 되었는데 잘 몰라서 처음에 엄청난 고생을 했다. 수만 개의 데이터를 능수능란하게 다루어야 하는데 그러지 못하니까 시간만 많이 걸리고 업무 효율은 낮았다. 그리고 주변에서 면박을 주었더니 이 직원은 회사가 끝나고 학원을 다녔다. 집에 와서는 학원에서 준 엑셀 책을 다시 보고 연습하기를 반복했다. 지금은 일을 하다가 잘 모르면 그 직원한테 제일 먼저 물어본다. 지금은 이런 사례를 보기 힘들다. 누구나 잘하기 때문이다.

새로운 지식은 계속 쏟아진다

나는 IT 관련 회사에 다닌다. 새로운 지식이 정말 쏟아지듯 나온다. IT 업계의 동향에 항상 귀 기울여야 한다. 그래서 그 속도에 따라가지 못하면 힘든 경우가 종종 있다. 나도 직장생활을 꽤 오래했지만 직장생활을 하다 보면 아무리 고민해도 뭐가 맞는지 잘 판단이 서지 않는 것들이 있다. 선배나 상사분들에게 물어보기도 조금 애매한 이런 일들이 막상 닥치면 꽤 난감한 일이 생긴다.

이럴 경우 조용히 나를 도와주는 존재가 있으니 바로 그 분은 업무 관련 책이라는 분이다. 이렇게 높여 부르는 이유는 첫째, 다 나보다 똑똑하고 많이 알고 있다. 둘째, 지극히 객관적이고 공신력이 있다. 셋째, 매우 논리적으로 문제의 해결책을 제시하기 때문이다. 즉, 책 속에 답이 있다는 것이다. 업무적이고 기술적인 내용이 궁금하면 어떤 경우든 주저하지 말고 업무 관련 책을 펼칠 것을 추천하다.

사실 나는 책과 담을 쌓고 살았던 사람이다. 얼마만큼 관심이 없었는지 사례를 하나 들어보겠다. 나는 고등학교 다닐 때 책을 본 적이 없다. 사물함이 있었는데 학기 초에 사물함에 교과서를 넣어둔 뒤로는 책을 본 적이 없다. 내 책가방에는 책이 들어 있지 않고 젓가락 2개와 실내화가 전부였다. 도시락을 싸 오는 것도 귀찮아해서 어머니한테는 학교 구내식당에서 자장면 사먹는다고 해서 매일 돈을 받았다.

나는 그 돈으로 자장면을 사먹은 적도 없다. 그 돈으로 담배를 사거나 술을 사 먹는데 썼다. 젓가락을 가지고 다닌 이유는 점심시간이 되면 친구들한테 얘기해서 도시락 뚜껑을 하나 얻어 반 친구들한테 가서 밥이랑 반찬을 달라고 했다. 불쌍해서 준 것인지 내가 무서워서 준 것인지는 모르겠지만 고등학교 다니는 동안에는 나는 가방에 책이 없었다. 정말 아무 생각 없이 살았다. 다행히 몸은 건강하고 힘이 세서 항상 반에서 싸움을 잘하는 축에 들어서 나를 괴롭히거나 건드리는 친구는 없었다. 건강하게 나를 키워주신 부모님께 감사하다.

직장인들은 업무와 관련된 책부터 읽어야 한다. 업무 관련 책을 읽을 때는 먼저 목표를 확실히 정하고 책을 읽어라. 그리고 목표를 달성하기 위해서는 어떻게 할지 생각해야 한다. 만약 내가 어떤 부분에 약하다고 생각이 되면 내가 공부해야 할 책이 보인다. 즉, '업계 트렌드를 잘 모른다.'든가 '회계 관련 지식을 잘 모른다.'와 같은 공부해야 할 부분이 보인다. 이러한 과정을 통해 자신의 목표와 관련된 업무 관련 책을 읽어야 효과를 빨리 올릴 수 있다. 효과를 빨리 올려야 하는 이유는 단 하나이다. 생업이기 때문이다. 직장에 다니는 동안에는 직장이 나의 밥줄이기 때문이다.

그리고 업무 관련 책을 읽을 때는 내용이 무겁고 어려운 책은 직장인에게 크게 도움이 되지 않는다. 책을 읽는데 이해가 안 되고 자꾸 눈살만 찌푸리게 되면 읽어봤자 아무 소용이 없다. 업무에 적용할 수 있고 실행할 수 있는 책은 자신에게 맞고 이해하기 쉬운 책이다. 직장인의 업무에 도움을 주는 것은 이론보다는 실행을 할 수 있는 노하우이다. 그러므로 이론 중심의 책보다는 실무 중심의 책을 골라라. 이론 중심의 책은 내용이 너무 방대하고 두꺼우며 가격도 비싸다. 반면 실무 중심의 책은 저자가 자신의 경험을 바탕으로 쓴 책이기 때문에 이해하기 쉽고 공감이 간다. 그리고 대부분 가격도 비교적 저렴하다. 가장 중요한 점은 업무에 적용이 가능한 내용이 쓰인 책을 읽어야 한다.

메모하며 읽어라

메모를 하면서 아이디어를 기록하라

나는 나의 기억력을 믿지 않는다. 그래서 나는 평소에 메모를 자주 한다. 메모는 기억력의 한계를 극복하는 매우 좋은 수단이다. 오래 전에 있었던 일이나 생각했던 것을 다 기억해낼 수는 없다. 특히 나이가 들면 건망증이 생겨 금방 생각했던 것도 잊어버리기 일쑤다. 어느 장소에 차를 타고 놀러 갔다 오면서 좋은 아이디어가 떠올랐는데 집에 와서는 아무것도 생각나지 않는다. 이런 경우가 너무도 많다.

순간 떠오르는 생각을 바로바로 메모해놓지 않으면 그 아이디어는 잊어버리게 된다. 역사적으로 큰 발자취를 남긴 인물 가운데 메모광이 많다. 미국의 에이브러햄 링컨 대통령은 늘 모자 속에 노트와 연필을 넣고 다니면서 좋은 생각이 떠오르거나 유익한 말을 들으면 즉시 메모하는 습관을 들였다고 한다. 발명왕 토머스 에디슨은 이동하는 사무실이라 불릴 정도로 장소를 불문하고 메모를 했다. 그가 평생 동안 메모한 노트가 3,400여 권이나 된다고 하니 정말 어마어마하다.

르네상스 시대 최고의 천재라고 불리는 레오나르도 다빈치는 30년 동안 수천 장의 메모를 남겼다. 메모에는 인체, 미술, 문학, 과학의 원리 등이 꼼꼼하게 정리돼 있다. 후에 그의 메모를 편집한 아틀란티쿠스 코덱스(Atlanticus Codex)에는 자동차에서 잠수함에 이르기까지 없는 게 없을 정도로 천재적인 아이디어가 빼곡히 기록돼 있어 그의 철두철미한 메모 습관을 확인할 수 있다. 그의 천재성은 철저한 메모와 탐구 정신에서 나왔다.

조선시대 실학자이자 개혁가인 다산 정약용 선생 역시 철저한 메모가였다. 그는 18년 유배 생활 동안 다양한 분야에서 600여 권의 저술을 남겼다. 이러한 밑바탕에는 성실함과 함께 메모하는 습관이 있었다. 그는 끊임없이 메모하고 생각하고 정리했던 조선 최고의 메모광이었다. 육경과 사서를 여러 해 동안 탐색하면서 하나라도 얻으면 그 즉시 기록해서 보관해두곤 했다. 이 메모가 밑거름이 돼 수많은 위대한 저작으로 발전시킬 수 있었던 것이다. 탁월한 머리도 중요하지만 메모의 힘이 얼마나 큰지 보여주는 좋은 사례들이다.

책을 읽으면서 메모를 하는 이유는 여러 가지가 있지만 제일 큰 이유는 책을 읽으면서 생각나는 아이디어를 기록하기 위해서이다. 아이디어를 오래 간직하고 내 것으로 만들기 위해서는 책에 메모하는 습관을 들여야 한다. 책을 읽으면 좋은 아이디어가 생각나기 마련이다.

우스갯소리로 우리는 '적자생존(적는 자만이 생존한다)'이라는 말로 메모의 중요성을 강조하기도 한다. 또한 "둔한 기록이 총명한 머리를 이긴다."는 둔필승총(鈍筆勝聰)이라는 말도 있다.

사실 메모가 중요한 것은 누구나 안다. 내가 메모를 생활에서 가장 잘 활용하는 것은 마트에 장을 보러 갈 때이다. 구매할 목록을 적어서 마트에 가는 것과 그냥 가는 것은 굉장히 큰 차이를 낳는다. 나는 매주 금요일 회사에서 퇴근 후 집에 오면 바로 장을 보러 간다. 이 시간에 가는 이유는 저녁 9시 이후에는 가격을 세일해서 싸게 파는 음식들이 많기 때문이다. 매일 밥 차리는 것이 귀찮기도 하고 일주일에 한 번 정도는 편히 식사를 하고 싶기 때문이다. 그래서 제일 많이 구매하는 것이 생선회나 초밥, 아니면 치킨이다.

딸과 둘이 살게 된 이후로 직장생활하는 여자들을 대단하게 생각하게 되었다. 집안일은 아무리 열심히 해도 티가 잘 안 난다. 그리고 해도 해도 끝이 없다. 회사 일을 마치고 파김치가 되어서 집에 오면 아무것도 하기 싫은데 밥을 차려야 한다. 나 혼자만 살면 그냥 대충 때우겠는데 청소년기의 딸이 있는 관계로 밥을 해야 한다. 그리고 반찬은 뭐 할지 이것도 고민이 많이 된다. 할 줄 아는 음식은 많지 않기 때문에 거의 비슷비슷하지만 그래도 매번 똑같은 것만 내놓을 수는 없으므로 새로운 반찬을 하는 것이 좋다. 그리고 청소도 해야 하고 빨래도 해야 하고 교복도 다려야 하고 설거지도 해야 한다.

나이가 많이 든 어머님들이 왜 밥하기 싫어하는지 이해가 된다. 한 평생을 삼시세끼 밥을 했다고 생각해봐라. 얼마나 귀찮고 짜증이 나겠는가? 식구들이 맛있는 식사를 하고 좋아하는 모습을 보면 분명 큰 행복을 느끼지만 이걸 몇 십 년 하라고 하면 아무리 좋은 일이라도 하기 싫어질 것이다. 나는 여자는 정말 위대한 존재라고 생각한다. 왜 원더우먼인지 알 수 있게 되었다. 어떻게 그 많은 일을 할 수 있는지 궁금하게 된다. 진짜 남자들은 집안일을 함께 해야 한다. 정말 귀찮고, 해야 할 일이 많다. 함께 하기 싫으면 돈을 많이 벌어 가정부를 부르거나 아니면 자동 청소기를 사주어라. 그리고 빨래건조기와 식기세척기까지 사주면 금상첨화다. 내가 해봐서 아는데 빨래 널기와 개기는 정말 힘들다. 옷의 모양이 제각각이기 때문에 일일이 손으로 다 해야 한다. 자동으로 하는 기계가 나오긴 했지만 아직 상용화가 되지 않았다.

메모의 중요성

메모하며 책을 읽어야 하는 것은 왜 중요할까? 메모를 하면 그 내용이 머리에 각인이 되기 때문이다. 메모를 하며 책을 읽으면 내용을 더욱 심층적으로 이해할 수 있다. 그리고 책을 눈으로만 보지 않고 메모하며 읽기 때문에 집중력을 향상시켜 주고 이해도 더 잘 된다. 이렇게 메모하며 읽으면 당연히 손을 사용한다. 손으로 책의 내용과 함께 자신의 생각과 느낀 점을 기록한다.

이렇게 메모를 하다 보면 자신의 사고력을 뛰어넘는 생각을 하게 되고 새로운 아이디어가 샘솟게 되는 것이다. 칸트는 "손은 바깥으로 드러난 또 하나의 두뇌다."라고 말했다. 손을 사용함으로써 뇌가 진화했고, 뇌가 진화함으로써 손을 더 잘 사용할 수 있게 됐다. 즉 손과 뇌는 상호 보완적인 역할을 해 왔다. 『퍼스트클래스 승객은 펜을 빌리지 않는다』의 저자 미즈키 아키코는 성공한 사람 중에서도 극히 소수만이 비행기 전체 좌석 중 3%로 정해진 국제선 퍼스트 클래스를 이용한다고 한다. "3%의 승객들에겐 작지만 성공을 만드는 비밀의 습관이 있는데 그것은 메모하는 DNA가 있다."라는 것이다. 애플의 창업자 스티브 잡스도 메모의 중요성을 강조했는데 "메모하고 스크랩하는 습관은 하버드대학 졸업장보다 더 가치 있다."라고 했다. 이렇듯 비범한 창조자들도 메모하는 습관에서 출발했다.

우리나라 사람들은 대체로 책을 귀하게 여긴다. 그래서 책에 밑줄을 긋는 것을 아예 상상도 못하는 사람도 있다. 그러나 이렇게 책을 읽으면 문제가 생긴다. 책장을 덮은 뒤에는 아무것도 기억이 나지 않는다는 것이다. 조선 후기 학자 김창흡(1653~1722)은 이렇게 말했다.

"독서에는 죽은 독서가 있고 산 독서가 있다. 책을 덮은 뒤 책 속의 내용이 눈앞에 또렷이 보이면 산 독서고, 책을 펴 놓았을 때는 알 것 같다가 책을 덮은 뒤에 아득해지면 죽은 독서다."

메모를 하지 않고 책을 읽으면 죽은 독서를 하게 된다. 책을 다 읽고 다시 책을 펼치면 처음 읽는 것처럼 전체를 다시 보아야 한다. '아……. 중요한 내용이 어디 있었더라?', '좋은 글귀가 있었는데.' 하며 다시 책을 보게 되는 것이다. 정말 시간 낭비가 아닐 수 없다.

그리고 책을 깨끗하게 보면 깨끗하게 잊힌다. 기억에 남지 않는 것이다. 머릿속이 하얗게 깨끗해진다. 책을 깨끗하게 보는 사람은 그 책을 여러 번 봐야 된다. 여러 번 보려고 깨끗하게 보는 것일까? 깨끗하게 보고 중고서점에 팔려고 하는 것인지는 모르지만 내 생각에는 정말 바보 같은 짓이다. 당신도 책이 종이로 만들어진 이유가 뭔지 곰곰이 생각해봐라.

책을 읽는 것은 저자의 생각을 듣는 것이다. 대부분 책을 쓴 사람들이 공신력 있고 유명한 사람들이기 때문에 대부분은 동감을 할 것이다. 그러나 저자가 하는 말에 반론이 떠오를 때도 있을 것이다. 또 책을 읽으면서 좋은 아이디어가 생각이 나기도 할 것이다. 이처럼 책은 저자의 생각을 전달해주는 것뿐만 아니라 나의 생각을 확장시키는 역할도 한다. 책이 주는 이런 생각의 확장을 시켜주는 좋은 기능을 제대로 활용을 하기 위해서는 메모하며 책을 읽어야 한다. 메모하지 않고 그냥 책을 읽는다면 떠오른 생각이 금방 사라지기 때문이다.

그러면 책의 여백에 어떤 메모를 하는 것이 좋을까? 물론 정해진 것은 없다. 생각나는 대로 쓰면 되지만 몇 가지 추천을 하자면 먼저 자신의 생각을 적는 것이 좋다. 저자가 쓴 내용에 공감이 가거나 반론이 생기면 그 생각을 적어본다. 이렇게 메모하지 않고 그냥 눈으로만 읽으면 생각의 확장이 일어나지 않는다. 그리고 저자가 쓴 내용에 이해가 되지 않으면 질문을 달아도 된다. 그렇게 달린 질문은 다른 책을 통해서 찾게 되는 경우가 많다. 그리고 각 장마다 읽은 내용이 무엇이었는지 정리 요약을 하는 것이 좋다. 핵심을 요약하는 능력도 커지고 키워드를 발췌하는 능력도 향상된다. 마지막으로는 책을 다 읽은 다음에는 내가 책을 읽고 실천할 수 있는 일을 적어라. 책을 읽는다는 행위의 최종적인 목적은 삶을 변화시키는 것이다. 이렇게 메모해 놓은 할 일을 보고 실천을 하게 되면 우리의 미래는 분명 찬란히 빛나고 있을 것이다.

하루 1시간 깨달음의 문장들 11 :
사람과 다른 동물들의 차이점

"사람과 다른 동물들의 차이점이 뭔지 알아? 그건 상황에 구속되지 않는다는 점이야. 동물들은 상황에 구속되어 있어 두려운 상황에서 두려워하고 슬픈 상황에 슬퍼하지. 그들은 상황을 반전시키지 못해. 그들은 어떤 상황에 부닥치면 그 상황에 맞게 본능대로 행동하지. 하지만 인간은 아니야. 인간은 두려운 상황에서 용기를 낼 수 있어. 슬픈 상황에서 눈물을 흘리지 않을 수 있지. 어떤 상황에서도 인간은 평정심을 유지할 수 있어. 그게 인간이야. 본능대로만 움직이는 인간. 상황에 따라서만 움직이는 인간은 인간이 아니야. 그건 그냥 동물일 뿐이지. 상황은 사람을 구속하지 않는다. 단지 그 사람의 됨됨이를 드러내 줄 뿐이다."

　　– 서동식, 『삶에 지친 나에게 내가 해주고 싶은 말』, 함께북스

나한테 살면서 가장 큰 충격은 배우자의 변심이었다. 왜 이런 일이 나한테 벌어졌는지 이해할 수가 없었다. 신이 너무 무심하다고 생각했다. 마음잡고 열심히 살려고 했는데 억울했다. 그러나 그렇다고 애를 포기할 수는 없었다. 책임을 회피하는 아빠가 되고 싶지 않았다. 그래서 더 이상 정신줄 놓고 다니지 않겠다고 결심했다.

이 책을 읽고 두렵고 슬픈 상황을 뛰어넘을 수 있게 되었다. 나는 동물이 되고 싶지 않았다. 살면서 어렵고 힘든 상황이 분명 온다. 그때 우리는 인간이 되어야 한다. 동물이 되어서는 안 된다.

읽기, 때와 장소를 가리지 마라

책 읽기에 완벽한 장소는 없다

취업·인사 포털 인크루트가 직장인 672명에게 설문조사를 실시한 결과 직장인 76.0%는 항상 바쁘다고 느끼고 있는 것으로 조사됐다. 또 직장인의 64.4%는 바쁘지만 왜 바쁜지 모를 때가 있다고 했다. 이유도 모른채, 또는 이유를 생각할 겨를도 없이 바쁠 때가 있다는 얘기다. 하지만 곰곰이 생각해보면 바쁜 이유가 없을 수 없다. 바쁜 이유가 무엇이라고 생각하느냐고 다시 물었다. 처리해야 할 업무가 많아서(43.3%)라는 일반적인 응답이 역시 가장 많이 나왔다. 하지만 업무보다 회사의 잡일이 많아서

(26.9%), 상사가 업무를 나에게 미뤄서(7.7%) 등 내 업무가 아닌 일들 때문에 바쁘다는 의견도 적지 않았다. 또한 지나치게 긴(잦은) 회의 때문(5.7%), 나의 업무 능력이 부족해서(4.8%), 메신저, 웹서핑 등 딴 짓을 하는 경우가 있어서(3.6%), 처리해야 할 일의 순서를 몰라서(3.3%), 동료와의 잡담 등 직장 내에서의 농땡이(1.2%) 등 다양한 응답도 나왔다.

직장인은 바쁘다. 일이 많으면 많은 대로, 없으면 없는 대로 바쁜 게 직장인의 일상이다. 하지만 바쁘다고 책을 읽을 시간이 전혀 없는 건 아니다. 잘 살펴보면 바쁜 와중에도 틈틈이 책 읽을 시간을 마련할 수 있다. 나는 책 읽을 수 있는 시간을 스마트폰 사용 시간에서 찾으면 된다고 생각한다. 스마트폰 사용하는 시간에 책을 읽으면 우리는 꽤 많은 시간을 책을 볼 수 있다.

모바일 시장조사 업체 와이즈앱이 2016년도에 발표한 한국인 1인당 하루 스마트폰 사용시간은 3시간이며, 사용 시간이 가장 긴 세대는 20대로 4시간 9분을 이용하는 것으로 조사됐다. 스마트폰을 사용하는 때와 장소는 우리의 상상을 초월한다. 현대인에게 스마트폰은 이제 분신 같은 존재가 되었다. 잠을 잘 때도, 일을 할 때도, 쉬고 있을 때도, 운동을 할 때도 우리는 옆에 스마트폰이 있다. 그리고 스마트폰으로 계속 뭔가 본다.

그 시간을 책 읽는 시간으로 바꾸면 가능하다. 바쁘다고는 하지만 우리는 책을 볼 수 있는 시간은 있다. 핑계를 대기 시작하면 끝도 없다. 책 읽기는 장소나 주위 환경을 가릴 여유가 없다. 어디서든 책을 읽고 어떤 환경에서도 집중할 수 있어야 한다. 나는 카페나 레스토랑 지하철뿐만 아니라 요란한 음악과 사람들의 대화 소리로 가득한 환경에서도 책을 읽는다. '도저히 집중할 수가 없다.'의 문제가 아니라 '나는 여기서 책을 읽는다.'라고 내가 정했기 때문이다. 그렇게 마음먹고 보니 주위를 신경 쓰지 않고 책 읽을 수 있게 되었다. 이제는 약간의 잡음이 있는 공간이 오히려 집중이 잘된다.

물론 도서관은 책 읽기에 이상적인 환경이다. 가까이 도서관이 있으면 이용하는 것도 좋은 방법이다. 그러나 일부러 도서관을 찾아가는 것은 시간 낭비일 뿐이다. 도서관은 책 읽기에 최적의 장소처럼 보이기는 하지만 도서관에 가서 책 읽는다고 한들 변수가 없는 것은 아니다. 때 마침 시험 기간이라 자리가 없을 수도 있고 잡담을 하는 사람, 다리를 떠는 사람, 연애하는 사람 그리고 전화를 시끄럽게 받는 사람까지 방해의 요소는 널리고 널렸다. 잘 정리정돈 되어있고 소음이 비집고 들어올 틈도 없는 마치 무균실 같은 곳이 있으면 좋겠지만 그런 곳은 주변에서 찾기 어렵다.

결국 책 읽기에 완벽한 장소란 없는 것이다. 책 읽기에 방해가 되는 요소 하나하나 모두 없앨 수 없다. 방해되는 요소가 있더라도 이겨내고 책 읽을 수 있는 면역력을 갖추는 것이 더 중요하다고 생각한다. 그리고 책을 읽으려면 계획이 필요하나 완벽한 계획은 필요 없다. 그냥 딱 오늘 할 일과 내일 할 일만 계획하고 나머지 시간은 모두 책 읽는 데 쓰면 된다.

대략적인 계획만 세우는 셈인데, 이렇게 하는 것이 회사를 다니면서 책을 읽는 데 적합하다고 생각한다. 치밀하게 계획을 세우면 오히려 돌발적인 상황에 대응하기 어려울 때가 많다. 회사를 다니다 보면 갑자기 예정된 일정이 바뀌는 경우가 적지 않다. 회의가 길어지거나 미팅이 잡힐 때도 있고 갑자기 교육을 가야 하는 경우도 있다. 뿐만 아니라 개인적인 일과에서도 돌발 변수는 존재한다.

완벽하게 계획을 세운다면 그날 읽어야 할 책을 마저 읽지 못한 경우 그만큼 다음 날로 미뤄야 한다. 하루면 모를까 이틀, 사흘치 읽어야 할 독서량이 쌓이면 읽기가 싫어지고 계획 자체가 좌절될 수도 있다. 게다가 책 읽기를 하면서 정해진 시간에 정해진 분량만큼 읽는다는 것은 실제로 해보지 않으면 예측할 수 없다. 책 내용에 따라서 쉽게 읽히는 경우도 있고 어렵게 읽히는 경우도 있어서 매번 약간씩 차이가 생긴다.

이처럼 사전에 확실하게 예측하기가 어렵기 때문에 오늘, 내일 정도의 계획만 세우는 것이 좋다. 일단 해보고 오늘 다 내가 목표한 분량만큼 읽었다면 내일은 조금 더 많은 분량을 도전한다. 반대로 버겁다고 느끼면 다음 날은 시간을 조금 더 할애하면 그뿐이다. 빡빡한 계획이 아니어서 매일 이만큼 읽었다는 달성감도 맛볼 수 있다. 책 읽기의 최종적 목표는 지식을 습득하는 것이다. 그러기 위해서는 계획은 유연하게 세우는 것이 좋다. 오늘, 내일 계획을 세워야 그만큼 확실하게 책 읽을 수 있다는 자신감이 생긴다. 처음부터 너무 큰 목표를 가지고 책을 읽으려고 하지 마라.

책을 두 권씩 가지고 다녀라

때와 장소를 가리지 않고 책을 읽기 위해서는 책을 두 권씩 가지고 다녀라. 나는 집에서 출근할 때 책을 두 권 챙긴다. 한 권은 내가 관심이 있어서 보고 있는 책, 다른 한 권은 쉽게 읽을 수 있는 책. 두 권을 챙기는 이유는 시간이 좀 많이 남거나 집중이 잘 되어서 한 권을 다 읽을 수 있기 때문이고 또 다른 이유는 한 권을 보다가 지루해지면 번갈아 읽으려고 두 권씩 가지고 다닌다. 어려운 책을 계속 보는 것이 힘들 때도 있기 때문이다. 단 1분이라도 시간이 나면 책을 읽을 수 있도록 책을 가지고 다녀라.

나도 가끔 대중교통을 이용한다. 버스나 지하철에서 이동하는 시간을 잘 활용한다면 적어도 1시간 이상을 책 읽기에 투자할 수 있다. 집에서 회사까지의 거리가 1시간이라고 하면 출퇴근 길, 하루에 2시간씩 책 읽기에 투자할 수 있다.

자가 운전하는 사람이라고 해서 방법이 없는 것은 아니다. 오디오북이라는 것이 있다. 의외로 모르는 사람들도 많다. 책을 그대로 읽어주는 것도 있고 저자나 명강사의 강의를 담은 것도 있다. 아직 책 읽기가 부담스러운 사람들에게는 편하게 접할 수 있는 장점이 있다.

독서로 부자가 된 사람들의 독서법

성공한 사람들의 공통점

성공한 사람들을 무엇이든 공통점을 찾는다면 그것은 환경이 아니라 습관이다. 『부자 되는 습관(Rich Habits)』의 저자 토마스 C. 콜리는 223명의 부자와 128명의 가난한 사람들을 대상으로 습관을 조사했다. 이 책에서는 부자와 가난한 사람들을 분석해본 결과 아래와 같은 결과를 얻었다.

"부자들은 연간 16만 달러 이상을 벌고 순 자산이 320만 달러가 넘는 사람들이고, 가난한 사람들은 연간 소득이 3만 달러 이하이고 순 자산이

5,000달러 미만이다. 두 부류의 습관은 천지차이였다. 부자들은 매일 30분 이상씩 책을 읽는다는 대답이 88%에 달했으나 가난한 사람들은 2%에 불과했다. 책 읽는 것을 좋아한다는 대답도 부자는 86%였으나 가난한 사람들은 26%에 그쳤다. 또 부자들은 매일 해야 할 일을 메모해둔다는 대답이 86%였다. 반면 가난한 사람들은 9%만이 해야 할 일을 기록했다."

요즘 가면 갈수록 직장생활이 힘들어지고 있다. 대부분 기업에서 업무 스트레스는 점점 커지고 새로운 기술은 끊임없이 쏟아져 나오고 있기 때문에 직장 내에서 성공을 하기 위한 가장 중요한 자질은 통찰력이다. 통찰력은 사물의 본질을 파악하는 능력이다. 그렇다면 그 통찰력을 기르는 가장 효과적인 방법은 무엇일까? 그것은 바로 독서이다. 성공한 직장인 가운데 독서를 하지 않고 성공한 직장인은 없다.

"가난한 사람은 책으로 부자가 되고, 부자는 독서로 귀하게 된다."

송나라 왕안석의 명언이다. 독서는 이렇듯 가난한 사람을 부자로 만들어줄 수 있는 힘이 있다. 나는 한때 부자들에 대한 편견을 가지고 있었다. 나는 책과 부를 연결하는 것 자체를 저급한 것이라고 생각했다. 보통은 책을 고상하고 고귀하다고 생각한다. 책이나 독서라는 단어를 생각할 때 흔히 떠오르는 이미지는 선비, 학자, 교수, 성직자 같은 것이다. 반면 돈이라는 단어에선 사채업자, 노동자를 착취하는 사업가 같은 이미지가 떠오른다. 드라마나 영화에서 약자를 괴롭히고 착취한 사람이 부자가 된 모습을 보고 학습된 결과 그런 이미지가 만들어졌다고 생각한다.

빌 게이츠와 워런 버핏의 독서법

"하버드 졸업장보다 소중한 것이 독서하는 습관이다."

"오늘날의 나를 만들어준 것은 조국도 아니고 어머니도 아니다. 단지 내가 태어난 작은 마을의 초라한 도서관이다."

빌 게이츠의 이 말은 너무도 유명하다. 그는 세계 최고의 갑부가 된 비결을 알려달라는 질문을 받았을 때 이렇게 답했다. 배움에 대한 열정이 남다른 빌 게이츠는 굉장한 독서가로 알려져 있다. 그는 어린 시절 동네 작은 도서관을 자주 가면서 그곳의 책을 다 읽었다고 한다. 책을 읽으면서 그의 두뇌는 방대한 지식 창고이자 창의성의 보고가 되었을 것이다.

빌 게이츠는 일 년에 약 50권의 책을 읽는다고 한다. 1주일에 1권씩 읽는다고 해석할 수 있다. 하지만 무조건 많이 읽는 게 중요한 게 아니라 독서의 기술이 필요하다고 한다. 아이러니한 것은 세계에서 가장 유명한 컴퓨터 천재 중 한 사람인 그가 권장하는 독서방법이 E-book이 아니라 종이책이라는 사실이다. 그는 여백에 마음대로 메모를 할 수 있기 때문에 종이책을 추천한다. 그의 홈페이지 이름은 게이츠 노트(http://www.gatesnotes.

com)이다. 그는 1년에 두 차례 '생각주간(Think Week)'을 가지며 그 기간 동안 직원들이나 가족의 방해도 받지 않고 휴대폰, 컴퓨터도 없이 보낸다.

빌 게이츠의 독서 규칙은 4가지가 있다. 첫 번째는 책 여백에 필기하기. 빌 게이츠는 논픽션 책을 읽거나, 새로운 지식을 습득하고자 접근할 때면 책 여백에 메모를 하면서 읽었다고 한다. 책의 내용에 동의하기 어려울 땐, 자신의 의견을 필기하느라 독서 시간이 너무 오래 걸릴 때도 있다고 한다. 단순히 읽고 끝나는 것이 아니라 책과 소통하며 자신의 의견을 책에 피력하는 것이다.

두 번째는 끝까지 읽을 수 있는 책 읽기. 빌 게이츠의 두 번째 원칙은 읽기 시작한 책은 끝까지 읽는다는 것이다. 그러기 위해서는 아예 처음부터 끝까지 읽을 수 있는 책을 읽는다는 것이다. 빌 게이츠는 자신의 규칙에 예외를 두고 싶지 않다고 말한다. 『부자의 자세』에도 나오는 내용이다. "부자는 자신만의 원칙을 세우고, 반드시 지킨다."

세 번째 원칙은 종이책 〉 E-book. 빌 게이츠는 인터뷰에서 잡지나 종이책을 읽는 것이 익숙하다고 말한다. 자신에게 익숙하고 편안한 방법으로 독서를 한다는 뜻이다. 결정적으로 종이책이 더 좋은 이유는 책에 메모가 가능하기 때문이다.

마지막 네 번째 원칙은 적어도 한 번에 한 시간은 독서에 투자하기. 빌 게이츠는 독서를 위해 한 번에 적어도 한 시간은 할애한다. 짧은 시간 동안 단어를 흡수하는 데 문제는 없겠지만, 내용을 이해하고 생각에 잠기기에는 충분한 시간이 아니기 때문이다. 삶의 어떤 부분에서든 습득한 책의 지식을 활용할 수 있을 때, 진정한 책의 가치가 발생하게 된다.

책을 읽는 데서 끝나지 않고, 얻은 지식을 활용하여 내 삶에 적용하고 발전해야 큰 의미가 있다. 물론 취미와 휴식을 위한 독서를 할 수도 있으나 부자가 되고 싶은 마음이 있으면 목적 없는 독서는 잠시 미뤄둬라.

역사상 최고의 투자자 워런 버핏 역시 책을 떼어 놓고 말할 수 없다.

"나는 여전히 하루에 5~6시간은 독서한다."

워런 버핏의 말이다. 그는 컬럼비아 대학 강연에서도 "매일 500페이지씩 읽으라."라고 말했고, 높이 쌓인 보고서와 논문 더미를 보며 "이것이 지식이 효력을 발휘하는 방식인데 지식은 복리처럼 쌓인다."라고 했다. 워런 버핏은 빌 게이츠와 세계 갑부 순위를 다투는 사람이다.

그럼 이제 워런 버핏의 독서법을 알아보자. 첫 번째는 독서의 목적을 명확히 세워라. 당신이 원하는 욕구가 무엇인지를 명확히 알고 독서를 통해 당신이 원하는 것이 무엇인지를 깨닫게 된다면 독서는 당신의 스승이 되어서 당신에게 큰 깨달음을 줄 것이다.

두 번째는 책을 통해 능력을 키워라. 책은 중요한 학습 도구이다. 당신은 에디슨과 만날 순 없지만 에디슨의 글을 통해서 간접적으로 에디슨과 이야기를 나눌 순 있다. 지금의 당신이 새로운 사람으로 태어날 수 있는 가장 좋은 방법은 책을 통해 세상을 간접 경험하는 것이다.

세 번째는 나의 수준을 돌파하라. 지금의 당신이 행동하는 것처럼 습관이 되어 행동하면 당신에게 인생 역전이란 없다. 항상 지금의 '나'를 뛰어넘어야 한다. 그렇게 자신의 한계를 넓혀감으로써 미래로 나아가는 원동력을 만들어라.

네 번째는 끊임없이 노력하라. 노력 없이 주어지는 건 나이 먹는 것밖에 없다. 당연히 항상 좋지는 않을 것이고, 지루하고 재미없을 수도 있지만 끊임없이 노력을 해서 얻은 그 열매는 달콤하다.

다섯 번째는 시작했으면 최고를 지향하라. 목표를 높이 세울수록 달성되는 결과물이 달라진다. 물론 터무니없이 높은 목표를 힘든 현실과 비교하며 자신을 깎아내려서는 안 되지만, 높은 목표를 세우면서 꿈을 꾸는 사람보다 멋있는 사람은 없다. 항상 높은 목표를 세우고 달려가라.

그의 독서습관이 얼마나 오래되었는지 보자. 워런 버핏의 어린 시절 별명은 책벌레였다. 열 살 때는 오마하 공공도서관을 찾아 투자 관련 책을 모조리 읽었으며, 어떤 책은 두 번 이상 읽었다. 열한 살에 직접 주식 투자를 하면서 경제신문을 읽었고, 경제 용어를 알기 위해 책을 뒤졌다. 이런 버릇은 대학 때까지 이어졌다. 학과 공부보다는 책을 읽으며 스스로 의문을 풀었는데 워낙 방대한 독서량 덕분에 시험공부 걱정은 거의 하지 않았다. 지금도 워런 버핏은 늘 책과 신문을 가까이한다.

한번은 한 미국인이 워런 버핏에게 다음과 같은 편지를 보냈다.

"안녕하세요. 버핏 씨. 제 이름은 조시 윗포드입니다. 저는 지식을 구하기보다는 지혜를 구하고자 합니다. 저는 당신을 성공으로 이끈 당신의 선견지명을 존경합니다. 당신이 만나 본 적이 없는 사람에게 줄 수 있는 지혜가 단 한 가지 있다면, 그것이 무엇일지 궁금합니다."

그랬더니 몇 주 뒤에 워런 버핏으로부터 친필 엽서가 왔다. 거기에는 다음과 같이 적혀 있었다.

"Read, read, read(읽고, 읽고, 또 읽어라)."

현존하는 두 명의 세계 갑부 빌 게이츠와 워런 버핏의 공통점을 찾았는가? 그것은 바로 독서이다.

하루 1시간 깨달음의 문장들 12 :
더 많은 실수를 저질러라

"내가 인생을 다시 산다면 다음에는 더 많은 실수를 저지르리라. 긴장을 풀고 몸을 부드럽게 하리라. 이번 인생보다 더 우둔해지리라. 가능한 한 심각하게 생각하지 않을 것이며 보다 많은 기회를 붙잡으리라. 여행을 더 많이 다니고 석양을 더 자주 구경하리라. 산에도 자주 가고 강에서 수영도 많이 하리라. 아이스크림은 많이 먹되 콩 요리는 덜 먹으리라. 고통은 더 많이 겪을 것이나 상상 속의 고통은 가능한 한 피하리라. 보라. 나는 시간 시간을 하루하루를 의미 있고 분별 있게 살아온 사람이다. 아, 나는 많은 순간들을 맞았으나 인생을 다시 시작한다면 나의 순간들을 더 많이 가지리라. 나의 순간들 외에는 다른 의미 없는 시간들을 갖지 않도록 애쓰리라. 오랜 세월을 앞에 두고 하루하루를 살아가는 대신 이 순간만을 맞으면서 살아가리라."

　－ 호르헤 루이스 보르헤르, 김흥신, 『하루사용설명서』, 해냄출판사

　직장생활을 하면서 다른 부서로 옮기게 되는 경우가 종종 있다. 나의 경우도 새로운 업무를 배우고자 하는 욕구가 커서 부서를 자주 옮겼다. 그러나 처음에 새로운 사람들과 사귀는 것도 힘이 들지만 내가 모르는 일이 많

으므로 모든 일에 주저하게 되는 경우가 많다. 그래서 보통은 선배들이 하는 일을 보고 배우게 되는 경우가 많은데 갑자기 선배가 교통사고로 인해서 못 나오게 되었다. 그래서 일을 내가 혼자 하게 되었는데 모르는 일을 어디에도 물어볼 수가 없어서 고민을 많이 했다. 그 와중에 이 책을 보고 나는 용기를 얻고 도전할 수 있는 힘을 얻게 되었다. 처음부터 잘하는 사람은 없다. 그 순간에 최선을 다하면 된다.

나는 책이 시키는 대로 살기로 했다

삶을 바꾸는 책 읽기를 하라

터닝 포인트는 언제 오는가?

인생의 전환점이라고 들어봤나? 전환점은 다른 방향이나 상태로 바뀌는 계기, 또는 그런 고비, 어떤 순간을 계기로 변화가 일어나는 순간의 지점을 뜻한다. 젊은 사람들에게는 터닝 포인트(turning point)라는 단어가 더 큰 마음에 울림이 있을 것이다. 인생의 전환점은 누구에게나 존재한다. 그것이 향하는 방향의 끝이 빛이든 어둠이든 우리는 항상 그 결과를 겸허하게 받아들여야 한다.

누군가 그러지 않았던가. 인생은 선택의 연속이라고. 우리는 평생 시간이란 굴레 속에서 계속 전진하고 있다. 우리는 같은 시간 속에서 살아가지만 서로 다른 삶을 살고 있다. 어떤 사람은 태어날 때부터 좋은 집에서 호화롭게 사는가 하면, 어떤 사람은 궁핍한 삶만을 살고 있을 수도 있다. 어쩌면 누군가는 삶을 포기하고 싶은 마음을 가지고 있을지도 모른다.

그런데 터닝 포인트는 언제 오는 것일까? 물론 사람들마다 다르다. 정해져 있지 않다. 어떤 사람은 아주 어렸을 적에, 어떤 사람은 아주 늦은 나이에 오기도 한다. 그 터닝 포인트의 기회는 누구에게나 온다. 그 기회는 준비된 자만 잡을 수 있다. 인생의 전환점이 될 수 있는 터닝 포인트는 아주 많을 것이다. 눈에 잘 띄지 않았기에 기억하지 못하는 것일 뿐이다. 인지하지 못하고 지나간 경우가 많다.

나의 터닝 포인트는 고등학교를 졸업하고 절친한 고등학교 동창끼리 모인 술자리에서 일어났다. 나는 공부에 관심이 아예 없었다. 공부를 하지 않고도 나는 커서 잘살 수 있어, 이런 막연한 생각을 하고 안일하게 살았다. 내가 학교에 다니던 시절에는 고등학교에 들어가기 위해 시험을 보았다. 중학교 때까지는 착실하게 공부를 해서 우수한 성적으로 고등학교에 입학을 했다. 고등학교에 들어가서 학기 초에 담임 선생님이 따로 부르더니 이상한 말씀을 하셨다.

"너 반장하고 싶어?"

나는 당황하면서 대답했다.

"네? 제가요? 저보다 공부 잘하는 애들도 있는데 무슨 말씀이세요?"

담임 선생님이 다시 천천히 말씀하셨다.

"성적은 이 정도면 됐고, 반장하고 싶으면 삼백만 원, 부반장 이백만 원, 학급 간부 백만 원이야. 부모님한테 상의해보고 내일 말해줘."

나는 어이가 없었다. 아무리 강남에서 학교를 다닌다고 하지만 이거는 학교가 썩어도 너무 썩었다는 생각이 들었다. 그날 이후로 나는 담임 선생님을 선생님으로 보지 않았다. 쓰레기라고 생각했다. 그날 이후 나는 학교생활에 흥미를 느끼지 못했다. 그냥 학교에 도착하면 바로 잠만 잤다. 그리고 하교를 하면 친구들하고 노는 생활을 계속했다.

성적표를 위조하다

그래도 1학년 1학기까지는 성적이 그럭저럭 괜찮았는데 그 이유는 우리 부모님이 학원, 과외 등을 엄청나게 시켰기 때문에 선행 학습한 것이 있어서 그때까지 성적은 괜찮게 나왔다. 그런데 1학년 2학기부터는 선행 학습한 부분이 아니어서 성적이 뚝뚝 떨어졌다.

부모님이 기대하는 바가 있어서 나는 그 기대에 어긋나고 싶지는 않았다. 그래서 친구들하고 기발한 아이디어를 생각했다. 성적표를 위조하기로 했다. 5명이 모여 돈을 다 모았다. 인쇄소에 가서 성적표를 똑같이 만들어 달라고 했다. 그리고 교장 선생님, 교감 선생님, 담임 선생님 도장을 도장 파는 곳에 가서 위조해서 만들었다. 1학년 2학기 중간고사부터 위조된 성적표를 부모님한테 보여드렸다. 그렇게 2년여의 시간이 흘러 3학년 2학기 입시 상담할 때 들통이 났다. 그때 담임 선생님은 우리 어머님한테 이렇게 말씀하셨다.

"가고 싶은 데 아무데나 써도 됩니다. 경험 삼아 한번 해보시죠."

우리 어머님은 너무도 순진하신 분이셔서 이렇게 대답하셨다.

"서울대는 조금 위험해서 연세대나 고려대가 좋을 것 같은데요?"

그 이후의 일은 따로 설명하지 않는 것이 좋을 것 같다. 우리 어머니는 그날 학교 교무실에서부터 집에 오실 때까지 계속 울고 계셨다. 나는 뭐라 말을 할 수가 없었다. 어떻게 되돌릴 방법이 없었기 때문이다. 그리고 전기 대입 시험을 보고 보기 좋게 떨어졌다.

고등학교 졸업 후 몇 년 뒤에 고등학교 절친한 동창끼리 만나자고 해서 약속 장소에 나갔다. 그날이 나한테는 터닝 포인트가 되었다. 다들 술을 먹다가 요즘 뭐 하는지 묻는데 나는 엄청 창피했다. 내 자신이 그렇게 초라해 보인 적이 없었다. 학교 다닐 때는 다 나보다 싸움도 못하고 운동도 못해서 내가 뭐라고 하면 한마디도 못하는 녀석들이 어깨에 뽕을 두 개씩 넣고 온 것 같았다. 한 명은 은행에 취업을 하고, 한 명은 자기사업을 하기로 하고, 또 다른 한 명은 아버님이 운영하고 있는 기업체에서 경영 수업을 한다고 했다. 나는 아무 말도 안 하고 그냥 술만 마셨다. 그날도 술을 과하게 마시고 고래고래 소리를 지르다가 집 앞 경비아저씨한테 부축을 받으며 집으로 왔다.

사람들마다 터닝 포인트가 되는 순간의 형태는 각양각색이다. 나는 뭐라도 해야 할 것 같은데 뭘 해야 할지 몰랐다. 그날 이후 이렇게 살면 안 되겠다 생각해서 무작정 책부터 보았다. 책에 길이 있다고 하니 그 안에서 찾아야겠다고 생각했다. 그때부터 어떻게 살아야 하나? 고민하는 나에게 책은 중요한 대화 상대가 되었다. 책은 자꾸 일어나라고 한다. 깨어 있으라고 한다. 그만 자라고 한다. 다시 생각해보라고 한다. 생각을 못 한 것이 있으면 깨닫게 한다. 자신감을 가지라고 한다. 내가 겪고 있는 일은 아무것도 아니라고 한다. 내가 겪고 있는 일들을 다른 사람들은 어떻게 극복했는지 말해준다. 그 후로 책은 나에게 계속 질문을 던졌고 고민하게 만들었다. 이렇게 삶이 불안한데 어떻게 해야 하나? 이런 고민 속에서 책은 한 줄기 빛을 비춰주고 있었다. 용기를 준 것이다. 모든 것을 포기하고 아무런 의욕이 없던 나에게 용기를 주었다.

삶의 드라마틱한 변화란 한 권의 책에서 시작될 수도 있다. 내가 그 당시 헤르만 헤세의 『데미안』을 읽지 않았으면 나는 변화하려는 아무 시도도 하지 않고 그냥 하루하루 무의미하게 보내고 있었으리라. 종교적인 내용과 철학적인 질문이 나와 어려운 부분도 있었지만 그래도 손에서 책을 떼지 못하게 하는 힘을 가진 책이다. 「새는 알을 깨고 나온다」라는 장에서 『데미안』에서 가장 유명한 명대사가 나온다.

"새는 알을 깨고 나온다. 알은 곧 세계이다. 태어나려고 하는 자는 하나의 세계를 파괴하지 않으면 안 된다. 그 새는 신을 향해 날아간다. 그 신의 이름은 아프락사스라고 한다."

알을 깨지 않으면 밖으로 나올 수 없는 새들처럼 나의 발전과 계발을 위해서는 기존의 것을 깨고 더 나아가지 않으면 안 된다는 깨달음을 얻었다.

"그 소원이 내 안에 온전히 들어 있어야만, 정말로 내 존재 전체가 그 소원으로 가득 채워져 있어야만 그걸 강력히 원하고 또 실천할 수 있는 거야. 정말 그런 경우라면, 그러니깐 네 내면으로부터 막을 수 없이 솟구쳐 올라오는 것을 시도하면, 그건 이루어진다. 네 의지를 순한 말처럼 부릴 수 있는 거야. 의지는 기회가 오면 곧바로 붙잡을 준비가 되어 있으니까."

그 당시 나는 꿈이 없었다. 꿈이 없으니 방황을 많이 했다. 그러나 꿈도 결국은 하나의 욕망이다. 내가 원하는 욕망이 있어야 무언가 추진할 수 있는 힘이 생기는 것이다. 머리에서 생각한 것이 아니라 가슴에서 나는 내면의 소리에 귀 기울이고 그것을 실천하면 된다.

"누구나 자신의 꿈을 찾아내야죠. 그러면 길이 쉬워져요. 하지만 언제까지나 지속되는 꿈은 없어요. 지난 꿈을 밀어내고 새로운 꿈이 나타나죠. 그 어떤 꿈도 꼭 붙잡으려 해서는 안 돼요."

꿈이 없던 나에게 꿈을 꾸게 만들어 주고 그 꿈을 이루었다고 해도 또다른 더 큰 꿈을 위해 노력해야 한다는 것을 깨닫게 해주었다. 주인공 싱클레어가 많은 고민과 방황을 거쳐 자신의 정체성을 찾아가는 모습을 인상 깊게 읽었다. 싱클레어처럼 자신이나 자신의 주변을 둘러싼 것을 고민하지 않았던 나는 그냥 현실에 안주하며 아무것도 하지 않으며 흘러가는 대로 살았다. 그런 무기력한 나를 깨운 것은 바로『데미안』이라는 책 한 권이었다.

이처럼 책은 인생을 바꿔준다. 나의 삶, 인생을 바꿀 수 있는 책 읽기를 하라. 우리는 자신의 세계를 깨고 새롭게 나아가야 한다. 인간에게는 성장하기 위한 결정적인 도약이 필요하다. 우물 안 개구리가 되지 않기 위해서는 우물 밖으로 뛰어나와야 한다. 그 어려운 도약이 있어야 더 넓은 세상으로 나아갈 수 있다. 더 넓은 세상으로 나아가는 방법은 나의 아버지일 수도 있고, 나의 선생님일 수도 있고, 회사 선배일 수도 있고, 단 한 권의 책일 수도 있다. 알을 깨고 나오기 위한 새의 투쟁은 힘겹더라도 반드시 필요한 것이다. 그래야만 새는 자유롭게 날아갈 수 있기 때문이다. 삶을 바꾸는 터닝 포인트는 사람마다 다 다르다. 그러나 자신이 생각하기에 늦은 감이 있다고 생각이 들면 나는 책을 보길 권한다. 단 한 권의 책을 통해서도 우리는 삶을 바꿀 수 있다.

독서를 한다는 것 자체가 성공이다

매일 독서를 하는 것이 중요하다

"매일 독서를 하면 인생이 바뀐다."라는 말을 듣고 그날부터 매일 책을 읽었다. 벌써 13년째 매일 책 읽기를 하고 있다. 처음에 독서를 시작했을 때에는 내 인생이 너무 안 풀리니깐 여기서 뭔가 길이 보이겠지 하고 읽었다. 일이 없는 날에는 하루 종일 책을 본 날도 있는 반면 책을 1페이지도 제대로 못 읽고 잔 날도 있었다. 너무 피곤해서 책을 펴자마자 5분도 안되어 바로 곯아떨어진 날도 있었다.

그러나 중요한 것은 매일 책을 읽는 습관의 힘이다. 처음에는 너무 의무적으로 책을 읽으면 책에 거부감이 생길까 봐 내가 좋아하는 분야의 책 위주로 많이 읽었다. 이해하기 어려운 책을 보게 되면 시간이 오래 걸리기도 했고, 읽고 싶지 않은 책도 있었다. 책을 읽기 시작하면서 제일 많이 주안점을 둔 것은 재미였다. 책을 즐겁게 읽자. 그래야 오래 읽을 수 있다.

어떤 작가는 책을 읽기 위해서 직장을 그만두었다고 한다. 그러나 나한테는 무리였다. 직장에 다니면서 돈을 벌어야 했고 모아둔 돈도 많지 않았다. 하나 있는 딸을 키워야 했다. 그리고 회사에서 살아남기 위해서 학원도 다니며 공부를 해야 했다. 그러려면 돈이 필요했다. 살기 위해서는 나는 직장을 그만둘 수는 없었다. 이게 현실이다.

사람은 어떤 행동을 해도 내가 왜 해야 하는지 알지 못하면 오래 할 수 없다. 나는 처음에 독서 습관을 가지려고 노력을 했는데 내가 왜 책을 읽어야 하는지 몰라서 한참을 고민했다. 얼마 가지 않아서 내가 책을 읽어야 하는 이유를 깨닫게 되었지만 당신도 예전의 나처럼 왜 책을 읽어야 하는지 모를 수도 있다. 책을 읽고 싶다면 내가 왜 읽고 싶은지 돌아봐야 한다.

'왜'(Why)는 생각과 마음의 핵심이다. '왜'는 행동의 기본이다. '왜'가 없으면 행동하지 않고, 행동하지 않으면 습관은 만들어지지 않는다. 습관 만들기의 본질은 매일 하는 것이다. 반대로 매일 하지 않으면 습관은 바로 없어진다. 매일 하려면 그 행위가 매일 성공하는 것을 보아야 한다. 성공하려면 쉬워야 한다.

나의 군대 이야기를 예로 들겠다. 나는 JSA(Joint Security Area)라는 UN 군 소속 미군 부대에서 카투사로 복무를 했다. 우리가 TV에서 자주 보는 판문점이 내가 복무했던 부대이다. 북한군과 바로 눈앞에서 직접 대치를 해야 하는 관계로 군기가 엄청나다. 그래서 체력, 정신력 모두 최고인 사람들이 모인 부대이다.

논산 훈련소에서 우리 부대로 오면 바로 내가 근무할 곳으로 배치되는 것이 아니라 JSA 부대 내 신병훈련소에서 익혀야 할 복무규정이랑 체력 훈련을 한다. 거의 지옥훈련이다. 체력 훈련 중 제일 많이 하는 3가지가 있는데, 이 3가지를 모두 합격해야 내가 근무할 소대로 배치가 된다. 그 중 제일 어려운 것이 팔 굽혀 펴기이다. 쉬지 않고 100개를 해야 하는데 정말 쉽지 않다. 그런데 1개월 정도 지나니 할 수 있게 되었다. 이 습관은 어떻게 들일 수 있었을까?

먼저 내가 왜 팔 굽혀 펴기를 해야 하는지를 알아야 한다. 쉬지 않고 100개를 할 수 있는 근력을 갖는 게 목적이라고 생각해보자. 쉬지 않고 팔 굽혀 펴기 100개 하기는 운동하지 않는 사람에게는 절대 쉽지 않다. 아니 거의 불가능하다. 왜 해야 하는지 알았다면 이제 이 습관을 매일 조금씩 해보자. 처음에는 내가 할 수 있는 데까지 하는 것이다. 그 당시 교관들은 시도 때도 없이 쉬는 시간만 생기면 팔 굽혀 펴기를 매일 시켰다. 그렇게 매일 개수가 조금씩 늘어난다. 그러면 어느 순간 체력이 좋든 나쁘든 상관없이 결국은 다 하게 된다. 그만큼 습관의 힘은 어마어마하다. 나중에 나는 부대에서 쉬지 않고 250개까지 하는 유일한 사람이 되었다.

독서 습관도 마찬가지이다. 처음에는 책을 1장씩 읽는다. 나중에는 조금씩 늘려간다. 매일매일 하는 성공의 누적에서 오는 성취감이 습관을 만들어준다. 다음은 어디에서 할지 정하는 것이다. 습관을 행동하기 쉬운 장소를 찾아야 한다. 집에서도 할 수 있고 밖에서도 할 수 있어야 한다. 어디서든 하기 쉽다면 성공을 이어갈 확률이 높다. 나는 아침 일찍 회사에 출근해서 내 사무실 책상에서 책을 읽을 수 있었다. 하루 1시간 정도 읽었다. 이렇게 책을 읽으면 1주일에 1권 정도 읽을 수 있다. 장소를 정했다면 그 장소에서 무조건 그 행동을 한다는 공식을 정해야 한다. 나는 회사에 오면 무조건 책부터 읽는다고 정했다. 성공을 이어가기 쉽다는 게 습관의 장점이다.

습관의 힘

요즘은 많은 사람들이 건강에 대한 관심이 많아져서 헬스클럽, 요가학원, 필라테스학원, 줌바댄스학원, 수영, 스피닝 등을 다닌다. 나도 20대 초반부터 했던 보디빌딩 운동을 꾸준히 한다. 벌써 28년이나 되었다. 처음에 헬스클럽에 다녔던 이유는 여름에 수영장에 가려고 했는데 '좋은 몸매를 가지면 인기가 있지 않을까.' 하고 운동을 시작했다.

처음 갔던 날 헬스클럽 관장이 하던 말이 아직도 기억에 생생하다. 일주일 꾸준히 다니면, 3개월 다닐 수 있고, 3개월 다니면 1년 다닐 수 있다고 했다. 헬스클럽에 가 본 사람은 알겠지만 이게 무지 재미없다. 같이 다니는 친구라도 있으면 같이 서로 동기 부여를 하며 다니는데 혼자 다니게 되면 웬만큼 해서는 습관으로 정착되기가 무척 힘들다.

어렸을 때는 홍콩영화를 보면 제일 많이 나오는 배우가 이소룡과 성룡이었다. 그 둘 중에 나는 이소룡이 더 좋았다. 몸매도 좋고 빠르고 멋있었다. 그래서 그와 같은 몸매를 가지길 원했다. 책상 위에 이소룡 사진을 붙여놓고 똑같이 되려고 매일 헬스클럽에 다녔다.

처음에는 재미가 없는데 3개월 정도 지나니깐 가슴과 팔의 근육이 제법 붙어서 봐줄 만했다. 이때부터는 누가 시키지도 않았는데 틈만 나면 헬스클럽에 가서 운동을 했다. 하루에 2번 가는 날도 많았고 많이 간 날은 하루에 3번 간 적도 있었다.

그러다 한국에 『터미네이터2』라는 아놀드 슈왈츠제네거가 주연한 영화가 상영이 되었다. 영화를 본 순간 나는 아놀드 슈왈츠제네거의 열렬한 팬이 되었다. 그는 역사상 최고의 보디빌더 중 한명이었고 영화배우가 되어서 크게 성공한 사람이다. 2003년에는 캘리포니아 주지사에 당선되기도 한 인물이다. 그가 있어서 당시 사람들에게 생소하던 보디빌딩이라는 스포츠 자체를 널리 알리고 대중화시키기까지 한 인물이다. 그가 그렇게 유명해질 수 있었던 이유도 결국은 습관의 힘이다. 그가 15살 때부터 트레이닝을 시작했으며, 매일 5~6시간 이상을 투자했다고 한다. 이런 습관이 있었기 때문에 세계 최고의 보디빌더가 될 수 있었다. 그와 같이 멋진 몸을 가지고 싶었다. 그 영화를 본 이후로는 더 열심히 운동을 했다. 매일 3시간 이상 운동을 했다.

운동을 하면 몸에 근육이 붙는다. 근육이 커지는 원리는 '손상을 통한 재생'이다. 근육은 수많은 가닥의 근섬유로 구성돼 있다. 운동을 통해 근육을 많이 움직이면, 근섬유가 미세하게 손상된다. 상처를 입으면 새살이 돋듯, 근섬유가 손상되면 위성세포(근육에서 줄기세포처럼 작용해 근육 성장에 도움을 주는 세포)와 단백질이 몰려와 손상된 근섬유에 붙어 융합한다.

책을 읽는다는 행위는 근육을 키우는 것과 매우 유사하다. 매일 운동을 해서 습관이 돼야 근육이 커지는 것과 마찬가지로 책도 처음에는 조금씩 읽다가 습관이 되면 하루에 읽는 양이 늘어나게 되는 것이다. 요즘도 나는 일주일에 4일 이상은 꼭 운동을 한다. 그래서 지금의 몸매와 체력을 유지할 수 있는 것이다. 습관은 정말 삶을 변화시키는 중요한 것이다. 운동과 비슷한 원리인 책 읽기도 이와 같이 습관이 되면 당신의 삶을 180도 다르게 변화시킬 것이다. 하루에 1시간 책 읽기를 하겠다고 목표를 잡지 않았다면 나는 매일 책을 보지는 않았을 것이다. 매일 책을 1시간씩 읽지 않았다면 나는 나의 꿈을 찾지 못했을 것이며, 삶의 이유도 찾지 못해 방황하고 있었을 것이다. 매일 책을 1시간 이상 책을 보지 않아도, 계획한 시간 내에 목표를 달성하지 못해도 괜찮다. 당신이 매일 책을 읽는다는 것, 독서를 한다는 것 자체가 이미 성공이다.

습관이 나를 만든다

"나의 삶은 내가 만들어간다. 자신의 삶은 자신이 만들어가는 것입니다. 나의 작은 습관들이 모여 나를 만들어갑니다. 알게 모르게 수년이 지나면 내 습관이 나를 얼마나 변하게 했는지 알 수 있습니다. 10년이 지나고 나면 작지만 좋은 습관들을 만들어가는 성공자의 삶을 살았으면 좋겠습니다. 항상 긍정의 눈으로 세상을 보는 습관, 항상 긍정의 말만 하는 습관, 남에게 뭔가 주는 것을 기뻐하는 습관, 문제만 제시하지 않고 대안도 제시할 줄 아는 습관, 그런 습관들을 만들며 승자의 삶을 살았으면 좋겠습니다. 이미 만들어진 나쁜 습관들은 하나씩 지워갈 수 있었으면 좋겠습니다. 좋은 말, 좋은 행동을 늘 반복으로 그 반복들이 모여서 좋은 습관이 만들어 졌으면 좋겠습니다." - 최복현, 『행복하기 연습』, 잇북

습관의 중요성은 아무리 강조해도 부족함이 없다. 나도 나쁜 습관이었다. 나는 세상을 항상 부정적으로 보았다. 아니 부정적이라기 ~~는 냉소적으로 세상을 바라보았다. 특별히 잘난 것도 없는데 왜 ~~지는 모르지만 상대방을 무시하는 경우도 많았고 상대방의 ~~의 깊게 듣지도 않고 내 생각이 옳다고만 생각했다.

긍정적으로 생각하는 것도 습관이라는 것을 이 책을 보고 깨달았다. 행복하기 위해서는 제일 첫 번째로 요구되는 사항이 바로 긍정적으로 생각하기이다. 세상을 긍정적으로 살아야 한다. 투덜대기보다는 그 문제를 해결하는 것이 가능하다고 생각을 하고 대안을 마련하고 그 대안을 실행하게 되는 것도 다 결국은 긍정의 마인드에서 비롯된다. 내가 성공자의 삶을 살고자 하면 긍정의 습관을 들이길 바란다.

독서는 인생의 차이를 만든다

실패를 실패라고 보지 마라

책이 우리 인생에 있어 얼마나 중요한지는 모두들 알고 있다. 독서야말로 평생 공부를 위한 여러 가지 방법 중에서 가장 좋은 방법이다. 독서가 최고의 방법이라고 하니 다들 뭐 다 알고 있는 내용이라고 생각할지도 모르겠다. 하지만 책을 읽는다는 것은 큰 노력 없이도, 위대한 사람들의 가르침을 가장 쉽게 받는 것이다. 책을 통해 새로운 생각을 만나게 됨은 물론이다. 책을 읽는다는 것은 책을 쓴 저자를 만나는 것이고, 책 속에 등장하는 멋진 인물을 만나게 되는 것이기 때문이다. 인생의 변화를 가져오는 생각은 새로운 사고와 가치관 덕분이다. 책 읽기의 장점을 조금 더 강조하자면, 책을 통해 우리는 세상을 이해하고 세상을 변화시킬 수 있는 힘을 가지게 되는 것이다. 책을 통해 새로운 지식의 세계로 나아가는 것이다.

남아공의 대통령이었던 넬슨 만델라는 이렇게 얘기했다.

"인생의 가장 큰 영광은 절대 넘어지지 않는 것에 있는 것이 아니라 넘어질 때마다 일어서는 데 있다."

인생이라는 긴 여정을 보내면서 우리는 다양한 시련과 역경을 만나게 된다. 그때 넘어져서 일어나지 못하는 사람이 있는 반면 다시 일어서는 사람이 있다. 실패를 실패로 받아들이지 않고 과정으로 생각하는 자세가 필요하다. 실패를 통해서 오히려 더 자신을 보완하고 강하게 만들어 역경을 극복하고 더 크게 성공하는 경우가 많다. 이런 실패를 극복할 수 있는 회복탄력성은 독서를 통하여 얻을 수 있다. 책을 읽음으로써 긍정적인 태도를 지니게 되고 다양한 사람들의 역경을 극복하는 사례들을 간접적으로 경험하게 된다. 이런 깨달음은 삶을 살아가는 위대한 힘으로 연결된다.

그래서 힘든 시련에 처하더라도 그것에 굴하지 않고 당당하게 다시 일어설 수 있는 것이다. 모든 일에는 노력이 필요하다, 꾸준히 노력할 때 우리의 인생은 변하기 시작한다. 꾸준히 해야 한다. 물은 100도에서 끓는다. 99도에서는 끓지 않는다. 단 1도가 모자라도 끓지 않는 것이다. 이 자연의 진리는 인간의 삶에도 똑같이 적용된다. 인생에는 실패란 없다. 단, 포기하지 않아야 한다.

실패를 실패로 보지 않고 극복해나갈 수 있는 것으로 생각하고 노력하자. 실패를 그렇게 성공으로 가기 위한 징검다리라고 생각하라. 지금 하는 작은 노력들이 작은 차이를 만들고, 그것이 쌓이고 쌓여 결국은 큰 차이를 만들게 되는 것이다. 포기하지 않도록 몸과 마음을 단련하자. 그 힘은 인생의 차이를 만들게 될 것이다. 나는 그 힘을 책에서 얻는다.

스펙 쌓으려고 인생 낭비하지 마라

좋은 대학을 졸업하고 대기업에 들어가서 승진을 위해 윗사람들의 눈치를 보며 직장을 다니면 행복할까? 대부분의 직장인들은 가정을 지키기 위해 밤낮없이 일하고 공부한다. 그러나 자신만의 스펙을 쌓기 위해 고군분투하는 사이 경쟁에서 밀려나고, 직장에서도 쫓겨나는 신세가 된다. 이게 바로 이 시대 우리의 자화상이다. 그러나 각종 자격증과 토익 점수가 없어도 기발한 콘텐츠나 남들이 생각하지 못하는 기술력으로 경제적 자유를 이루어 편안하게 사는 사람들도 있다.

이렇게 남들과 똑같은 스펙을 쌓기만 하면 인생을 허비하게 된다. 다른 사람과 달리 자신만의 공부를 위해 책을 보며, 미래를 계획하는 것이 미래를 위한 최고의 대비책이라 할 수 있다. 앞으로 4차 산업혁명이 지나면서 우리는 책을 읽는 사람이 세상을 지배하게 될 것이다. 공부를 할 수 있는 여건과 기회는 지천으로 널려 있지만 독서를 하는 직장인은 많지 않다. 대학을 졸업한 사람들은 취업할 때까지는 열심히 공부하지만, 직장에 들어간 이후에는 책을 읽는 사람이 드물다.

인간의 성공은 독서량에 정비례한다. 책을 많이 읽는 사람은 성공에 더 가깝게 다가간 것이다. 빠르게 변하는 현대 사회에 있는 많은 회사들은 문제해결 능력이 있는 인재를 원한다. 문제 해결 능력은 문제의 개념을 이해하고 이해한 문제를 해결하여 원하는 목표에 도달하는 능력을 말한다.

독서는 이 능력을 키울 수 있는 정보를 제공해준다. 앞으로 사물을 제대로 판단할 능력이 없는 사람들은 도태될 것이다. 그들에게는 매우 불리한 시대가 올 것이다. 생각하는 일, 즉 일을 기획하고 그것을 실행, 관리하고 프로젝트를 만들어 수행할 수 있는 직원이 회사의 중심이 된다. 그 외의 누구나 할 수 있는 직종은 아르바이트나 파견 사원으로 대체가 될 것이다. 결국은 생각하는 능력이 있느냐 없느냐가 인생을 크게 좌우하게 된다.

직장인들이 회사에 나가면 제일 먼저 하는 일은 PC를 켜는 일이다. PC를 쓰다 보면 어느 순간 PC가 느려지고 불편해질 때가 있다. 그러면 회사에서는 PC의 새롭고 효율적인 성능 향상을 위해서 소프트웨어를 업그레이드시켜준다. 우리의 뇌도 PC의 소프트웨어와 같은 것인데 업그레이드하는 데 인색하다. 기존의 뇌에서 새로운 통섭과 융합이 이루어질 수 있도록 뇌를 업그레이드시켜야 한다.

내가 필요로 하는 지식을 지속적으로 뇌에 주입을 시키면 그 분야에 대한 뇌의 근육이 발달하게 된다. 자신의 관심 분야, 회사의 업무 분야에 대해서 독서를 해보라. 그 분야에 대한 핵심과 원리 등을 파악할 수 있게 되고 그 분야의 지식을 쌓을 수 있게 된다. 새로운 지식을 잘 받아들이기 위해서는 기존의 것들을 새롭게 연결하는 능력이 중요해진다.

오늘날 직장인들은 새로운 아이디어를 끊임없이 발굴해야 한다. 새로운 아이디어는 갑자기 생기지 않는다. 머릿속에서 떠다니는 생각들을 붙잡아 기존의 것과 연결을 하면 새로운 아이디어가 된다.

"내일까지 신사업 관련 아이디어 3개씩 제출하세요."

회사에서 팀장이 아이디어를 제출하라고 했다. 다들 갑자기 생각을 하긴 하는데 마땅히 떠오르는 것이 없다. 직장생활을 하면 제일 안 좋은 것 중 하나가 수동적이 된다는 것이다. 시키는 일만 잘하면 된다는 생각을 많이 한다. 나는 이럴 때 제일 먼저 아이디어를 제출한다. 똑똑해서 그런 것이 아니고 그 분야에 관심이 많아서 관련 서적을 많이 읽었기 때문이다. 그리고 관련 서적 속에는 미래에 나올 기술이나 현재 어떤 문제점들이 있는지 상세히 기술되어 있다.

직장인들의 가장 큰 문제는 수동적인 태도로 생활하다 보니 틀에 갇힌 사고를 하게 되는 것이다. 틀에 갇힌 사고란 자신만의 방식으로 세상을 보는 안목이라고 할 수 있다.

인간의 뇌는 논리로 인식하는 것이 아니라 패턴으로 인식한다. 성공의 기억이 있으면 성공의 방식을 반복하고 싶은 게 인간이다. 그 이유는 인간의 뇌는 모든 장기 중에서 제일 게으르기 때문이다. 이 게으른 뇌를 그냥 두면 편하고 익숙한 것만 추구하게 된다. 직장인들은 익숙함에 취해서 살아가고 있다. 익숙함만을 추구한다는 것은 변화를 두려워하거나 시도조차 하지 않는 상태다.

안타깝게도 현대 디지털 시대에는 외부 조건의 변화가 엄청나게 심하다. 성공했던 많은 방식들도 하루만 지나도 낡은 것이 될 수 있다.

독서는 틀에 갇힌 사고를 벗어나 새로운 것을 보게 한다. 변화는 기회다. 기회는 변화하려는 사람만의 몫이라는 점을 잊으면 안 된다. 그 변화의 시작은 독서이다. 빌 게이츠가 휴가에 항상 책을 가지고 가서 독서하는 이유는 책이 생각의 발전에 좋은 역할을 하기 때문이다. 생각에 몰두하기 위해서 아무에게도 방해받지 않는 자신만의 생각의 시간을 갖고자 한 것이다. 인생은 책을 얼마나 읽었느냐에 따라 달라진다. 한 권의 책으로 인생이 바뀐 사람을 찾는다면 수도 없이 많다.

세상의 성공한 사람들은 모두 책을 읽었다. 버락 오바마, 빌 게이츠, 마크 저커버그, 워런 버핏 등 많은 성공한 사람들이 그렇다. 그들은 처음에 그저 평범한 사람, 문제아, 지진아, 비행청소년이었다. 그러나 독서는 그들의 삶을 바꾸었다. 그리고 인생의 차이를 만들었다. 시간이 없다는 말은 모두 핑계다. 돈이 없다는 말도 마찬가지다. 누군가 평생에 걸쳐 쌓아온 경험과 지혜, 깨달음을 단돈 1만 원, 2만 원에 내 것으로 만들 수 있다면 당신이라면 어떻게 하겠는가? 아마 없는 돈도, 없는 시간도 내서 읽게 될 것이다.

우리가 아는 위대한 사람들도 처음부터 그런 것은 아니었다. 처칠, 에디슨, 아인슈타인은 어릴 때 자타가 공인하는 저능아였다. 하지만 그렇게 대책 없던 그들도 전문적인 독서 교육을 받아 인류사에 길이 남을 위인이 된 것이다. 처칠은 유년 시절에 가정교사에게 책을 읽을 줄 모르는 아이로 낙인 찍혔다. 실제로 그는 초등학교 때부터 고등학교 때까지 전교 꼴찌를 도맡아 하던 왕따였다. 그런 처칠이 영국 최고 가문의 딸이던 어머니의 특별한 독서 지도를 받은 결과 서서히 변하기 시작했다. 어머니는 처칠에게 하루도 빼놓지 않고 매일 5시간씩 독서를 하도록 시켰다. 독서법의 핵심은 두 권 중 한 권은 철학 고전을 읽는 것. 그러기를 10여 년이 지나자 처칠은 자신을 놀려대던 친구들이 흉내 내지 못할 정도의 입체적인 사고 능력을 갖게 되었고, 20대 중반에 국회의원에 당선되었다. 그리고 다양한 전략을 구사해 국회를 장악하더니 결국 영국의 수상이 되었다.

에디슨도 초등학교 시절, 지역 교육청에 저능아로 공식 보고된 아이였다. 에디슨의 부모는 아들이 학교에서 공부할 만한 능력이 없다는 사실을 인정하고, 아들을 자퇴시켰다. 하지만 에디슨의 어머니는 엘리트 여성이었다. 미국에서 여성 참정권이 인정되기 80여 년 전에 이미 공립학교 교사 자격증을 가지고 있었던 어머니는 자신의 전 생애를 걸고 에디슨을 교육시키겠다고 결심했다. 어머니의 독서 지도를 착실하게 따른 에디슨은 약 10년이 지나자 발명왕으로 세상에 이름을 알리기 시작했다. 하지만 에디슨은 우리가 알고 있는 것처럼 단순한 발명왕에 그치지 않고 오늘날 세계 초일류 기업의 선두를 달리고 있는 제너럴 일렉트릭사의 창업자가 되었다. 에디슨이 발명가인 동시에 자수성가한 재벌 기업가가 될 수 있었던 것은 독서 교육을 통해 입체적인 사고능력을 기를 수 있었기 때문이다.

천재적인 과학자 아인슈타인도 초등학교 때 저능아 판정을 받았다. 그후 어머니에게 독서 교육을 받은 그는 15세가 되기 전에 기본적인 철학 고전을 섭렵했다. 그는 젊은 시절, 책을 읽고 토론하는 독서 클럽을 만들었을 정도로 열렬한 독서 실천가였다. 그리고 20대 중반에 후일 노벨상을 수상하게 될 논문을 완성했다. 이렇듯 독서는 인생의 차이를 만들게 해준다. 중요한 것은 이들이 원래부터 독서를 즐기는 똑똑한 사람은 아니었다는 것이다. 내가 할 수 있다는 것은 당신도 할 수 있다는 것이다. 지금 당장 책을 펼쳐라.

독서는 언제나 늦지 않았다

인생에서 늦은 때란 없다

불안과 두려움에 시달리지 않고 살아가려면 어떤 삶의 태도를 지녀야 할까? 이 질문의 답은 과연 누구한테 물어야 하나? 누가 그 답을 가지고 있을까? 유명한 정치가? 과학자? 종교인? 대학교수? 믿기지 않겠지만 나는 전혀 예상치 못한 데서 답을 찾았다. 바로 나의 외할머니이다. 이제 나이가 들어 몸은 만신창이가 되고 풍을 맞으셔서 한쪽 팔은 잘 쓰시기 힘드시고 움직일 때도 다른 사람의 도움이 없으면 힘들어하신다.

어렸을 때 외갓집에 같이 산 적이 있어서 더 친근한 것은 사실이다. 그

때는 나를 업고 다니시고 무릎에 비행기를 태워주시기도 하고 같이 장난을 많이 쳤던 기억이 난다. 그리고 음식 솜씨가 좋으셔서 뭘 해도 다 맛있었다. 지금은 나이가 너무 많으셔서 나도 나이를 잘 모르고 우리 어머니도 가끔 헷갈려 하신다. 이제는 요양원에 계시는데 명절이면 이모님 댁으로 오신다. 외할머니 생신 때는 식구들이 모여 요양원으로 간다. '신의 대기실'이라고 불리는 곳이다. 인생의 시작보다는 끝에 훨씬 더 가까운 사람들이 모여 사는 요양원에 가면 마음이 별로 안 좋다. 밝고 활기찬 곳은 아니기 때문에 썩 그렇게 유쾌하지는 않다.

요즘은 예전보다 평균수명이 많이 늘어서 나이가 아주 많으신 노인분들이 많다. 늘어난 수명은 축복이자 재앙일 수 있다. 치매에 걸린 사람들이 많이 늘어나기 때문이다. 다행히 우리 외할머니는 치매를 앓고 계시지는 않는다. 거동이 느려지신 것을 빼고는 아직 건강하시다. 요양원에 가보면 치매에 걸린 노인분들이 많다. 고령화가 빠르게 진행되고 있는 지구촌에서 치매는 사실 연간 10조 원 이상의 사회적 비용을 유발하고 있다. 국민 삶의 질에도 심각한 영향을 미친다. 치매를 앓는 당사자나 가족의 고통은 이루 말로 표현하기 힘들 정도다. 우리 외할머니는 요양원에 치매에 걸린 사람들 이야기를 많이 해주셨다. 듣고 있으면 불쌍하고 안타깝다. 늘어난 수명이 축복이 되려면 치매에 걸리지 않는 것이 본인이나 남아 있는 가족에게 제일 좋다.

치매에 걸리지 않으려면 독서가 도움이 된다. 요양원에서 인사를 드리고 집으로 가려고 하는데 외할머니가 나에게 이렇게 말씀하셨다. "공부 열심히 하고, 책도 많이 보고 알았지?"

"독서와 장수는 분명히 상관관계가 있다. 독서는 생각으로 이어지는 작업이다. 또한 책을 많이 읽으려면 도서관이나 서점을 부지런히 찾아다녀야 한다. 이것만으로도 체력이 길러지는 동시에 두뇌 운동이 된다. 그러므로 독서는 건강과 직결되어 있다고 말해도 과언이 아니다."

– 와타나베 쇼이치, 『지적으로 나이 드는 법』 중에서

신체 근육도 사용하지 않으면 퇴화하듯이 뇌 속의 신경도 사용하지 않으면 퇴화한다. 심하면 치매로 이어질 수 있다. 그리고 치매 예방에는 독서가 좋다는 사실이 밝혀졌다. 독서를 통해 지속적으로 새로운 생각을 하고 가까운 도서관에도 찾아가보라.

한 연구 결과에 따르면, 문맹 노인과 글을 읽을 줄 아는 노인의 치매 발병률에는 큰 차이가 나타나고 있다. 문맹 노인의 경우에는 치매에 걸릴 확률이 38.5% 정도였는데 반해서, 글을 읽을 줄 아는 노인의 경우에는 이 수치가 6%대로 떨어졌다. 책을 읽는 행위 하나가 치매 발병률을 5배나 낮출 수 있는 것이다. 치매에 걸리지 않기 위해서는 40대 이전부터 꾸준히 책을 읽어 두뇌를 지속적으로 자극해야 한다.

치매에 걸리지 않기 위해서만 책을 읽으라는 것이 아니다. 나이가 많은 사람들한테도 많은 도움을 준다. 독서는 만성적인 스트레스에 시달리는 사람들에게도 효과가 있는 것으로 나타났다. 심한 스트레스에 시달리는 경우에도 독서를 했을 경우와 독서를 하지 않았을 경우에 집중력에서 차이가 났다. 스트레스를 받으면 많이 발생하는 하이베타파의 경우에도 독서를 했을 경우에 현저히 감소됐다. 영화나 TV, 게임에 몰두하는 것보다 한 권의 책을 읽는 것이 훨씬 적은 피로를 느끼게 되어 현대인들의 만성적인 스트레스에 도움이 된다.

무엇보다도 독서는 자기 성찰의 기능이 있어 자기 자신을 되돌아보게 된다. 인생의 후반전을 돌아 막바지에 다다른 사람들에게는 정말 도움이 된다. 삶과 죽음의 의미를 생각해 볼 수 있고, 지금까지 살아온 인생을 차분하게 되돌아 볼 수 있는 성찰의 시간을 준다. 다른 사람의 삶을 통해 반성을 하고 아직 못 이룬 꿈에 대한 마지막 열정을 불태우게 해준다.

나만 두 번 맞은 이유

"자, 이제부터 이름 부르는 사람은 교탁 앞으로 나와."

담임 선생님이 한 명씩, 한 명씩 이름을 부르면 대답을 하면서 나갔다. 그렇게 나온 사람이 15명이 되었다. 이름을 다 부르고 담임 선생님은 우리의 이름을 부른 이유를 설명해주었다. 이번에 중간고사 수학 성적이 나왔는데 우리 반이 3학년 이과반 중에서 제일 낮다는 것이고 여기 나온 15명이 반 평균을 낮추는 데 일등공신이라는 것이다. 수학 점수 50점 이하의 점수를 맞는 사람들이었다. 담임 선생님은 몽둥이를 가지고 와서 한 명씩 때리기 시작했다. 그만의 최고의 무기인 블랙봉(당구 큐대 뒷부분을 검은 테이프로 감싼 체벌 도구)으로 세 대씩 때리기 시작했다. 퍽, 퍽, 퍽……. 한 명, 한 명 비명을 지르면서 엉덩이를 감싸고 자기 자리로 돌아갔다.

내 차례가 되었다. 빨리 이 순간이 지나가길 바라면서 눈을 질끈 감고 맞았다. 그리고 자리로 돌아가려고 했다. 담임 선생님이 나를 다시 부르더니 다시 엎드리라고 했다. 다시 엎드려서 세 대를 또 맞았다. 나는 왜 나만 더 때리느냐고 물었다. 선생님이 이렇게 말씀하셨다.

"담임인 내가 수학 선생인데 전교에서 빵점은 너 혼자야."

얼굴이 벌겋게 상기되어 자리로 돌아왔다. 창피해서 그런 것인지, 맞아서 그런 것인지는 당신이 판단하길 바란다.

고등학교 때 학교에서 책을 거의 안 봤다. 그러나 나이를 먹고 더 이상 이렇게 살다가는 인간 쓰레기가 될 것 같아서 다시 공부를 시작했다. 나 같은 인간 말종도 공부해서 인간답게 살고 있다. 책 읽기에는 늦은 때란 없다.

"어려서 공부하는 것은 해가 처음 떠오르는 것과 같고, 젊어서 공부하는 것은 해가 중천에 떠 있는 것과 같으며, 늙어서 공부하는 것은 밤에 촛불을 켜는 것과 같다. 그러니 어리고 젊을 때 공부하는 것이 가장 좋지만 늙어서 배우는 것도 늦었다고 할 수는 없다. 밤에 촛불을 켜면 아무리 어두운 곳이라도 밝아지니, 계속 촛불을 켜 놓으면 햇빛을 대신할 수 있다. 촛불과 햇빛이 다르기는 하지만 밝기는 마찬가지이다. 그리고 공부의 참맛은 늙어서야 진정으로 느낄 수 있다."

조선 중기의 유학자 정호의 말이다. 정호는 1710년 예순세 살의 나이에 함경도 감산에 유배되었다. 소일거리를 찾던 그는 젊은 시절에 보다 만 책을 펴고 공부를 시작했다. 때때로 마음에 맞는 구절을 만나면 유배객의 고생도 잊었고, 마음이 맞는 두세 사람과 함께 책을 읽으며 열심히 토론하다 보니 공부란 끝이 없다는 사실을 깨달았다. 그는 늙어서 공부하는 것이 젊어서 공부하는 것보다 어렵기는 하지만 공부의 참맛은 오히려 늙어서야 제대로 알 수 있다고 하였다. 출세를 위한 공부가 아니라 자신을 위한 진정한 공부이기 때문이다. 자신을 위한 공부에 늦은 때는 없다.

1913년 쉰두 살의 나이에 노벨 문학상을 받은 인도의 시성 타고르가 그림을 그렸다는 사실을 아는 사람은 별로 많지 않다. 그러나 그는 일흔 살부터 그림을 그리기 시작했으며, 지금은 인도 근대 회화의 선구자로 평가받고 있다. 비슷한 사례는 우리나라에서도 얼마든지 찾을 수 있다. 소설가 박완서 선생 역시 마흔 살인 1970년에 월간지 장편소설 공모에 『나목』이 당선되면서 소설을 쓰기 시작해 한국 문단의 거목이 되었다. 무엇인가를 새로 시작하기에 늦은 나이란 결코 없다.

> "오늘 할 일을 내일로 미루지 말라.
>
> (Never leave that until tomorrow which you can do today.)"

벤자민 프랭클린이 이 말을 한 지가 거의 300년 가까이 돼가고 있다. 그런데도 왜 사람들은 곧장 자신이 해야 할 일을 미루는 걸까? 성실함, 적극성과 열정은 인생의 열매를 보장하지만 나태함, 소극성, 열정의 결여는 그에게 아무것도 주지 않을 것이다. 나태함은 한 인생을 파괴하는 마약과도 같은 것이다. 망설이는 사람, 주저하는 사람, 미루는 사람은 지는 사람이다. 그래서 『좋은 기업을 넘어 위대한 기업으로(Good to Great)』의 저자인 짐 콜린스는 "실패한 결정 10개 중 8개는 판단을 잘못해서가 아니라, '제때' 결정을 못 내렸기 때문에 실패한 것이다."라고 지적한 바 있다. 제때에 결단을 내리고 실행에 옮기는 것이 성공의 지름길이다. 그런데 '천천히 하자. 내일 하지 뭐.' 그런 미루는 마음은 자신도 모르게 자신을 세상에서 가장 무능한 사람으로 만들고, 결국은 패배하게 하는 것이다. 여전한 인생을 살고 싶은가? 아니면 역전한 인생을 살고 싶은가? 나는 역전한 인생을 살고 싶었다. 그래서 나는 책을 읽었다.

독서는 성공으로 가는 지름길이다

성공하고 싶으면 책을 읽어라

"세살 버릇 여든 간다."라는 속담은 누구나 한 번씩 들어보았을 것이다. 우리의 옛 선조들도 한번 들인 버릇을 고치기가 쉽지 않다는 것을 알고 있었다. 좋은 버릇이야 여든이 아니라 죽을 때까지 간다면 바랄 것이 없지만 나쁜 버릇은 일찍 버릴수록 좋다. 누구나 각자 나쁜 버릇을 가지고 있을 것이다. 자신을 되돌아보고 나쁜 버릇을 버리는 노력을 해야 한다.

습관은 누구나 자신이 원하기만 한다면 나쁜 습관을 쉽게 버릴 수도 있고 좋은 습관을 새로 만들 수도 있다. 좋은 습관을 만드는 과정은 많이 힘들다. 좋은 습관은 우리의 인생을 성공으로 이끄는 데 직접적인 관련이 있으므로, 좋은 습관을 만드는 데 그만큼의 대가를 지불해야 한다.

성공을 위해서는 우선 독서를 하는 습관을 들여야 한다. 독서는 사고의 축과 목적의식을 토대로 가설과 검증을 거쳐 목적에 한 걸음 더 다가가기 위해 가장 정답에 가깝다고 여기는 쪽으로 판단을 내리는 데 도움을 준다. 선인들의 지혜가 들어 있는 책을 활용하는 것도 성공으로 가는 지름길이 므로 독서를 꾸준히 해야 한다.

사실 나는 남보다 늦게 책 읽기를 시작한 사람이다. 하지만 늦바람이 무섭다고 한번 책을 읽기 시작한 뒤 손에서 책을 놓아본 적이 없다. 집에 있던 대하소설서부터 세계문학전집 같은 두꺼운 책들도 모조건 읽기 시작했고, 추리소설, 심리학 서적, 철학 서적 등 닥치는 대로 읽었다. 군대에 가서는 짬밥이 좀 쌓인 후에 야간 근무를 서면서 늦게 소설에 빠져 꽤 많은 책을 읽었다. 직장생활을 하면서부터는 자기계발서를 읽었고 요즘에는 의식계획 서적, 인문학 서적, 종교 서적 등을 읽고 있다. 지나고 보니 내 인생에 참 많이 도움이 되었다. 책들은 그때마다 나의 사고방식을 조금씩 바꾸어갔다. 지금 내가 남들이 보지 못하는 것을 조금이라도 더 내가 본다면 그 책들 덕분이다. 독서는 생각보다 힘이 세고 위대하다.

내가 초등학교에 다니던 시절에는 초등학교를 국민학교라고 불렀다. 이

명칭을 보고 내 나이를 대략 짐작할 수 있을 것이다. 당시 학교 앞 근처에서 불량식품을 팔았는데 그 중 '달고나 과자'라는 것이 있었다. 그 과자를 받아서 그냥 먹는 것이 아니고, 과자에 찍힌 모양을 부러지지 않은 채로 만들어내면 아저씨가 황금잉어사탕을 주곤 했다. 그 잉어사탕이 너무 먹고 싶어서 어머니한테 받은 용돈으로 매일 '달고나 과자'를 사서 가계 옆에 쭈그리고 앉아 조심스럽게 밖에서부터 모양을 만들어간다. 옷핀을 가져와서 시도하기도 하고 침을 살살 발라가면서 시도해보기도 했다. 계속 실패해서 낙담하기도 하지만 연습하다 보면 요령이 생기고 집중력이 생겨서 나중에는 황금잉어사탕을 자랑스럽게 들고 집으로 갈 수 있다.

지금 생각해보면 나는 이 '달고나 과자'가 성공으로 가는 지름길이라고 생각한다. 처음에는 매번 실패를 한다. 그러나 계속하다 보면 요령이 생기고 진득하게 앉아 있는 힘도 생긴다. 그렇게 몇 번을 하다 보면 언젠가 황금잉어사탕을 가지고 가게 되듯이 우리도 성공에 도달할 수 있다고 생각한다. 초등학교 때의 '달고나 과자'는 지금의 당신이 들고 있는 책이다.

책이 밥 먹여주나?

책을 보고 있으면 누군가는 책이 밥 먹여주냐고 묻는다. 그럴 때 나는 "네, 밥 먹여주죠."라고 당당하게 대답한다. 나는 오랫동안 책을 읽으면서 책이 돈을 벌어줄 것이라고 생각지도 못했는데, 어느 순간 책이 나에게 경제적인 자유를 선사해주기 시작했다. 독서는 성공의 시작이자 끝이라고 할 수 있다. 말할 필요도 없다. 성공하는 사람들의 공통점은 책을 가까이 했다는 것이다. 이는 동서고금 만고의 진리이다. 나뿐만이 아니라 많은 직장인들이나 기업을 이끌어가는 경영자들 중에서도 책에서 길을 찾는 사람들이 많다. 책에서 찾아내는 길은 훌륭한 지름길이자 성공으로 이끄는 확실한 길이다. 독서의 길은 시간이 걸리긴 하지면 실패하는 법은 없다. 책 여백에서 새로운 아이디어가 샘솟고 그 아이디어가 대박이 나거나 꿈을 이루게 해줄 수도 있다.

성공으로 가기 위해서는 강한 정신력을 가져야 한다. 그런 면에서 보면 독서는 산삼이다. 산삼이 명약인 이유는 여기저기 효능이 좋기 때문이다. 독서라는 산삼을 먹으면 우리는 수많은 역경을 극복한 사례를 보게 되고 어떻게 그 위기를 극복했는지를 학습하게 된다. 그러면서 자연스럽게 강한 정신력을 가지게 되어 위기관리 능력이 좋아지게 된다. 또 책은 다른 사람들이 발견하지 못하는 미지의 영역을 찾는 풍부한 상상력을 주어 새로운 시장을 개척하는 데 도움을 준다. 그리고 세상을 넓게 볼 수 있는 통찰력을 주고, 내가 생각해낸 것이 얼마나 시장에 잘 먹힐 것인지를 가늠하는 직관력을 길러준다. 책을 읽는 사람들은 상상력, 통찰력, 직관력을 가지게 되어 성공으로 한 발자국 더 다가서게 되는 것이다.

내가 제일 좋아하는 위인은 징기스칸이다. 그 징기스칸을 있게 한 것은 유목정신이다. 징기스칸에 앞서 몽골제국을 통일했던 돌궐제국의 명장

톤유쿠스(Tonyuquq)의 비문에는 이렇게 쓰여 있다.

"성을 쌓고 사는 자는 반드시 멸망할 것이며 끊임없이 이동하는 자만이 영원히 살아남을 것이다."

항상 개방적이고 이동적인 마인드, 또 창의적이고 열린 마인드가 필요하다는 것이다. 한때 우리나라에서도 디지털 노마드족이 유행한 적이 있다. 열린 사고가 중요하다는 것을 인식하기 시작했는데 책 읽기도 똑같이 유효하다. 책을 이렇게 읽어야 성공할 수 있다.

책에 대한 두려움을 버려라. 완독해야 한다는 강박을 버려라. 시험에 합격하기 위해서 책을 보면 짜증나고 지겨울 것이다. 고정 관념을 탈피해서 끊임없이 이동하는 유목의 정신으로 책을 읽으면 독서로 성공에 다다를 수 있다. 끊임없이 자신이 관심 있는 분야를 읽고 중요하지 않은 내용은 건너뛰고 새로운 분야에 대해서 두려움을 가지지 말고 끊임없이 나의 사고의 영역을 넓혀라. 그러면 당신은 책을 통해 성공할 것이다.

개인뿐만이 아니라 기업체에서도 독서를 사업에 접목하는 독서경영이 유행이다. 국내에서도 이 같은 독서경영의 바람을 일으킨 곳이 대기업 이랜드이다. 이랜드는 창립 때부터 박성수 회장이 독서경영을 적극적으로 실행해 전사 직원들의 역량을 높이고 이랜드의 건전한 기업문화를 만드는 데 기여해온 것으로 평가받고 있다. 일례로 계열사인 이랜드리테일은 지난 해 전국 52개 점포를 대상으로 추천 필독서 문화와 사내 독서 챔피언십 등 다양한 활동을 업무와 연관해 활용하고 포상하는 시간을 갖는 등 독서경영을 전사적으로 실천해 오고 있다. 이랜드의 독서경영은 고부가가치경영 · 트레이딩업 등 경영 콘셉트를 결정하는 데 실질적으로 도움 및 적용을 시키는 단계까지 발전돼 정착이 됐다. 나아가 현재는 다른 기업과 대학생들까지 이랜드의 필독서 리스트를 수시로 문의할 정도로 이랜드의 독서경영 문화는 벤치마킹의 대상이 되고 있다. 우리나라뿐만이 아니라 세계적인 경영자들에게도 독서경영은 핵심 습관이다.

현대의 많은 기업들이 독서경영의 효과를 알고 있다. 실제적인 대부분의 경영상 어려운 문제들의 답은 현장에 있으나 아무것도 모르는 상태에서 부딪치면 무식하게 시행착오를 겪게 된다. 그러나 책을 통해 간접 경험을 쌓고 프로젝트(직접 경험)를 수행하면 시행착오를 줄이면서도 효과적으로 지식을 발견해 갈 수 있기 때문에 점차 많은 회사로 확산되고 있다.

역사상 가장 큰 제국을 완성한 징기스칸의 말에 귀기울일 필요가 있다.

"집안이 가난하다고 탓하지 말라. 나는 9살 때 아버지를 잃고 마을에서 쫓겨났다. 가난하다고 말하지 말라. 나는 쥐를 잡아먹으며 생명을 연장했고 목숨을 건 전쟁이 내 직업이었고 내 일이었다. 작은 나라에서 태어났다고 말하지 말라. 그림자 말고는 친구도 없고 병사로는 10만 백성, 어린애와 노인까지 합쳐도 200만도 되지 않았다. 배운 게 없다고, 힘이 없다고 탓하지 마라. 나는 내 이름도 쓸 줄 몰랐으나 남의 말에 귀 기울이며 현명해지는 법을 배웠다. 너무 막막해 포기해야겠다고 말하지 말라. 나는 목에 칼을 쓰고도 탈출했고 뺨에 화살을 맞고 죽었다 살아나기도 했다. 적은 밖이 아니라 내 안에 있었다. 나는 내게 거추장스러운 것은 모두 없애버렸다. 나를 극복하는 순간 나는 징기스칸이 되었다."

정말로 성공하고 싶은 마음이 간절하다면 징기스칸과 같은 비장하고 절박한 마음을 가지고 생활해야 한다. 징기스칸이 자신의 이름도 쓸 줄도 몰랐으나 남의 말에 귀 기울이며 현명해지는 법을 배웠다고 한다. 그것은 바로 독서이다. 독서는 성공으로 가는 지름길인 것이다. 다들 현실이 녹록치 않고 힘들다고 한다. 그러나 예전에도 그랬고 앞으로도 그럴 것이다. 그러나 현실에 핑계대고 불평하기 시작하면 성공은 나와 점점 멀어지게 된다. 우리는 실패하기 위해서 이 세상에 태어난 것이 아니다. 다들 더 행복하고 성공하고 싶어서 이 세상을 살고 있다. 만약 당신이 나의 어두웠던 과거처럼 어려운 일로 절망에 빠져 삶에 대한 아무런 희망도 없다면 지금 당장 나의 핸드폰 번호 010-6788-7374로 전화를 주면 내가 최대한 성심 성의껏 당신을 위해 조언을 해주겠다. 우리는 성공하기 위해서 이 세상에 온 존재임을 잊지 말자.

하루 1시간 깨달음의 문장들 14 :
나이가 들수록 운동을 해라

"인간은 운동을 해야 합니다. 숨이 목까지 차올라 옅은 피 냄새가 올라올 정도까지 죽어라 달려봐야 해요. 한 발짝만 더 뛰면 죽을지도 모르겠다는 생각이 들 때 한 발짝 더 떼어봐야 합니다. 그러면서 자기 코를 통해서 나오는 자기 땀 냄새를 맡아야 해요. 한계 속에서 자기를 만나는 겁니다. 몸을 움직여서 한계를 경험할 때라야, 자기를 극한의 경계선에 서보게 할 때라야, 자기의 의식 속으로 오히려 자기 자신이 성큼 드러납니다. 자기가 자신을 꽉 채우는 경험, 오로지 자기 자신이 자신 만으로만 남는 일입니다. 운동은 단순히 체력을 기르기 위해서 하는 게 아니라 자기가 자기를 더 대면하는 가장 극적인 장치입니다. 헐떡거리는 숨소리, 자기 몸에서 분비되어 자기 코로 다시 돌아오는 땀 냄새, 심장을 터지게 할 것 같은 박동, 모두 자기가 살아 있다는 것을 자기에게 보여주는 극적인 증거들입니다. 운동하면서 보이는 자기보다 더 극적인 자기가 있을까요?"

– 최진석, 『인간이 그리는 무늬』, 소나무

　나이가 들면 들수록 사람은 게을러지고 힘든 일을 기피하는 경향이 있다. 게을러진 내 자신을 보았을 때 내 자신에 대해서 많이 실망했다. 그래서 게으름을 없애기 위해서 늦게 퇴근을 해보기도 했고, 일기를 써서 매일 매일 반성을 해보기도 했다. 그러나 게으름을 완전히 없애기 위한 제일 좋은 방법은 매일 운동을 하는 것이다. 자기의 한계를 극복하면서 느끼는 그 희열은 느껴보지 못한 사람은 절대 알 수 없다. 운동을 하면 곧 죽을 것 같지만 어느새 그 한계를 넘어선 자신을 느끼게 되고 내가 살아있다는 것을 정말 실감하게 된다. 그리고 제일 중요한 자신감을 가지게 된다.

하루에 1시간만 투자해도 인생이 바뀐다

시간이 많아서 책을 읽는 것이 아니다

"책 볼 시간도 있으시고 좋으시겠어요. 시간을 어떻게 만드세요?"

"독서할 시간도 있고 시간이 많아서 좋겠어."

나는 딸을 키우는 워킹 대디다. 달리 말해서 혼자 애 키우는 남자다. 그리고 먹고살아야 하기 때문에 직장에 열심히 다니고 있다. 그리고 직장 내에서도 한창 일을 많이 해야 할 직급에 있다. 집에서는 대부분 청소, 빨래, 식사 준비, 설거지 등을 한다.

바쁘다. 진짜 정신이 하나도 없다. 깜박하고 음식물 쓰레기를 버리는 것을 하루라도 잊으면 집안에 쓰레기 냄새가 진동을 한다. 냄새나고 더러운 것을 싫어하다 보니 부지런해져야 한다. 그래도 책은 꼬박꼬박 챙겨서 읽는다. 그러면 시간을 어떻게 만드는지 궁금할 것이다.

시간은 소중한 자원이다. 유한하기 때문에 더 소중한 자원이다. 태어나서 죽음에 이르기까지 가진 시간은 각자 다를 수 있으나, 그 시간의 흐름이야말로 인생 그 자체라고 말할 수 있다.

나이가 많으신 노인분들이 공통적으로 후회하는 일이 있다. '시간이 유한한 자원이라는 사실을 너무 늦게 깨달은 점'이다. 젊었을 때는 무한한 것 같았던 시간이 결코 늘어나지 않는다는 당연한 진리를 너무 늦게 깨닫게 되는 것이다. 누구에게나 하루 24시간이라는 시간의 총량은 일정하게 주어진다. 그러므로 시간 활용의 기본은 시간이라는 한정된 자원을 어떻게 배분할 것인지 결정하는 것이 제일 중요하다.

전설적인 경영 컨설턴트인 오마에 겐이치는 이렇게 말했다.

"인간이 변하는 방법은 세 가지밖에 없다. 하나는 시간 배분을 다르게 설정하는 것, 또 하나는 살고 있는 장소를 바꾸는 것, 나머지 하나는 평소 만나는 사람들에 변화를 주는 것이다. 이 중에서 가장 효과적인 방법은 시간 배분을 달리하는 것이다."

인생을 바꾸고 싶으면 시간을 다르게 배분하면 된다. 시간이라는 자원을 효율적으로 배분할 수 있다면 업무의 성과를 올리는 것은 기본이고 인생을 보다 바람직하게 영위할 수 있고 성공으로 이끌 수 있다. 어렵다고 생각이 되는가? 하지만 머리는 두었다 무엇에 쓰려고 하는가? 시간을 아끼는 방법을 연구하고, 가사 일을 하면서도 무언가 주제를 정해놓고 진지하게 고민할 수 있어야 한다.

그래도 달라진 게 없다고 느끼는가? 그렇지 않다. 하루, 1주일, 한 달 아니 10년 후를 생각하면서 지내보라. 반드시 달라질 것이다. 사람들은 모두들 자기 맡은 바 일에 충실하게 살아왔다고 많이들 말한다. 그러나 주어진 일만 충실히 하는 것은 아주 게으른 것이다. 인생을 기차처럼 정해진 레일 위만 달려서는 안 된다. 항상 변화하고 자기계발을 해야 한다.

그리고 퇴근 후에 소파에 늘어져 TV만 보는 것 역시 인생을 배신하는 행동이다. 신은 우리에게 TV만 보다가 잠들라고 창조하지 않았다. 내 삶을 어떻게 좀 더 발전적인 방향으로 이끌 수 있는지 항상 생각해야 한다. 기업도 R&D센터를 두고 끊임없이 연구 개발을 해 새로운 재화를 생산하듯이 사람도 마찬가지이다. 인생도 마찬가지로 연구 개발이라는 것을 해야 한다. 특별히 다른 것이 아니다. 평소에 틈틈이 책을 읽고 메모를 하고 이를 실천에 옮기는 것이다.

아무리 머리가 나빠도 오랜 시간 동안 책을 꾸준히 보면 인생을 개선할 방법에 대해서 해답을 찾을 수 있다. 나에게 처음으로 시간관리가 무엇인지 가르쳐준 사람은 세계적인 리더 중 한 사람인 브라이언 트레이시(Brian Tracy)다. 브라이언 트레이가 가르쳐 준 시간관리 3의 법칙은 간단하다. 누구나 쉽게 배워 따라 할 수 있다.

"세 가지 핵심 작업에 따라 인생이 결정된다는 법칙이다. 먼저 내가 할 수 있는 핵심적인 일 3가지가 뭔지 스스로 물어본다. 어떤 일이 내게 가장 도움이 되고 있는지 판단한다. 그리고 매일 그 3가지를 일하라. 그리고 나머지 일들은 하지 마라. 3일만 지나면 당신이 성장했다는 것을 알 수 있다."

"삶을 사랑하는가? 그렇다면 시간을 낭비하지 마라. 삶이란 바로 시간으로 이루어져 있기 때문이다." - 벤자민 프랭클린

당신은 당신의 삶을 사랑하는가? 그러면 이제 시간을 낭비하지 말고 내 삶의 제일 우선순위에 책을 올려놓으면 시간은 자동적으로 생긴다. 나는 아침에 회사에 출근하면 제일 먼저 하는 일이 책 읽기이다. 하루의 제일 먼저 하는 일을 책 읽기로 정했다. 나의 하루 일과 중 제일 우선순위가 높은 것은 책 읽기이다. 만약 이렇게 하지 않았다면 나도 다른 사람들처럼

미루다 책을 못 읽는 날이 더 많았을 것이다.

우리가 책 읽기 전에 흔히 쓰는 수법들이 있다.

'지금이 7시 5분 전이니까 7시부터 읽어야지.'
'딱 5분만 더 있다가…….'
'이 프로만 마저 보고…….'

미룰 것이 따로 있지 책 읽기는 아니다. 당장 해야 한다. 미리 책 읽을 시간을 정해놨다면 그 시간에 바로 책을 펼쳐라. 미루지 말고 당장 시작하라. 5분만 더 있으면 7시가 되니까 7시 정각에? 그렇게 하면 머릿속도 정리되고 책 읽기에 더 집중이 잘될 것 같은가? 이게 바로 시간의 함정이다. 계속 놀고 싶은 잠재의식이 시간을 가지고 잔꾀를 부리는 것이다. 지금의 5분이 책 읽기를 결정한다.

하루에 몇 시간이나 책을 읽을 수 읽을까?

언젠가 '나는 하루에 몇 시간이나 책을 읽을 수 있을까?' 실험을 해본 적이 있다. 주중에는 회사를 다니고 있어서 주말에 해보았다. 주말에는 학교에 가지 않는 딸이 일어나면 밥을 해줘야 하기 때문에 어쩔 수 없이 일어난다. 더 자고 싶어도 잘 수가 없다.

밥을 먹고 빨래를 돌린다. 이때부터 본격적으로 책 읽기가 시작된다. 빨래를 매일 하는 것이 아니기 때문에 둘이 산다고 하더라도 꽤 많은 양의 빨래가 나온다. 아직 우리 집에는 건조기가 없기 때문에 빨래가 끝날 때까지 기다렸다가 빨래를 널어야 한다. 빨래를 3~4번은 돌려야 하니 꽤 많은 시간 동안 책을 보게 된다. 이런 환경이 고맙다. 빨래를 하는 시간은 책을 읽는 시간이다. 외국 영화를 보면 빨래방에 갈 때 꼭 책을 들고 가는 이유를 이제는 알 것 같다. 아무것도 하지 않으면 꽤 지루한 시간이다. 빨래를 하는 동안 책을 봤다. 점심을 먹고 나서 다시 또 책을 봤다. 운동하러 갔다와서도 바로 책을 봤다. 시간이 날 때마다 책을 읽었다. 하물며, 약속 장소로 가서 기다리는 동안에도 책을 읽었다. 드디어 그날 밤에 하루 종일 책 읽은 시간을 계산해 따져보니 모두 합쳐 12시간이라는 어마어마한 결과가 나왔다. 물론 그 시간 모두 온전히 책에만 집중을 한 것은 아니지만, 얼마든지 책을 읽는 시간을 만들 수 있다는 결론을 내렸다.

책을 읽으면 인생이 바뀔 수 있느냐고 물어보는 사람도 있다. 나의 경우를 보면 이렇다. 난 처음에 매사에 부정적인 사람이었다. 그래서 항상 나쁜 일이 생기면 남 탓부터 하는 나쁜 습관이 있었다. 그러다 어느 날 도산 안창호 선생이 쓴 책에서 이런 구절을 읽었다.

"성격이 모두 나와 같아지기를 바라지 말라. 매끈한 돌이나 거친 돌이나

다 제각기 쓸모가 있는 법이다. 남의 성격이 내 성격과 같아지기를 바라는 것은 어리석은 생각이다."

순간 머리를 한 대 얻어맞은 것 같았다. 이해는 어디에서 오는지 몰랐다. 이 글을 읽고 다름을 인정할 때 이해하게 되었다. 나는 이해하려고 해도 도저히 이해가 안 되는 상황이 많았다. 나는 잘하는데 왜 나와 같지 않은 거지? 이해를 못해서 상대방에게 까칠하게 대하고 침묵으로 대하기도 했다. 나와 같지 않아서 화를 드러냈다. 남 탓을 하기에 급급했던 내가 그날 이후로 내 탓을 하고 반성하게 됐다. 내 자신을 돌아보는 계기가 됐고 더 많이 나를 변화시키기 위해서 많은 책을 보았다. 책을 보면 볼수록 부정적인 사고에서 긍정적인 사고로 전환이 되었다. 세상을 대하는 자세가 적극적으로 변했다. 제일 행복한 것은 나 자신을 사랑할 줄 알게 되었다는 것이다. 고대 그리스의 기인 헤라클레이토스가 아름다운 말을 했다.

"같은 강물에 두 번 발을 담그는 것은 불가능하다."

이 말에 담긴 숨은 뜻은 실로 어마어마하다. 우리는 영원히 살 수 없다. 시간이 없다는 핑계는 이제 그만하자. 하루에 1시간만 투자해도 인생이 바뀐다. 당장 책을 펼쳐라.

직장인이라면 자기계발서를 읽어라

행복해지기 위해 자기계발서를 읽어라

"당신은 책을 읽는 이유가 뭐라고 생각합니까?"

책을 읽는 데는 다양한 이유가 있지만 지금보다 행복한 삶을 살고 싶은 것이 대부분일 것이다. 그런데 이것은 많은 직장인들이 자기계발서를 읽는 이유와 똑같다. 실제적이고 구체적인 도움이 되는 자기계발서를 읽는 이유 역시 궁극적으로 행복하기 위해서이다. 행복하기 위해서는 처세술도, 일 잘하는 기술도 필요하다. 한때 나는 자기계발서를 폄하했던 시절이 있었다. 돈 아깝게 뭐 이런 책을 다 읽나 그런 생각을 많이 했다. 하지만 자기계발서를 읽고 나서는 그 필요성을 알게 되었다.

자기계발서는 주로 어떻게 사는 것이 맞는지, 어떻게 살아가야 되는지 모를 때 읽게 된다. 많은 직장인들이 궁지에 몰리게 되면 자연스럽게 자기계발서를 읽게 된다. 나도 마찬가지였다. 자기계발서를 읽으면 반성의 시간을 갖게 된다. 그러면서 자연스럽게 내가 어떻게 살아야 하고 어떻게 직장에서 처신해야 하는지 알게 된다. 나는 직장생활에 적합한 인물은 아니다. 성격도 유별나고 다른 사람들과의 관계도 썩 매끄럽지 않다. 쉽게 말해 직장생활을 잘하려면 대인관계가 좋아야 하는데 나는 대인관계가 별로 그렇게 좋은 편이 아니었다.

고민하던 차에 데일 카네기의 『인간관계론』이라는 책을 보았다. 당시 인간관계가 왜 이렇게 어려울까 하고 고민하고 있었기 때문에 책 속으로 빠져들 듯이 읽었다. 사람의 마음을 움직이는 것은 결국은 처세술이다. 이 책에는 직장생활에서 어려움을 헤쳐 나갈 때 꼭 필요한 지혜가 있다. 특히 인간관계를 형성할 때의 처세와 화술, 스트레스, 심리를 분석하고 체계화해 인간관계론을 구체화해놓았다. 실제 경험을 바탕으로 해 생동감이 넘쳤다. 무엇보다도 마음에 드는 점은 단순하고 명료하다는 점이다. 이 책을 읽기 전에는 나를 중심으로 세상을 바라보았지만, 읽고 난 후에는 상대방의 입장을 헤아리게 되었다. 상대방이 무슨 생각을 할지 고민하게 되었다. 내 입장뿐 아니라 상대방을 같이 고려하게 된 것이다.

가끔 직장인들과 대화를 하다 보면 직장인들에게 권하는 자기계발 주제는 몇 가지 없다는 것을 하게 된다. 가장 많이 접하는 것이 변화와 혁신에 관한 것이다. 그 다음으로 리더십 그리고 협업, 꿈, 창의력, 실행력 등도 많이 등장한다. 가끔 매너나 화술, 보고서 작성 방법, 시간관리법처럼 실무적인 주제도 있다. 세상은 급격하게 변해 4차 산업혁명이 도래하여 요즘은 '융복합', '통섭', 'AI'가 새롭게 화두로 떠올랐다. 직장에서 제일 많이 요구하는 것은 멀티플레이어가 되라는 것이다. 이런 때 우리 직장인이 추구해야 할 새로운 역량은 무엇일까? 그것은 바로 새로 나온 최신 자기계발서에서 그 답을 찾을 수 있다.

학식이 풍부한 어느 철학자가 강을 건너려고 나룻배를 탔다. 노를 젓는 남루한 차림의 뱃사공을 물끄러미 바라보다가 깔보듯이 물었다.

"당신, 철학을 배워봤소?"

철학자의 물음에 뱃사공이 머리를 가로저으며 대답했다.

"저는 철학을 공부하지 못했습니다."

그러자 철학자가 빈정거리듯이 말했다.

"한심한 사람이군. 자네는 인생의 3분의 1을 헛산 것이야."

잠시 후 철학자는 또다시 뱃사공에게 질문했다.

"그렇다면 문학에 대해서는 공부를 해봤소?"

뱃사공이 대답했다.

"공부할 여력이 없어 문학을 배우지 못했습니다."

그러자 철학자는 뱃사공에게 훈계하듯 말했다.

"그렇다면 인생의 3분의 2를 헛산 것이야."

그런데 나룻배가 강의 중간쯤을 건너갈 무렵 갑자기 배 밑바닥 틈새로 물이 들어왔다. 배가 기우뚱거리며 가라앉으려는 것이 아닌가.

"아니, 이 배가 왜 이런가?"

당황하는 철학자의 물음에 사공은 느긋하게 대답했다.

"아무래도 배가 침몰할 것 같습니다."

"아니, 그럼 어쩌면 좋은가?"

철학자가 겁에 질려 허둥대자 뱃사공이 그에게 물었다.

"선생님, 혹시 수영은 배우셨나요?"

철학자는 수영을 배운 적이 없다고 했다. 뱃사공이 단호하게 일갈했다.

"선생님은 인생 전체를 헛사셨군요."

인터넷에 떠도는 작자 미상의 이 우화는 매우 큰 깨달음을 준다. 배를 몰아 강을 건너는 상황에서는 철학이나 문학은 아무런 의미가 없다. 위기에 처한 배 안에서 풍부한 지식은 별 소용이 없다. 배를 저을 줄 알고 배가 침몰하는 상황에서는 수영을 할 줄 아는 것이 진정한 인재인 것이다. 당신은 철학자인지 뱃사공인지 곰곰이 생각해볼 필요가 있다.

자기계발서는 실용학문이다. 말 그대로 실질적인 것이다. 직장에 다니는 이유 중 가장 실질적인 이유는 잘살기 위해서이다. 여기서 '잘산다'는 것은 경제적으로 부유하게 산다는 의미이다. 자기계발서의 가장 대표적인 것이 처세술과 성공학이다. 요즘은 성공에 대한 욕구들이 다들 남다르다. 다 잘살고 싶어 한다. 마음만 먹으면 성공하면 좋은데 세상은 절대 그렇지 않다. 그럼 좋은 대학을 나오면 잘살 수 있을까? 아니면 좋은 직장에 들어가면 잘살 수 있을까? 잘사는 것은 좋은 대학, 좋은 직장하고는 아무런 상관이 없다.

10년 전쯤에 새로운 부서로 배치를 받아서 새로운 기술을 배워야 해서 새로운 업무에 관한 책을 보았다. 그런데 이런 글들은 상당히 어렵다. 집중해서 읽어야 하고, 이해가 안 되면 다시 읽어야 하고, 많이 읽으면 머리가 아프기까지 했다. 읽고 또 읽었는데도 이해가 안 되면 화가 나기도 한다. 그리고 본인을 자책까지 하게 된다. 그럴 때 좀 쉽고 간편하게 읽으려고 편안한 책을 읽었다. 그래서 읽기 시작한 책들이 자기계발서이다. 자기계발서는 쉽게 술술 잘 읽힌다. 혹여 내가 아는 분야거나 관심이 있는 분야면 더 몰입도 잘 되고 이해도 잘 된다. 그렇게 읽다보니 자기계발서만 거의 150여 권이 되었다. 매일 1권씩 읽은 날도 많았다.

자기계발서를 읽다 보면 다음에 무슨 말이 나올지 알게 된다. 다 거기서 거기다. 비슷하다. 자기계발서에서 제안하는 내용들은 대부분 유사했다. 부자들이 된 사람들이 하는 말들이 대부분 비슷비슷하다면 부자가 된 원리도 똑같은 것 아닌가 하는 생각이 들었다.

그 후로는 하나씩 실천을 해보았다. '인생의 비전 정하기', '자신만의 보물지도 만들기', '버킷리스트 종이에 작성하기', '올해 갖고 싶은 것 정하기'. 특별한 내용은 없다. 자기계발서에서 흔히 추천하는 것들이다. 나는 할리데이비슨을 타고 싶었다. 큰 기대는 하지 않았다. 되면 좋은 거고 안 되면 마는 거라고 생각하고 버킷리스트에 할리데이비슨 타고 여행하기를 적었다. 전에는 일을 하거나 교외로 운전을 하고 나가면서 할리데이비슨을 타고 한가롭게 라이딩을 하는 사람들을 보면 '도대체 어떻게 하면 평일에 이렇게 한가롭게 바이크 타고 놀러 다닐 수 있지? 뭐하는 사람들이지?' 하고 부러워하기만 했다. 당시 나는 대형 바이크를 탈 수 있는 면허도 없었다. 그냥 부러워하기만 했다. 내가 그 고가의 할리데이비슨을 타리라고 예상할 수 없었다. 2년이 지나 나는 정말 할리데이비슨을 사서 타고 있었다. 그 일이 있고 나서부터는 매년 나의 보물지도를 만들고 있다. 모두 다 이루어지지는 않았지만 많은 부분 이루어나가고 있다. 꿈이 현실로 실제로 이루어지자 큰 깨달음을 얻었다.

"자기계발서대로 하면 진짜 부자가 될 수 있구나!"
"자기계발서대로 하니깐 정말 다 되는구나!"

나는 지금 이렇게 내 삶을 변화시킨 것은 바로 자기계발서라고 확실하게 말할 수 있다. 소위 배웠다는 학자들은 자기계발서를 제대로 된 책이라고 보지 않고 무시한다. 수준이 낮고 질이 떨어진다고 생각한다. 그러나 난 다르게 생각한다. 자기계발서가 나의 삶을 변화시켰다. 나의 삶에 가장 큰 영향을 미친 것은 철학책도 아니고 소설책도 아니고 심리학책도 아니고 인문학책도 아니다. 바로 자기계발서이다. 직장인이라면 지금 당장 자기계발서를 읽어라.

좋은 자기계발서를 추천해주고 이 책을 쓸 수 있게 물심양면으로 큰 도움을 준 〈한책협〉 김태광 책 쓰기 코치에게 깊은 감사를 전한다. 그는 나에게 부자에 대한 긍정적인 사고를 가지게 해주었고 내면의 의식 확장을 이룰 수 있도록 큰 도움을 주었다.

하루 1시간 깨달음의 문장들 15 :
창피한 경험은 챔피언을 만든다

"우리는 안전지대에서 벗어나와 불편해질 때 삶에 대해서 많은 것을 배울 수 있고, 창피한 경험을 해볼 때 성장할 수 있다. 우리, 꿈을 이루고 성공하기 위해서 창피한 경험을 두려워하거나 꺼려하지 말자. 남들이 뭐라고 생각할지는 아무 상관없는 것이다. 타인의 시선보다 스스로의 행복을 중시하자. 창피한 경험들은 우리의 과거를 더 재미있고 아름답게 만들어준다. …… 아무리 창피한 경험을 당해도 결국 그것도 과거라는 것을 잊지 마세요." ─ 바트바야르, 『지금이 과거다』, 책과 나무

나는 살면서 창피한 일이 너무 많아 헤아릴 수 없을 정도다. 나는 무슨 일을 하려고 할 때 제일 먼저 남들이 어떻게 볼지 생각했다. 그러다보니 내가 정말로 원하는 일을 하는 것이 아니라 남들의 기준에 맞는 일만 하게 되었다. 인생은 어차피 나 혼자 살아가는 것이다. 남이 대신 살아줄 수도 없다. 결국은 내가 선택한 행동에 책임을 지고 내가 행복하면 되는 것이다. 실패를 할 수도 있다. 그러나 그것은 절대 창피한 일이 아니다. 실패한 경험이 많을수록 우리는 성공에 더 가까이 다가가는 것이다. 내 인생에 대해서 당당해지자.

하루 1시간 책 읽기가 인생을 바꾼다

내가 이 책을 쓴 것은 특별한 이유가 있어서는 아니다. 나와 같이 평범한 사람들이 살면서 많은 어려움을 겪을 때 책을 통해서 그 위기를 극복하기를 바라는 마음에서 책을 쓰기 시작했다.

공부도 그렇고 책 읽기도 그렇고 억지로 시킨다고 되는 일은 아니라는 것을 누구보다 나는 잘 알고 있다. 공부를 하라고 그렇게 많이 억지로 시키기도 하고, 회유도 하고 그랬지만 결국 나는 공부를 하지 않고 긴 방황을 했다.

수많은 사람들이 집에 오면 게임이나 인터넷이나 동영상 시청 등을 한다. 그러나 그것은 순간의 즐거움을 줄지는 모르지만 실질적인 인생에는 도움이 되지 않는다.

요즘 젊은이들이 독서하는 것을 좋아하지 않는 것을 잘 알고 있다. 나는 책을 통해서 인생의 어려운 시기마다 이겨낼 힘을 얻게 되었고, 또 내가 나아가야 할 방향을 알게 되었으며, 힘차게 살아갈 용기도 얻었다.

만약 내가 책을 읽지 않았더라면 나는 정말 삼류 인생을 살고 있을지도 모른다. 길거리에 있는 깡패나 양아치가 되었을 수도 있고 아니면 정말로 상상하기도 싫지만 길거리 노숙자로 살고 있을지도 모른다.

　인생의 많은 순간에서 매번 포기하고 부정적인 생각을 하며 세상을 원망하며 살았다. 그러나 인생은 정해져 있는 것이 아니다. 인생이 아름다운 이유는 여러 가지가 있지만 나는 충분히 역전할 수 있기 때문이라고 생각한다. 노력하고 개척하면 얼마든지 더 좋은 인생을 살 수 있다.

　나는 정말 어렵고 황당한 일을 많이 겪어서 나와 같이 어려운 상황에 처해 있는 사람들을 보면 가슴이 많이 아프다. 그들도 나와 같이 인생의 음지에서 양지로 나올 수 있다. 책을 통해서 그들의 낮은 의식과 사고 수준을 높일 수 있다.

　나는 그들에게 『하루 1시간 책 읽기의 힘』을 통해서 독서가 얼마나 중요한지, 왜 책을 읽어야 하며 책을 읽으면 삶에 어떤 실제적인 변화가 일어나는지를 가르쳐주고 싶었다. 그래서 그들도 나와 같이 하루 1시간 책 읽기를 통해 삶의 극적인 변화를 경험하길 바란다.

　이 책이 정말 아무런 희망도 없고 좌절에 빠져 있는 청소년, 꿈을 찾지 못한 청년들, 어른들에게 전달되길 바란다. 그들이 이 책을 읽고 나와 같이 꿈이 없고 모든 것을 포기한 사람도 결국은 책을 통해 꿈을 찾고 새로운 인생을 찾았듯이 그들도 인생 역전하기를 바란다. 이 세상에 하찮은 존재는 없다. 모든 사람들이 존귀한 존재들이다. 자신의 가치를 폄하하지 않고 책을 통해 자신의 꿈과 재능을 찾는다면 분명 나보다 더 훌륭하고 멋진 인생을 살게 될 것이다.

이제 완연한 봄이 되었다. 모든 기회에는 어려움이 있고 모든 어려움에는 기회가 있다. 봄의 어원은 보다(見)에서 나왔다고 한다. 그리고 봄을 뜻하는 영어 'Spring'은 '샘솟다, 싹트다, 용수철'이란 뜻을 가지고 있다. 이제 우리는 봄에 책을 통해 희망을 볼 줄 알아야 한다.

인생은 생각하기 나름이다. '고질병'에 점하나 찍으면 '고칠병'이 되고 '마음 심(心)' 자에 신념의 막대기를 꽂으면 '반드시 필(必)'자가 된다. 부정적인 것에 긍정의 점을 찍었더니 불가능한 것도 가능해진다. '빛'이라는 글자에 점 하나를 찍어보면 '빚'이 된다. 무심코 찍은 점 하나가 의미와 목적을 바꾸듯 무심코 읽은 책 한 권이 인생을 바꾼다. 당신도 하루 1시간 책읽기를 통해서 인생의 점 하나를 찍기를 바란다.

Good Luck!

2020년 5월 이흥규 Dream